안보외교론 II

온 창 일

지문당

| 머리말 |

안보외교론(安保外交論 Ⅰ, Ⅱ: Security Diplomacy Ⅰ, Ⅱ)은 국가로 대변되는 정치집단의 생사소멸(生死消滅)과 그의 영향력 · 영향권의 보존과 확대, 명분적 · 실질적 이익의 확보 및 증진과 연관된 국가 간 문제를 다루었다. 또한 인간이 존재와 존엄성을 훼손당하지 않고 인간답게 살아가는 데 지대한 영향을 미치는 대량살상무기, 사회환경, 자연환경 문제 등 인간 생존 및 생활과 관련된 안보 문제도 다루었다. 통상 외교는 '펜으로 하는 전쟁'으로 전쟁은 '총칼을 동원한 외교'로 구분해 온 것이 일반적이었으나, 안보외교는 전쟁을 비롯한 모든 가용 수단과 방법을 운용하여 수행하는 외교라 규정하고 개인, 국가, 국가군(國家群) 그리고 이들이 존재하는 사회적 · 자연적 환경에 관한 문제를 안보외교 측면에서 분석했다.

안보외교론 Ⅰ은 외교와 안보외교, 안보외교의 개념 · 성격 · 유형 등과 내용을 분석 및 정리했다. 이를 바탕으로 전시와 평시의 안보외교, 우방국 간 안보외교 및 우방국 간 안보외교의 결정 배열인 동맹외교 등을 이론적 · 실제적으로 검토하여 기왕(旣往)에 존재해 온 안보외교의 주요한 주제(主題)들을 분석하여 그 내용을 실었다.

안보외교론 Ⅱ는 안보외교 차원에서 분석해야 할 문제가 광범위하게 복잡해진 오늘의 다양한 주제를 이론적 · 실제적으로 분석하여 그 결과를 담았다. 적대국과 안보외교, 테러리즘과 안보외교, 인권개입과 안보외교, 국제환경 개선 및 지구환경 보호와 안보외교, 대량살상무기 사용 및 확산 방지와 안보외교, 안보외교와 전쟁, 안보외교와 평화, 그리고 안보외교와 국가안보, 국제안보, 지구안보, 인간안보 등이다.

이 책(安保外交論 Ⅰ, Ⅱ: Security Diplomacy Ⅰ, Ⅱ)은 인간이 인간답게 존재하고 자연적으로나 인위적으로 그의 존엄성이 훼손되지 않고 살아갈 수 있도록 보장하는 것이 안보외교의 궁극적 목표이어야 한다는 판단하에, 인간 개인이나 개인들이 결성한 국가를 비롯한 정치집단, 그리고 개인과 이들 집단이 존재하는 사회적 · 자연적 환경문제까지 분석하여 내용을 정리했다. 인간 개개인의 존엄(尊嚴)과 천부적 권리(權利)가 보장되는 국가, 국제, 지구 환경을 조성하고 그렇게 조성된 환경이 지속되기를 바라는 바이다.

또한 이 책은 인간, 국가, 국제, 지구안보에 관심을 가진 일반 독자, 이를 실무적으로 보장해야 하는 실무 및 정책 입안자 그리고 그들에게 전문적 식견과 지혜를 제공하고자 하는 연구자 및 학자들이 참고할 수 있도록 엮었다. 이 책을 펴낸 지문당 임삼규 사장님, 임용우 부장님, 심하나 편집위원님과 직원 여러분께 감사드린다.

2014년 4월 5일

온 창 일

| 차 례 |

1. 적대국과 안보외교

가. 적대국가와의 안보외교 유형

나. 적대국 안보외교의 형식

다. 적대적 안보외교의 실제

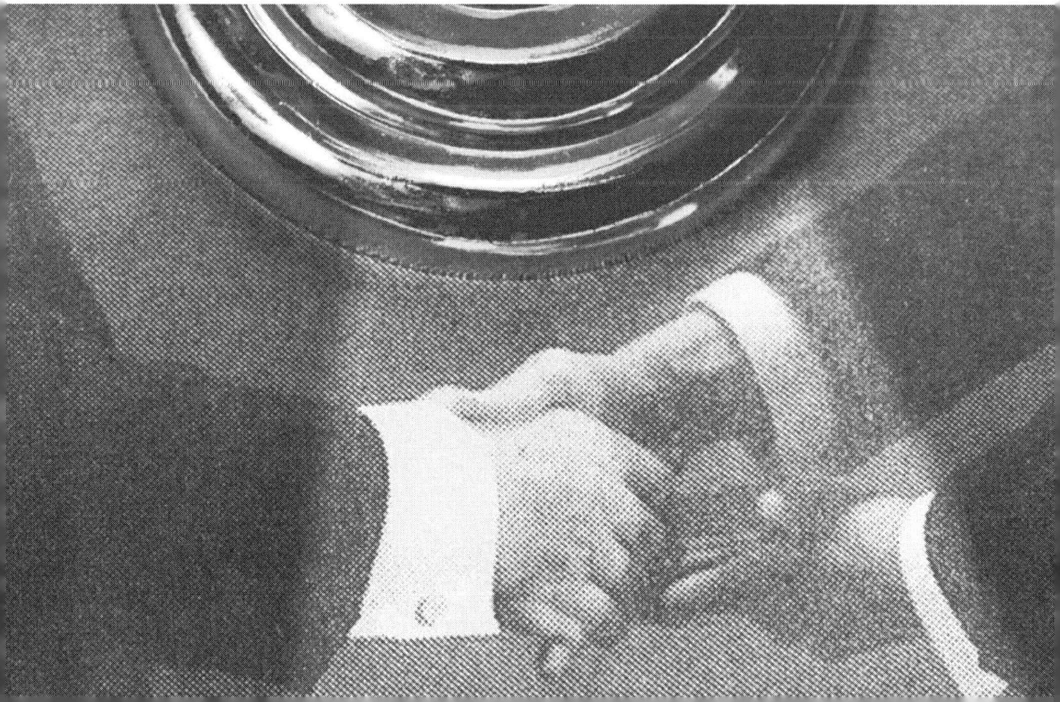

1. 적대국과 안보외교

가. 적대국가와의 안보외교 유형

적대국(敵對國: a hostile country)은 분명 우호국(友好國: a friendly nation)은 아니며, 중립국(中立國: a neutral state)과도 다르다.

적대국은 우호적(友好的)이 아니며 상황에 따라서는 위기(危機)나 전쟁(戰爭)도 현재화(顯在化)시키는 관계를 맺고 있는 국가이다. 말을 바꾸면, 적대국은 평시에 호혜적(互惠的) 우호관계 유지보다는 상충적(相沖的)인 대립관계를 유지하고 있기 때문에 우발적이거나 의도적인 돌발사태의 발생으로 위기를 조성시키기도 하고, 그것이 확대되거나 그를 확대시켜 전면적인 무력사용을 수반한 전쟁의 한 대상국이 되기도 한다. 적대적인 성격의 국가 간 관계는 개별 국가 간, 한 국가와 다수 국가 혹은 그 반대, 그리고 한 국가군(國家群)과 다른 국가군 사이에 존재해 왔다. 개별 국가 간의 적대적인 관계는 영토, 이익 또는 감정적인 요소가 원인으로 조성되어 존재해 왔고, 한 국가와 주위의 다른 여러 국가들 사이에 존재해 온 적대관계는 패권을 노리는 한 국가와 이를 저지하려는 다른 국가들과의 관계 상황 중의 하나였다. 또 2차 세계대전 후에 조성된 냉전적(冷戰的) 국제질서하에서 구축된 동·서 진영은 각 진영의 패권국(覇權國)인 미국과 소련을 중심으로, 개별적인 정도는 달랐지만 적대적인 관계가 형성되기도 하였다. 역사의 흐름에 따라 적대적 관계나 그에 근거한 적대국 위상(位相)은 항상적(恒常的)이지는 않으나 시간과 공간을 공유하는 정치집단으로서 국가(國家)나 국가군(國家群)은 이러한 배열에서 비롯된 영향에서 자유스러울 수 없다.

특히, 어느 지역에서 패자(霸者)의 지위를 차지하고 특권(特權)을 향유(享有)하려는 국가는 주변 다수 국가의 상대적 위상을 적대국으로 변화시킨다. 프랑스 혁명(1789) 후에 나폴레옹이 이끄는 프랑스 군은 대 프랑스 연합군을 격파하여 연전연승(連戰連勝)을 기록했으나, 유럽 전역의 모든 국가들을 프랑스의 적대국으로 만들었으며, 결국 프랑스의 국가적 운명을 다른 국가들에게 위임하는 결과를 빚어냈다. 이 과정에서 새로이 등장한 프러시아와 러시아의 견제를 위해서 프랑스의 지나친 약화(弱化)를 원하지 않았던 영국 및 오스트리아의 판단(Klemens Wenzel Lothar Metternich, 1773~1859)과 프랑스 외교(특히, The Congress of Vienna에서의 Charles-Maurice Talleyrand-Perigord(1754~1838)의 활약) 덕택으로 프랑스는 그 국토(國土)와 국체(國體)를 보존할 수 있었다. 제2차 세계대전을 일으킨 히틀러의 나치 독일 역시 전 유럽 국가와 미국, 소련까지 적대국으로 만들었으며, 국토가 두 개로 분리되는 국가적 운명을 감수해야만 했다. 태평양 지역에서 독일과 같은 공격행위를 자행한 군국주의 일본 역시 아시아 국가들을 적대국으로 만들었고 아직도 그 잔영(殘影)을 지우지 못하고 있는 실정이다. 나치 독일과 군국주의 일본은 상대국들이 즉각 대규모로 대응하기 곤란한 수준의 위기를 의도적으로 조성하여 현상을 변경시켜 나간 후에 전면적인 군사력을 사용하는 전쟁을 수단으로 설정(設定)한 정치적 목적을 달성하려 했다. 이와 같이, 어느 지역에서 패권국(霸權國)의 위치를 확보하고 그에서 비롯된 권리(權利)를 누리려는 국가들은 주변 국가들이나 관련국들을 적대국으로 만들어 왔다.

적대관계를 조성하거나 유지하려는 적대국과의 안보외교는 여러 분야에서의 제재(制裁)와 더불어 유인책(誘引策)이 동원되지만, 그 효용성이 보장되지 않을 경우에는 부분적 · 전면적인 군사력이 운용(運用)되며, 전쟁수행(戰

爭遂行)도 예외가 되지 않는다. 또한 적대관계에서 동원되는 수단과 방법에 따라서 평시(平時), 위기(危機), 전시(戰時)로 구분되는 관계를 빚어내기도 한다. 그러면서 이러한 적대관계는 정치집단의 권력구조나 지도층의 교체, 이해관계의 재설정, 국제질서의 변질에 따라 우호관계로 변하기도 하고 덜 적대적으로 정착(定着)되기도 한다. 따라서 적대국과의 안보외교 유형은 평시의 제재(制裁)와 유인(誘引), 위기시에 현실화되는 군사력(軍事力) 활용(活用), 전시의 군사력 사용(使用)으로 구별하여 검토해 볼 수 있다.

첫째, 제재(制裁: sanction)와 유인(誘引: inducement)은 적대국과의 안보외교에서 평시에 운용되는 유형이다. 물론 이 두 요소는 모든 국가 간 모든 분야의 관계 상황에서 빼놓을 수 없는 국가 행위 중의 하나이다. 적대국과의 관계에서 운용되는 두 요소의 성격이 우호국이나 동맹국들 간의 것보다는 더 강압적(强壓的)이고 덜 유혹적(誘惑的)이라는 점이 다를 뿐이다. 유럽과 태평양 지역에서 나치 독일과 군국주의 일본이 제2차 세계대전의 주역이 되어 간 과정에서 연합국들은 유인과 제재를 통하여 전쟁을 막으려 했다. 독일의 히틀러는 국제연맹 및 군비축소위원회에서 탈퇴하고(1933), 자르 분지를 확보하면서 베르사유 군비조항을 폐기하고(1935) 오스트리아까지 병합한(1938) 후, 체코의 주데텐란트에 거주하는 300만 독일인을 해방시킨다는 명목으로 그 지역을 점령했다. 이러한 상황에서 영국과 프랑스는 당시까지 히틀러가 잠식(蠶食)을 통해서 변경시킨 현상을 인정해주어 평화를 유지하려 했으며, 이를 뮌헨협정으로 인정했다(1938). 이른바 유화정책(宥和政策: appeasement policy)이었다. 그러나 영국과 프랑스의 대독일 유인 정책은 히틀러의 욕구를 꺾지 못했고 체코는 일부가 아닌 전체가 점령되었으며(1939), 폴란드는 독일과 불가침 조약을 체결한 소련과 분할 처리되어(1939) 유럽에서의 2차 대전이 시작되었다.[1] 태평양 지역에서 대동아공영권

1) 육군사관학교 전사학과, *세계전쟁사*, pp. 268-72.

(大東亞共榮圈) 확보라는 목적을 세운 일본 역시 한국을 병합하고(1910), 만주국을 세워 만주까지 차지한(1932) 후, 중국과의 전쟁(1937)을 망설이지 않았다. 이에 대응하여 미국은 불인정 정책(non-recognition policy)을 천명하여 일본의 침략 행위를 막았다. 그러나 여의치 않자 영국, 중국, 네덜란드와 더불어 경제봉쇄(經濟封鎖)를 단행하여 일본이 필요한 전쟁물자의 교역을 차단했다(ABCD Line).[2] 그러한 상황에 봉착한 일본은 현지에서 즉시 가용한 전력의 우세를 바탕으로 신속하게 필요한 지역을 동시에 점령하여 점령을 기정사실(旣定事實)로 만들고, 그 지역을 공격하는 연합군과 적극적인 소모전(消耗戰)을 실시하여 전쟁을 유리하게 마무리하려는 계획을 세우고, 우선 하와이에 주둔하고 있던 미 태평양 함대를 무력화시키기 위하여 진주만(眞珠灣)을 기습공격하면서 전 방향 동시공격을 감행했다.[3] 태평양 지역에서 2차 세계대전이 발발한 셈이었다. 적대국에 대한 안보외교는 이와 같이 제재와 유인이라는 형태로 현실화되지만, 그 효용성은 적대국의 성향과 그것을 제시한 당사국의 결의와 능력에 따라 보장 여부가 결정된다.

위기시(危機時) 적대국과의 안보외교는, 위기를 안정시키려는 국가(國家) 혹은 국가군(國家群)과 악화시키려는 측의 대응관계에 따라 그 동원 및 활용 정도가 다른 군사력을 포함한 국가나 국가군의 역량의 활용(活用)을 한 유형으로 가진다. 제재 및 유인책과 수단의 활용에도 불구하고 위기가 조성되거나, 지속적인 적대관계 와중에 우발적인 사건이나 사안(事案)이 원인이 되어 위기가 발생하기도 한다. 이럴 경우에 위기를 조성한 당사국이나 해소하려는 국가는 군사력을 활용하여 위기를 악화시키거나 안정시키려는 행위를 마다하지 않는다. 위기를 점진적으로 악화시켜 전쟁으로 치달은 과거 나치 독일이나 군국주의 일본의 경우는 전면적인 군사력 사용인 전쟁이 거의 유일한 대응수단일 수밖에 없었다. 그러나 미국과 소련 사이에서 전개되었

2) 육군사관학교 전사학과, *세계전쟁사*, pp. 393-8.
3) *위의 책*, pp. 398-412.

던 쿠바 미사일 위기(1962)나 캄보디아에서 납치된 미국 선적의 컨테이너 화물선 나포 사건(the Mayaguyez Incident, 1975), 한반도 휴전선에서 발생했던 '도끼 만행 사건(the Korean Tree Crisis, 1976)'은 다양한 규모와 양상의 미국 군사력 활용으로 안정될 수 있었다. 미국은 쿠바에 반입되는 미사일 건설 자재와 장비를 차단하기 위하여 해상봉쇄(a naval blockade)를 실시했고, 마야구에즈 호와 선원을 구출하기 위하여 캄보디아 섬에 미 해병대 공격을 실시하고 인근 항구(Kompong Som)를 폭격했다. 또 한국의 판문점(板門店)에서는 지상, 해상, 공중에서의 무력시위를 벌이면서 공동경비구역(JSA: Joint Security Area) 내의 시계를 방해하는 포플러 나무를 절단하고, 김일성의 사과를 받아내면서 경비구역 자체를 양분하는 조치를 취했다.[4] 특히, 미국은 쿠바 미사일 위기를 해소시키는 과정에서 터키에 배치한 노후(老朽) 미사일을 철수시킨다고 약속함으로써 소련의 체면(體面) 유지를 위한 조치를 취하여 두 강대국 간의 국가적 위상을 인정하는 안보외교를 펼치기도 했다. 이와 같이 위기시 안보외교는 2차 세계대전을 일으킨 나치 독일이나 군국주의 일본과 같이 위기 자체를 고의적으로 악화시키려 하지 않는 한, 위기를 안정시키는 방향으로 지향되며 그 과정에서 다양하게 운용되는 군사력이 수단으로 동원된다.

적대국과의 안보외교는 전시(戰時) 군사력 사용을 또 하나의 유형(類型)으로 갖는다. 군사력은 전쟁수행 주체의 이념, 정치, 영토, 경제적 이익(利益) 증진 혹은 보호와 문화적·감정적 이해(理解)와 오해(誤解)에서 기인한 응어리의 풀이 수단으로 동원되기도 한다. 이런 여러 가지 차원에서 동원되는 군사력의 전면 사용은 능동적, 수동적인 형태를 모두 취한다. 군사력을 적극

4) Graham T. Allison, *Essence of Decision: Explaining the Cuban Missile Crisis*, Boston: Little, Brown and Company, 1971, pp. 117-43; Richard G. Head, Frisco W. Short, and Robert C. McFarlane, *Crisis Resolution: Presidential Decision Making in the Mayaguez and Korean Confrontations*, Boulder, Colorado: Westview Press, 1978, pp. 101-215.

적으로 사용하여 설정된 목적을 달성하려는 경우와 군사력 사용을 강요당하는 경우가 바로 그것이다. 다른 말로 표현하면, 공격적으로 군사력을 사용하는 양상과 이에 대항하여 방어적으로 군사력을 사용하는 경우 등 군사력 사용은 두 가지 형태를 취한다. 유럽과 아시아에서 2차 세계대전의 주역이 된 독일과 일본은 군사력을 공격적으로 사용했고, 이에 맞선 연합국은 방어적으로 군사력을 사용한 셈이다. 한반도의 적화를 달성하기 위하여 남한에 전면적 침공을 감행한 북한은 이념적 목적을 달성하기 위하여 소련과 중공의 지원을 받아 군사력을 능동적으로 사용했고, 이에 맞선 한국과 미국을 비롯한 유엔군은 수동적으로 군사력을 운용했다. 프러시아는 1866년에 오스트리아에 군사력을 공격적으로 사용하여 독일 공국 내 오스트리아의 영향력을 제거했으며, 프랑스와의 일전(一戰)을 치를 묘산(廟算)으로 프랑스가 자국에 선전포고(宣戰布告)를 하도록 유도하여 군사력을 사용하는 묘수(妙手)를 발휘하기도 했다. 독립의 선물로 주변 아랍국의 침공을 받은(1948) 이스라엘은 이집트가 소련으로부터 무기를 도입함에 따라 '장차 불리한 전쟁을 강요당하기보다는 현재 유리한 전쟁을 치르는' 예방전쟁 개념하에 이집트를 비롯한 주변 아랍국에게 먼저 적극적으로 군사력을 사용하여 승리를 거두기도 했다(1967). 이런 의미에서, 적대국과의 안보외교에서 수단으로 동원되는 군사력의 사용은 공격적·방어적 혹은 능동적·수동적인 방식으로 구체화되며, 이 두 가지 방식의 군사력 사용은 상호 연관을 맺고 있기 때문에 그것이 현실화되면 전쟁(戰爭)이 성립된다.

이와 같이, 적대국과의 안보외교는 평시(平時), 위기시(危機時), 전시(戰時)로 구분되어 평시의 제재와 유인, 위기시의 다양한 군사력 운용, 전시의 전면적인 군사력 사용 등을 그 유형으로 갖는다.

나. 적대국 안보외교의 형식

적대국 안보외교는 정책의지 표명(表明)이나 전달(傳達)에서 여러 가지 방식을 택하지만 주로 간접적 형식으로 구체화된다. 적대적 관계를 유지하고 있더라도 평시에는 주재하는 상대국 외교 경로를 통하여 직접 접촉으로 의사 전달이 이루어지기도 하나, 위기시나 전시에는 주로 제3국이나 대중매체 등을 통하여 정책의지와 의도를 상대에게 전달하는 간접 접근으로 협상(協商: negotiation)이나 거래(去來: bargaining)가 이루어진다. 그런데 전시에는 간접 방식에 의한 정책의지 표명이나 전달보다 실제 행동으로 상대에게 자국의 정책의지와 태세를 드러내 보이기도 한다.

적대국 간 안보외교도 정상적인 외교 경로와 방식을 활용한다. 적대적인 관계를 유지하고 있는 국가 간에도 평시나 위기시에는 외교관계를 유지하고 그에 걸맞은 외교관들을 상대국에 주재시킨다. 따라서 평시의 갈등관계에서 빚어지는 문제들이나 위기시의 충돌에서 발생하는 주제들에 대한 상호의사소통이나 의견의 교환 등은 정상적인 외교적 배열을 통해서 이루어진다. 예를 들어, 냉전적 국제질서를 주도한 미국과 소련 간에 발생한 쿠바 미사일 위기(1962) 시에 양국은 자국 주재 상대 외교관 등을 통하여 의견을 전달하고 위기 해소를 위한 정책 조율을 시도했다. 냉전적 대립관계 속에서 지역적 열전(熱戰)으로 비화한 한국전쟁(6·25전쟁, 1950~1953) 시에도 미국은 소련이 이 지역 분쟁을 연출했다는 사실을 알고 워싱턴이나 유엔 본부가 있는 뉴욕의 소련 외교관 등을 통하여 자국의 정책의지나 태세 등을 전달했다. 이러한 소통 방식은 전쟁 상태에 돌입하여 외교관을 축출하고 외교관계를 단절할 때까지 활용된다. 이와 같이, 적대국도 전쟁이 발발하여 외교관계를 중단할 때까지는 정상적인 외교 경로를 통한 의사소통 및 정책전달을 수행한다.

전쟁이 발발하여 외교관계가 단절된 상태에서의 적대국 간 안보외교는 성명 발표나 언론 매체 그리고 제삼자(三者)를 통한 간접적 의사 및 정책 전달 방식을 택한다. 제2차 세계대전 수행 중, 독일의 나치즘과 일본 군국주의를 제거하기 위해서 연합전선을 형성했던 미국, 영국, 소련 등의 정부 수뇌들은 수뇌(首腦)회담을 통하여 정책 및 전략을 조율하고 공동성명 선언 형식을 빌려 이를 적대국에게 전달했다. 카이로 선언과 테헤란 회담(1943), 얄타 회담과 협정(1945) 그리고 포츠담 선언(1945) 등을 통하여 한반도를 비롯한 일본의 식민지에는 자주적 정부가 구성되어야 하고, 동구권 국가들에서도 자유선거를 통한 정부가 수립되어야 하며, 독일과 일본은 무조건 항복(unconditional surrender)해야 한다는 연합국의 전쟁종결 정책이 천명되었다. 한국전쟁(1950~1953) 수행 중에도 중공의 입장은 영국이나 인도의 외교관을 통해서 미국에 전달되기도 했으며, 미국이나 유엔의 정책 태세는 이들을 통해서 중공에 간접적으로 전달되었다. 한국전쟁에서 군사적 패배를 받아들일 수 없었던 미국이나 소련은 전쟁을 정치적 타협에 의한 명예로운 정전(honorable armistice)으로 마무리하려 했다. 양국은 유엔 외교 통로를 이용한 비밀 접촉 후에 유엔의 라디오 방송이나 현지 유엔군 사령관(Matthew Ridgway)의 통지문 발표로 휴전 협상을 시작하기도 했다. 이와 같이, 전시 적대국 간에는 은밀하거나 아예 공개적인 방법을 통한 간접적인 형식으로 정책 및 전략 의지와 태세가 전달된다.

특히, 전시 적대국 간 안보외교는 전장(戰場)이나 외교 무대에서 실제 행동을 통한 묵시적 거래(黙示的去來: tacit bargaining)로 진행되기도 한다. 전시에 직접 전투가 행해지는 작전 지역이나 작전 형태의 결정은 전쟁을 수행하는 당사국의 정책이나 전략의 핵심이 그대로 반영된 현실적 결과임에 틀림없다. 따라서 작전 지역을 설정한다거나 작전 형태나 작전상 목표 지역이나 표적을 의도적으로 선별하여 포함 혹은 제외시키는 것은 이를 행하는 당사국의 전쟁수행 정책 및 전략을 그대로 반영한다고 보는 것이 마땅하다. 이렇게 의도된 전쟁수행 방식으로 전쟁 당사국은 자국의 전쟁수행 정책, 전략 의지와 태세를 상대에게 전달하기도 한다. 걸프전(1991)에서 미국이 주도한 다국적군은 일방적으로 전투를 종식하기도 했으며, 냉전적 국제질서하에서 치른 한국전쟁(1950~1953)에서 미국을 주축으로 한 유엔군은 한만(韓滿)국경을 존중하고 소련의 군수물자가 유입되는 나진(羅津)항에 대한 폭격을 자제하는 등 확전(擴戰)을 원치 않는다는 정책 및 전략 의지와 태세를 드러내어 공격을 감행한 소련 주도(主導)의 공산측에 전달했고, 공산측 역시 미군을 주축으로 한 유엔군의 병력, 무기와 보급품이 하역되는 부산항에 대한 공격을 가하지 않았다. 양측은 행동을 통한 묵시적 거래를 성사시킨 셈이다.

이와 같이 전시 적대국 간 안보외교는 직설적, 비유적 방식이나 전장에서의 실제 행동을 통하여 진행된다. 적대적 관계를 유지하고 있는 국가 간이라도 평시의 안보외교는 정상적인 외교 경로를 활용하여 정책 및 전략 의지나 태세 등이 수수(收受)된다. 이러한 형식상 특징은 위기시에도 적용된다. 그러나 위기가 고조되어 외교관계가 단절된 상태이거나 전쟁으로 돌입될 경우, 적대국 간 안보외교는 제3국이나 국제기구를 경유하거나 직접적인 언론매체나 선언문 등을 통하여 정책 및 전략 의지나 태세 등을 간접적으로 전달하는 형식을 취한다. 이와 병행하여 적대국 간 안보외교는 전투장에서의 실제 행위를 통한 무언의 거래 형식으로 구체화되기도 한다. 실로, 적대국 간 안보외교는 일상적인 외교 협상이 취하는 모든 형식과 전쟁수행 과정에서의 실제 행동까지를 포함한 모든 국가 또는 국가군(國家群) 간의 거래(bargaining) 형식을 택한다.

다. 적대적 안보외교의 실제

안보외교는 국제관계의 역사에서 때마다 구체화되어 동서고금(東西古今)을 초월하여 행적(行蹟)을 남겨 왔다. 평화가 깨진 상태가 전쟁이고 전쟁이 없는 상태를 평화라고 본다면, 국제관계사(國際關係史)는 전쟁과 평화의 역사이다. 그렇기 때문에 국제관계사의 연속적인 한 단면이 안보외교사(安保外交史)인 셈이다. 그 가운데 적대적 안보외교의 구체화된 실제 역시 이때 저때 여기저기에서 현실화(現實化)되어 기록으로 남아 있다.

적대적 안보외교는 국가가 정치집단으로서 자리를 잡은 이후부터 현재화(顯在化)되어 왔으나 근래(近來)에 이르러 그 모습을 더욱 뚜렷하게 드러내 왔다. 고대 중국 제후국들 간의 합종연횡(合從連橫)이나 그 이후 통일 왕조들의 순망치한(脣亡齒寒), 이이제이(以夷制夷) 개념에 입각한 대 변방 안보외교, 국공 내전(1927~1949)에서 승리한 중공 정권 수립 후에 항미원조(抗美援朝) 보가위국(保家衛國) 기치 아래에서의 한국전쟁 개입 등은 안보외교의 실례를 사실적으로 보여준다. 서양에서도 고대 그리스 도시국가들 사이에 형성된 동맹(同盟)이나 로마의 권위를 인정한 상태에서 분권적 권위와 실체를 보존한 각 지역 국가들의 처신(處身), 중세 교권(教權)을 등에 업고 속권(俗權)을 유지한 봉건국가들의 위상, 그리고 근대국가들의 이합집산(離合集散) 과정에서 안보외교의 다른 한 면모를 보여주었다. 서구 문명권과 동양 문화권의 충돌 과정이나 충돌 이후 민족 단위로 제국이 해체되는 과정을 거쳐 현실화된 양차 세계대전, 그 이후에 정착된 냉전적 국제질서 하에서 전개된 국가 혹은 국가군(國家群) 간의 관계 역시 차원과 양상이 다양화된 또 하나의 안보외교 실제를 연출해 주었다. 이러한 국가 혹은 국가군 간의 안보외교는 지금도 전개되고 있고, 이것의 지속성(持續性)은 가히 항구적(恒久的)이라 해도 과언이 아니다. 그중에 적대적 안보외교가 한 자리를 잡아 왔고, 잡을 것이라는 점이 거의 분명하다.

그러한 적대적 안보외교의 하나는 무력사용과 그것을 위장하기 위하여 일본이 펼친 외교가 대변한다.

중국 중심의 동양 문화권의 변방에 위치한 일본은 서세동점(西勢東漸)의 시세(時勢)를 충분히 활용할 수 있는 위치에 있었다. 미국 페리 제독(Matthew C. Perry, 1794~1858)이 수행한 군함외교(Gunboat Diplomacy, 1853~1854)의 결과로 문호를 개방한(神奈川 條約: The Treaty of Kanagawa, 1854) 일본은 미일수호통상 조약(1958)에 이어 네덜란드, 러시아, 영국, 프랑스와도 수호통상 조약을 체결함으로써 서구 문물을 받아들일 태세를 갖추었다. 일본은 700여 년 동안 유지해 온 막부(幕府) 체제를 청산한 후(1866) 명치유신(明治維新, 1867)을 거쳐 왕정을 복원하고 중앙집권적 개혁을 단행함으로써 근대국가 체제를 갖추었다. 부국강병(富國强兵)의 기치 아래 대외적 제국주의 정책을 구사한 일본은 조선에게 군함외교를 펼쳐 병자수호 조약(조일수호조규, 일명 강화도 조약, 1876)을 강요하여 자국에 대해서 조선을 개방시켰다.[5] 일본의 조선 진출에 대한 견제수단으로 청국(淸國)은 조선의 외교관계를 다변화한다는 방침으로 조선과 미국(1882)의 수호통상 조약을 주선하고 다른 나라들과도 조약관계를 맺도록 했다.[6] 이러한 청국의 의도를 모를 턱이 없던 일본은 청국과의 전쟁(1894~1895)을 통하여 청국의 대 조선 영향력을 제거했고, 대만과 요동반도까지 할양받았다.[7] 그러나 만주 지역에 관심을 가지고 있던 러시아는 독일, 프랑스와 더불어 일본의 요동반도 점유를 저지하고, 청국을 대신하여 조선에 영향력을 행사하려는 의도를 숨기지 않았다. 일본이 러시아 세력을 끌어들이려는 민비(閔妃)를 살해하자(1895. 10. 7), 고종(高宗, 1852~1919, 재위 1863~1907)은 아관파천(俄館播遷, 1896. 2. 11~1897. 2. 15)을 실시하여 러시아 공사관으로 피신하기도 했다. 이러한 과정을 거쳐 조선에 대한 러시아의 영향력이 만만치 않게 되었다. 그러나 일본은 대륙진출을 위해서 반드시 한반도를 장악해야 한다는 판단으로 러시아와 일전(一戰)을 불사한다는 방침 아래,

5) 김용구, *세계외교사*(서울대학교 출판부, 2008), pp. 318-26, 432-42; Thomas G. Patterson, et. al. *American Foreign Policy: A History*(Lexington, Mass.: D. C. Heath and Company, 1977), pp. 121-4.

6) *위의 책*, pp. 457-97.

7) *위의 책*, pp. 344-6.

영국 등의 지원(1902년 영일동맹)과 부국강병 정책의 결과 러시아와의 전쟁도 속전속결(速戰速決)로 승리할 수 있다고 여겼다. 이제 일본은 동양 문화권의 중심인 중국까지 장악한다는 포부로 이에 방해가 되는 러시아와 한판 승부를 겨루게 되었다.

한반도를 장악하고 만주에서 러시아 세력을 제거한다는 목적으로 러시아와의 전쟁을 결정한 일본은 통상적인 외교 협상을 전쟁 수행을 위한 예비 기동과 기습적 공격 효과를 높이기 위한 수단으로 활용하는 적대적 안보외교를 전개했다. 황해상에서 병력이동의 자유를 확보하고 한반도를 통한 육상, 서해를 통한 해상 공격을 동시에 수행하기 위하여 여순(旅順)항에 주둔하고 있는 러시아 극동함대를 무력화시킬 필요가 있다고 판단한 일본은 1904년 2월 6일 함대의 주력으로 여순항을 봉쇄하고, 2함대로 인천을, 나머지로 대한해엽을 봉쇄하여 서해상에서의 제해권을 장악했다. 이러한 작전을 실시하기 직전까지도 일본은 러시아와 외교 협상을 지속하여 여순 항의 기습적인 공격을 감행했다. 그런 후에 1군을 압록강 건너로 진격시키고 2군은 요동반도에 상륙시켜 러시아 군을 협공 혹은 각개격파하려 했다.[8] 러일전쟁(1904~1905)에서 일본은 군사력 사용의 기습적 효과를 보장하기 위하여 통상적인 협상을 활용하는 적대적 안보외교를 전개하여 속전속결 작전으로 전쟁을 승리로 마감하였고 한반도를 완전하게 장악하여 만주로의 진출 발판을 구축했다.

태평양전쟁(1941~1945)의 시작인 일본의 진주만 기습공격(1941. 12. 7)도 일본이 수행한 여순 공격(1904. 2. 6)의 재판(再版)이었다. 러일전쟁의 승자로서 한반도를 차지한 일본은 뒤이어 만주(1932)를 장악하고 1937년에 조작된 사건(支那事變, 1937. 7. 7)을 구실로 중국과 전쟁에 돌입했다. 미국을 비롯한 서구 열강들은 일본의 중국침공을 그들이 내세운 대 중국 기회균등정

8) 육군사관학교 전사학과, *세계전쟁사*(황금알, 2007), pp. 169-85.

책(Open Door Policy)에 대한 정면 도전으로 간주하고 일본이 중일전쟁(1937~1945)을 수행하는 데 필요한 고무, 석유, 주석 등 원료 수입을 차단하는 경제봉쇄망(ABCD Line)을 구축했다. 이러한 상황에서 일본은 중일전쟁을 중단하기보다, 태평양 지역에서 즉시 사용가능한 우세한 병력을 확보하고 있다는 판단하에 필요한 지역(네덜란드령 인도네시아를 포함한 남방 자원지대와 서태평양 방어권)을 신속하게 점령한 후 연합국에게 적극적인 소모전을 강요함으로써 유리한 입장에서 점령한 지역을 기정사실화한다는 목표를 수립했다. 그것을 현실화시키기 위해서 태평양 지역에서 제해권을 장악할 필요가 있다고 판단한 일본은 일본군이 설정한 절대 방위권(버마-말라야-스마트라-자바-북부 뉴기니-비스마르크-마샬 군도-웨이크섬-쿠릴 열도)을 전 방향 동시공격인 원심공격(遠心攻擊)으로 점령할 때까지 진주만에 위치한 미국 태평양 함대를 무력화시킬 필요가 있다고 결론지었다. 그리하여 일본은 미국과 외교적 협상을 계속하면서(1941년 2월 노무라 워싱턴 파견) 제1항공함대로 하여금 북양항로를 택하여 은밀하게 기동하게 한 후 1941년 12월 7일 일요일 아침에 진주만을 기습공격했다.[9] 군사력 사용의 기습적 효과를 극대화하기 위하여 통상적 협상을 지속한 일본의 적대적 안보외교였다.

이와는 대조적으로, 제2차 세계대전 유럽 지역의 주역인 나치 독일의 히틀러(Adolf Hitler, 1889~1945)는 제한적인 무력사용의 결과로 빚어진 변경된 현상을 기정사실화하는 수단으로 외교적 협상을 활용한 적대적 안보외교를 펼쳤다. 제1차 세계대전의 결과는 독일과 독일인에게 엄청난 시련과 모욕을 안겨주었다. 엄청난 전비 배상금, 동프러시아 등 영토 박탈, 독일 군비 감축, 그리고 독일인이 익숙하지 않은 바이마르 공화국 체제 등으로 독일 경제는 파탄되었고, 독일인의 자존심은 파손되었다. 1929년 세계경제공황은 독일과 독일인의 희망마저 앗아가 버렸다. 이러한 상황에서 공화국의

9) *세계전쟁사*, pp. 393-412.

자유선거를 통하여 파손된 독일인의 자존심을 자극함으로써 정권을 합법적으로 장악한(1933) 히틀러는 정치적으로 국가사회주의(Nazism)를 표방하고 경제적인 국가보호주의(National Protectionism)를 채택했으며, 종족적인 우월주의(Aryan Supremacy)를 내세워 독일과 독일인을 무장시키는 데 대단한 성공을 거두었다. 우수한 민족인 독일인의 생활권(Lebensraum)이 좁다는 이유를 내세운 히틀러는 고립주의에 빠진 미국, 평화주의에 젖은 영국, 패배주의에서 해매는 프랑스의 직접적 대응을 불러오지 않을 정도로 유리하게 현상을 변경시켜 나가는 방식(蠶食戰術: piece-meal tactics)을 택하여 독일인의 자존심을 자극하면서 영향권을 확대해 나갔다. 그리고 변경된 현상을 전쟁을 피하고 평화를 확보하고자 하는 프랑스와 영국과의 외교협정(뮌헨협정, 1938)으로 확인 받는 데도 성공을 거두었다. 독일은 주적인 소련과는 불가침 조약(1939)을 체결하여 직접적 대결을 순연(順延)시키고 폴란드를 분할하여(1939) 완충 지역까지 확보하는 정치·군사적 쾌거(快擧)까지 거둔 후에, 독일군 주력으로 프랑스를 침공했다(1940). 군국주의 일본과는 달리, 나치 독일은 적대국이 직접적인 군사행동이나 대응을 하기 어려운 수준으로 주어진 현상을 변경시켜 나가면서 이를 외교적 협상으로 중간 결산한 후, 궁극적으로는 군사력을 직접 사용했다. 군사력의 부분적 사용과 일반적 외교 협상을 혼용(混用)한 적대적 안보외교를 나치 독일이 구사한 셈이다.

군사력 사용 효과를 높이기 위해서 협상을 진행시킨 군국주의 일본과 군사력 사용과 외교 협상을 혼용한 나치 독일이 일으킨 제2차 세계대전에서 이들이 표방한 전체주의의 세계적 확산 및 정착을 저지하기 위하여 결성된 연합국(聯合國: 미국, 영국, 소련)은 상호 이념적·체제적 상이점을 잠시 유보하고 전쟁 승리를 위해서 군사력 사용과 그 효용성 증대를 위한 협조와 이른바 추축국(樞軸國: 독일, 일본, 이탈리아)을 패배시키기 위한 안보외교를 전개했다. 소련과 불가침 조약을 체결하고 폴란드를 분할하여(1939) 소련과 완충 지역까지 확보한 나치 독일은 노르웨이까지 장악한 후(1940) 프랑스를 공격하여(1940. 5. 10) 패배시켰다(1940. 6. 25). 이후 영국을 공격하면서(1940. 8~9) 남부전선인 발칸 지역을 안정시켰다(1941. 4. 6~5. 30). 서부와 남부전선에서 승리를 거둔 독일은 우랄 산맥 서부 러시아를 장악함으로써 독일인의 생활권(生活圈: Lebensraum)을 확보하기 위하여 소련을 공격했다(1941. 6. 22). 동아시아의 군국주의 일본 역시 그들 주도의 영향권인 대동아공영권(大東亞共榮圈)을 점령하고 이를 방어하기 위하여 진주만의 미국 태평양 함대를 공격했다(1941. 12. 7). 독일의 소련 침공과 일본의 진주만 기습은 영국에 이어 소련 및 미국을 추축국과 싸우는 연합국(聯合國)의 범주로 연결시켜 놓았으며, 이들을 공격한 전체주의 국가 타도라는 목적을 부여하고 연합국(聯合國)이라는 전시 동맹관계를 구축(構築)해 주었다. 이로부터 이 연합국 간에는 전쟁 승리와 전후(戰後) 국제질서 수립을 위한 전시(戰時) 안보외교가 전개되었다.

미국, 영국, 소련은 전시 승리와 전후 질서 구축을 위한 정상회담, 실무회담 및 직간접 상호 접촉을 통한 안보외교를 전개했다. 일본의 진주만 기습 공격 이후 미국의 루즈벨트 대통령과 영국의 처칠 수상은 워싱턴 회담(1941. 12. 22~1942. 1. 14)에서 '선독후일본(先獨後日本)' 방침을 정하고 독일과 일본의 패망을 전제로 연합전선을 구축했다. 독일의 소련 공격(1942. 6. 22)으로 독일과 단독으로 싸우고 있던 소련의 스탈린은 조속한 대규모 서부 제2전선 구축을 원했으나, 미국과 영국은 대대적인 준비가 필요한 해협 횡단 상륙 작전 대신 북아프리카 상륙 작전(Op. Torch)을 우선 시행하여 소련에 대한 군사적 압박을 경감시키고 공격 기세를 유지하기로 결정하고 이를 스탈린에게 통보하면서(2차 워싱턴 회담, 1942. 6. 19~25; 스탈린에게 통보, 1942. 8. 12~15) 독일과 일본에게는 '무조건 항복(unconditional surrender)'을 요구했다(Casablanca, Morocco, 1943. 1. 14~24). 이와 더불어 미국과 영국 정상은 해협 횡단 상륙 작전을 1944년 5월 1일에 수행하기로 결정했다. 미국과 영국 지도자들은 이집트 카이로에서 중국의 장개석(蔣介石) 총통과 회합을 가져 중국의 영토 회복과 태평양 지역 일본의 식민지 박탈과 한국의 독립을 결정하고(1943. 11. 22~26), 테헤란 회담에서 스탈린에게 이를 알렸다(1943. 11. 27~12. 1). 테헤란 회담에서 스탈린은 루즈벨트와 처칠에게 유럽전쟁이 종결된 후 3개월 이내에 소련도 태평양전쟁에 참전할 것이라는 점을 밝혔고, 독일과의 전쟁이 마감된(VE Day: 1945. 5. 9) 후에 개최된 포츠담 회의(the Potsdam Conference, 1945. 7. 16~8. 2)에서 이를 다시 확인하기도 했다. 미국, 영국, 소련 등 연합국은 이러한 정상회담과 병행하여 실무 정책 및 군사회담을 실시하여 실무적인 정책 및 작전 협의를 진행시켰다. 이와 같이 독일, 일본, 이탈리아라는 공동의 적대국을 상대한 미국, 영국, 소련은 각국의 정치적 · 이념적 차이와 이해관계를 당분간 유보하고 정상회담 및 실무 회의와 접촉을 통하여 추축국(樞軸國)에 대한 연합국(聯合國) 안보외교를 전개했다.[10]

그러나 이념이나 체제 면에서 공통점을 가지지 못한 채 국제정치의 강권정치(强權政治)적 속성을 지니고 전후(戰後) 강대국으로 등장한 미국과 소련은 2차 세계대전 중 연합국이라는 관계를 청산하고 이른바 동서(東西) 양대 진영(陣營)과 냉전(冷戰: Cold War)이라는 적대적인 국제질서를 빚어냈다. 사실상 나치 독일과 군국주의 일본을 패배시키기 위하여 구축된 미국과 소련의 연합은 동상이몽(同床異夢)격의 이질적인 성격이었다. 양국은 가치, 이념, 정치 및 경제 체제 면에서 어느 것 하나 일치되는 것을 공유하지 않았다. 기본적인 가치인 자유와 평등에 대한 기본적인 인식이 달랐으며, 이를 구현하기 위해서 미국은 자유 민주와 시장경제 자본주의 체제를 지향했고, 소련은 이른바 인민 민주와 통제경제 공산 사회주의를 옹호했다. 더구나 소련의 스탈린은 소련의 주변에 자국에 우호적이거나 충직(忠直)한 국가들을 수립하여 자국의 안보를 현실적으로 보장하려는 강력한 정치적 의지를 가지

10) 온창일, *안보외교론*(서울: 지문당, 2012), pp. 69-74.

고 있었으며, 과거 식민지로서 힘의 공백이 조성된 지역에 대해서는 이른바 '인민해방전쟁'이라고 불리는 '합법적' 폭력행사를 통해서라도 자국의 영향력과 세력권을 확대하려는 정책적 의도를 숨기지 않았다. 미국 역시 가치, 이념, 정치, 경제 체제 면에서 공유할 부분을 가지고 있지 않은 소련의 이러한 의지의 구현(具顯)이나 의도의 실현(實現)을 차단하기 위한 봉쇄(封鎖: containment) 의지와 정책을 감추려하지 않았으며, 서유럽 국가의 붕괴로 빚어진 자유진영의 패자(霸者)적 지위를 마다하지 않았다. 이와 같이 전후 강대국으로서 모든 면에서 이질적인 성격을 지닌 채 전통적인 강권정치(强權政治: power politics)적 국제정치의 속성까지 드러낸 미국과 소련은 결국 전후 냉전이라는 대립적인 국제질서를 빚어냈다.

세계적 차원의 냉전(冷戰)이 포괄하고 있던 국지적 열전(熱戰)으로 치러진 한국전쟁(韓國戰爭, 1950~1953; 6·25전쟁)을 연출한 소련과 그 효과를 차단하려 한 미국은 적대적인 안보외교 성격과 양상의 진수(眞髓)가 어떻게 다양하게 전개되는가를 보여주었다.

아시아 대륙을 자국의 영향권으로 판단한 소련은 한반도가 대륙과 연결된 이상 예외를 인정하지 않았다. 소련은 한반도가 유럽의 동구권 특히 폴란드와 마찬가지로 러일전쟁에서 러시아에 이르는 교두보가 되었으며, 해양 세력인 미국에 대해서도 마찬가지의 지전략적 위치에 있다고 보았다. 그리하여 소련의 스탈린은 북한을 먼저 장악하고 이를 기지로 한반도 전체를 세력권에 포함시키려 했으며, 소련이 간택(簡擇)한 김일성은 이를 배경으로 자신의 정치적 영향력을 남한까지 확대하려 했다. 이 두 공산권 원조(元祖), 방조(傍祖) 지도자들의 일치된 목적으로 북한군은 공격 작전 수행이 가능할 정도로 중(重)무장되었다. 이와는 대조적으로, 남한 지역에서 군정을 실시했던 미국은 한반도의 전략적 중요성보다는 자유진영의 맹주(盟主)가 지원하는 대한민국(大韓民國)의 상징적 가치에 중점을 두어 한국군의 중무장보다는 한국의 경제발전을 통해서 한반도의 공산화를 저지하려 했다. 그러나 무력

사용을 통해서라도 한반도를 장악하려는 소련과 북한의 시도(試圖)는 경제 발전을 통하여 한반도의 공산화를 저지하려는 미국의 의도(意圖)보다 단기적으로 훨씬 효과적으로 보였으며, 군사적 승리를 통한 한반도의 장악(掌握)이 가능하다고 판단한 스탈린과 김일성은 남한에 대한 전면 무력사용을 서슴지 않았다. 이렇게 현실화된 한국전쟁(1950~1953) 전·중·후의 과정을 통하여 전쟁을 연출한 소련과 그 효과를 거부하려는 미국은 상호 적대적 입장에서 나름대로의 타당성이 있다고 판단한 안보외교를 펼쳤다.

먼저 한국전쟁을 연출한 소련은 주도면밀(周到綿密)한 안보외교를 전개했다. 한반도를 소련의 영향권 안에 두어야 한다는 판단을 한 소련은 두 차례에 걸친 미국의 원자탄 투하(1945. 8. 6; 8. 9) 직후 재빠르게 대일선전(對日宣戰)을 포고(布告)하고 병력을 한반도에 신속하게 투입했다. 유럽 전후 오스트리아를 점령한 소련의 행태가 일본의 군정에서 되풀이될 수 있는 상황 전개를 차단할 필요성을 절감한 미국은 일본의 분할 대신 한반도 38°선을 극동 지역에서 소련과 미군의 작전 경계선으로 책정하고 소련 정부에 통보했다. 이러한 미국 정부안에 이의(異議)를 제기하지 않음으로써 잠정적으로 인정한 소련은 대일참전(對日參戰)의 대가로 주어진 북한(北韓)을 확보하고 차후 한반도 현상변경을 시도하겠다는 의지를 감추지 않았다. 미국과 소련의 합의로 설치된 미·소 공동위원회(1946. 3. 20~1947. 8. 20)의 최초 모임(1946. 3. 20. 서울)에서 소련 대표단의 수석 대표(Terenti F. Shtykov 중장, 후에 주 평양 소련대사)는 한반도의 통일정부는 "…장차 한국이 소련 침공을 위한 기지가 되지 않도록 하기 위하여 소련에 충직(忠直)해야 한다"라고 선언하면서, 한국 임시정부 구성에서 모스크바 선언(1945. 12. 27)을 지지하지 않은 '반동적이고 비민주적인 한국인 집단(reactionary and anti-democratic group of the Koreans)'은 제외되어야 한다고 주장했다.[11] 말

11) *The New York Times*, March 21, 1946; The Communique Agreed at the Moscow Meeting, *FRUS, 1945, VI*, pp. 1150-1; 온창일, *韓民族戰爭史*, pp. 462-3.

을 바꾸면, 한반도 통일정부 수립을 위한 임시정부 구성에서 모스크바 선언을 지지한 공산당원 외 다른 한국인 집단들은 제외시키자는 제안이었다. 또 다시 말을 바꾸면, 통일 한국 정부는 공산정권이어야 한다는 소련 정책의지의 표명인 셈이다. 한반도에 대한 소련의 주도면밀한 안보외교의 공식적인 서막(序幕)이었다.

이러한 소련의 대한반도 안보외교 서막 주제(主題)는 한국전쟁이 휴전(休戰)으로 일단 마무리될 때까지 그 효용성(效用性)이 퇴색(退色)되지 않았다.

북한에서 군정을 실시한 소련은 우선 북한을 소련화(sovietization)시키고 북한군을 무장시켰다. 소련 군정은 김일성을 앞세워 지방 인민위원회를 구성하도록 하고, 지주들의 토지는 몰수하여 집단화시켜 농민들에게 분배하였고, 반항하던 지주들은 숙청하거나 남한으로의 탈출을 방조했으며, 원조물자의 원활한 수송과 손실을 방지하기 위하여 철도보안대를 설치, 운용했다. 북한의 군정 당국은 동독에서 공장을 분해하여 본국으로 수송하던 소련 군정과는 사뭇 다른 행태를 보여주었다.[12] 소련은 북한을 공산사회주의식으로 활성화시켜 소련이 장악한 동쪽 진영의 창(show window)으로 만들어 자유진영과 대치시키고, 그곳을 근거지로 삼아 남한 지역까지 소련의 영향권으로 확보하려는 의도를 감추지 않았다. 모스크바 3상회의(미국, 영국, 소련의 외상회합, 1945. 12) 합의에 의하여 구성된 미·소 공동위원회에서 소련 대표가 천명한 소련의 정책이 구체화되어가고 있었다. 이를 군사적으로 뒷받침하기 위하여 소련 군정은 사설군사단체를 통합해서 1945년 10월 보안대를 결성하고, 1946년 1월 조직화된 철도보안대를 근간으로 북한군을 강화

12) Ambassador Edwin W. Pauley to President, June 22, 1946, *FRUS, 1946, VIII*, pp. 706-13. 북한을 방문하고 난 후 작성한 이 보고서에서 폴리는 북한의 공산주의는 세계 어느 곳에서보다 출발이 좋으며, 소련은 한반도를 중국과 일본에 대한 쐐기로 간주하고 있다는 판단과 함께 미국도 민주주의와 자유에 대한 가치 고양 및 선전을 위해서 남한의 적극적인 경제개발과 한국인의 미국 내 교육 등을 실시하여 인재를 양성해야 한다고 건의했다.

해 나갔으며, 이러한 노력은 1948년 2월 8일 북한군('조선인민군')을 창설할 때까지 지속되었고, 그 이후에는 더욱 강화되었다.[13] 이와 같이, 소련은 우선 북한을 소련화하고 북한군을 무장시켜 필요시 남한까지 확대 적용하려는 군사 외적, 군사적 준비를 갖추어 나갔다.

한반도 전체가 소련의 영향권에 포함되는 것만은 막아야 한다는 미국 정부의 노력에 의해서 현실화된 유엔 감시하의 선거로 1948년 8월 15일에 대한민국 정부가 수립되자, 소련도 1948년 9월 9일에 그들의 축복하에 우선 북한 공산정부를 수립하고 한반도 장악(掌握)을 위한 대 미국 안보외교를 적극적으로 전개해 나갔다. 먼저 북한 최고인민회의로 하여금 외국군 철수결의안을 통과시키도록 하고, 이를 즉각 수용하여 소련군을 1948년 말까지 철수하겠다고 미국 정부에 통보하면서 미국도 이와 상응하는 조치를 취할 것을 요구했다. 남한에서 미군을 철수시키고 북한군을 강화시켜 한반도에서 군사적 불균형을 조성하겠다는 판단에서였다. 한반도의 전략적 가치를 평가하지 않은 미 군부는 조속한 시일 내에 미군을 철수하길 원했으나, 남한에서의 소요사태(제주도 폭동, 여순 반란사건 등)와 미 국무부의 권유로 1949년 6월 30일까지 철수함으로써 소련의 대미 압박외교는 소기의 성과를 거두었다. 1949년 3월 모스크바를 방문하여 스탈린으로부터 남한에 미군이 주둔하고 있다는 이유로 대남 무력사용을 거부당한 북한의 김일성은 1949년 9월 다시 대남 군사력 사용을 건의했으나, 그때도 스탈린은 북한군 전력(戰力)이 월등한 우세를 확보하지 못했고 남한에서의 '혁명역량(革命力量)'이 덜 고조되어 있다는 이유로 김일성의 건의를 들어주지 않았다.[14] 이러한 사태 진전으로 보아, 소련은 세 가지 조건이 충족되면, 즉 북한군이 한국군과 비교하여 월등한 우세를 확보하고, 남한에서의 소요(騷擾)가 군사력 사용 효과를 보장할 수준이며, 미국의 대 한반도 정책 및 전략태세가 미온적(微溫

13) 온창일, *韓民族戰爭史*, p. 477.
14) *위의 책*, pp. 468-71.

的)이면 한반도의 공산화를 위해서 무력사용도 고려할 수 있다는 판단을 내린 셈이다.

한국에 대한 단독적인 개입을 회피하려는 미국 정부의 정책 및 전략 표명은 북한의 대남 군사력 사용 조건 중 하나를 톡톡히 충족시켰다. 1950년 1월 12일 워싱턴 신문기자 협회(National Press Club) 연설에서 미 국무장관(Dean G. Acheson)은 미국은 일본의 방어에 전적으로 개입하고 있다는 점을 지적하고 미국 전담(專擔) 극동방위선은 필리핀에서 유구열도, 일본을 지나 알류샨 열도로 이어진다고 밝히면서, 그 밖의 지역에서의 침공은 일차적으로 지역 주민들이 저지해야 하고, 다음에 유엔헌장에 의한 모든 문명세계의 개입으로 저지되어야 한다고 말했다.[15] 미 국무장관의 연설 내용에 대해서 미국 정부 내 어느 누구도 이의(異議)를 제기하지 않았고, 1950년도 대한 군사원조 1,000만 달러가 이를 확인해 주었다. 당시 미국의 세계 정책 및 전략적 차원에서 한국은 '하나의 자산이기보다는 부담(a burden rather than an asset)'으로 간주되었으며, 이로써 소련의 공격적인 대한반도 전략 수립에 필요한 한 가지 조건이 충족된 셈이 되었다.[16]

이른바, 군사력 사용 효과를 극대화해 줄 수 있는 남한 내 소요 수준 다시 말해 '남조선 혁명역량 강화 정도'는, 남노당(南勞黨) 대표로 북한 부수상 겸 외상의 직책을 맡고 있던 박헌영(朴憲永)의 호언장담(豪言壯談)이 보장해 주었다. 박헌영은 북한군이 서울을 점령하면 남한 내 남노당원들의 대

15) Speech, Dean Acheson to the National Press Club, January 12, 1950, U. S. Congress, Committee on Armed Services and Committee on Foreign Relations, *Military Situation in the Far East and the Facts Surrounding the Relief of General of the Army Douglas MacArthur from His Assignments in the Area*(Washington, D. C.: G. P. O., 1951), part II, pp. 1811-2; Dean Acheson, *Present at the Creation: My Years in the State Department*(New York: W. W. Norton & Co., 1969, pp. 357-8.

16) Ohn, Chang-Il, "The U. S. Joint Chiefs of Staff and U. S. Policy and Strategy Regarding Korea, 1945~1953", unpublished Ph. D. dissertation, University of Kansas, 1983, p. 87; 온창일, *韓民族戰爭史*, p. 467.

대적인 봉기(蜂起)가 일어나 그 이후 북한군의 진격은 아주 수월할 것이라고 큰소리쳤다. 박헌영은 김일성으로부터 부수상(副首相) 겸 외상(外相)이라는 직책을 부여받기는 했으나, 권력 기반은 남한에 있었기 때문에 그의 북한 정부 내 위치는 실질(實質) 없는 외양(外樣)에 불과했다. 이러한 이유로 박헌영은 '남조선 해방'이라는 김일성의 전쟁 목적에 자신의 '권력기반 회복'이라는 기대를 얹어 남노당의 역할을 강조하면서 대남 무력사용을 부추겼을 법했다. 사실, 당시 한국 정부와 군은 '숙군(肅軍)' 작업을 통하여 군 내 불순분자(不純分子)들을 제거하고 남노당의 세력도 거의 무력화시킨 후였다.17) 어쨌든 박헌영의 호언(豪言)은 대남 전면 무력사용을 위한 두 번째 조건을 충족시켜 주었다.

월등한 북한군 전력(戰力) 강화와 지원세력 확보 및 국제적인 여건 조성은 소련이 충족시켜야 할 몫이었다. 북한으로부터 자국 점령군을 1948년 말에 철수시킨 소련은 미국을 압박하여 남한 내 미군도 1949년 6월 말에 철수시키도록 유도했다. 그리고 소련은 1949년 8월에는 원자탄 실험을 실시하여 미국의 핵독점(核獨占)을 무력화시켜 김일성을 안심시켰으며, 1949년 10월 1일에 장개석 군대를 대만으로 몰아내고 수립된 중공(中共)에 대한 물리적인 영향력도 확보할 수 있었으나, 스탈린은 김일성의 대남 군사력 사용 건의를 승인하지는 않았다. 한국군에 비하여 북한군의 전력이 월등하게 우세하지 않고, 남북한 '인민'의 지원을 충분하게 받지 못하고 있다는 이유에

---

17) Allen R. Millet, *The War for Korea, 1950~1951: They Came from the North*(Lawrence, Kansas: the University Press of Kansas, 2010), pp. 10-12. 여기에서 Millet 교수는 한국전쟁을 3단계로 보았다. 1단계는 1945년 8월부터 1948년 4월, 2단계는 1948년 4월 제주도 폭동사건으로부터 1950년 6월 북한군의 전면 남침, 그리고 3단계는 1950년 6월 전면남침 이후로 보았다. 저자는 2단계 전쟁에서 한국 정부가 남노당 세력을 거의 무력화시켜 승리를 거두었다고 분석하였다("The Republic of Korea won the unknown war before the forgotten war"). 이런 상태에서 전쟁 초기 남노당의 조직적인 봉기는 기대하기가 사실상 어려웠고, 이러한 이유 등으로 휴전 후에 박헌영은 '미제(美帝)의 간첩'이라는 죄목으로 처형되었다.

서였다.[18] 이러한 판단에 따라 소련은 북한군을 중무기로 무장시켜 나갔으며, 중공도 내전에 참여했던 조선인들을 북한군에 편입시켜 북한군 전력을 강화하는 데 동참하도록 유도했다. 이러한 소련의 지원(支援)과 중공의 후원(後援)으로 북한군의 전력은 강화되었다.

한반도의 공산화를 통한 스탈린의 소련 영향권(影響圈) 확대와 김일성의 정치 영향력(影響力) 확대 시도(試圖)를 현실화(現實化)시키기 위한 단초(端初)는 워싱턴(Washington)에서 나왔다. 1950년 1월 12일에 미 국무장관이 밝힌 미국의 대한반도 정책과 전략 일단(一端), 즉 한반도가 극동 미국 전담(專擔) 방위권 밖에 있다는 사실은 소련의 대한반도 정책과 전략을 간파(看破)한 김일성에게 호재(好材)가 아닐 수 없었다. 1950년 1월 17일, 외상 박헌영이 주관한 만찬회동에서 김일성은 소련 대사(Shtykov)에게 "중국이 본토를 해방했으니 이제는 조선이 남조선을 해방시킬 차례"라는 점을 지적했다. 그리고 중국 모택동(毛澤東)도 중국 내전이 종결되면 조선을 돕겠다는 약속을 했다고 말하면서, 북한군이 한국군보다 강하다는 점도 밝히고, "자신이 독단적인 공격 작전을 수행하지 않을 것"을 강조하며 "스탈린 동무의 명령은 자신에게 있어서는 법(orders given by Stalin are law for him)"이라는 입장을 빼놓지 않았다. 이 내용은 즉시 스탈린에게 보고되었고, 스탈린은 1950년 1월 30일에 김일성을 만나 그를 도울 준비가 되어 있다고 통보했다.[19] 김일성과 박헌영은 소련이 제공한 특별기편으로 1950년 3월 30일에

---

18) Tunkin's cable to the Kremlin, September 3, 1949, Archives of the President of Russia, pp. 1-3; Tunkin's cable to the Cremlin, September 14, 1949; Embassy's analysis of the political and economic situation in South and North Korea, September 15, 1949; Shtykov's cable to Stalin, October 4, 1949, quoted in Bajanov's *The Korean Conflict of 1950~1953*, pp. 19-29, 34; *蘇聯極秘外交文書*, 3, p. 53; 온창일, *韓民族戰爭史*, pp. 470-1.

19) Stalin's cable to Ambassador Shtykov, January 30, 1950, Shtykov's cable to Stalin, January 31, 1950, Archives of the President of Russia, quoted in *The Korean Conflict of 1950~1953*, pp. 36-7; *蘇聯極秘外交文書*, 3, pp. 60-5; 온창일, *韓民族戰爭史*, pp. 471-2.

모스크바에 도착하여 4월 25일까지 머물면서 스탈린과 세 차례 회담을 통하여 북한군 강화, 전쟁계획, 미군 개입 시 대처 방안 등에 대해서 논의했다.[20] 한반도가 미국의 전담 방위선 밖에 있다는 미 국무장관의 발언이 "한반도 장악을 위한 모험을 해볼 만하다"라는 공산측 판단(判斷)의 단초(端初)를 제공한 셈이 되었다.

한반도에서 전쟁을 정치·이념적 목표 달성 수단으로 활용하려는 소련의 북한 지원은 가히 전폭적(全幅的)이고 전면적(全面的)이었다. 스탈린은 먼저 북한의 대남 무력사용 승인에 대한 자신의 입장을 밝혔다. 중국 공산당의 승리, 이에 대한 미국의 불개입, 소련과 중공의 동맹 조약 체결로 미국의 아시아 개입 가능성 감소, 미국 내 아시아 불간섭 기류(氣流), 소련의 원자탄 보유 등을 승인 이유로 들었다. 그리고 스탈린은 미국의 개입 여부와 그에 대한 중공의 입장 개진(開進)이 필요하다는 문제를 제기했다. 그러자 김일성은 미국이 소련, 중공과 대전(大戰)을 원하지 않기 때문에 개입하지 않을 것이라는 점과 모택동이 내전(內戰)이 종료되면 지원을 약속했다는 점을 밝혔다. 김일성의 견해를 듣고 난 후 스탈린은 전쟁 준비는 철저하게 해야 한다고 말하면서, 전쟁 계획은 38선상 병력 집결, 남한이 반드시 거절할 조건을 곁들인 평화제안, 옹진반도 남한군 공격 유도 후 그것을 빌미로 한 공격개시, 미군 개입 전 속전속결(速戰速決), 미군 개입 시에도 소련군의 개입은 불가능함으로 그 문제는 모택동(毛澤東)과 협조하라는 등의 지시를 내렸다. 스탈린을 안심시킬 목적으로 김일성은 미군 개입 전에 전쟁을 종결지을 것이라는 호언(豪言)과 더불어 소련 고문관들의 도움을 받아 북한군은 전쟁계획을 완벽하게 작성하고 1950년 여름까지 완전한 준비를 갖추겠다는 장담

20) Report on Kim Il Sung's visit to the USSR, March 30~April 25, 1950, Prepared by the International Department of the CC of the All-Union Communist Party (Bolshevik), Archives of the President of Russia, quoted in *The Korean Conflict of 1950~1953*, pp. 40-42; *韓民族戰爭史*, pp. 472-3.

(壯談)을 빼놓지 않았다.[21] 김일성에 대한 소련과 스탈린의 전쟁지도는 자세(仔細)하고 자상(仔詳)했다.

스탈린의 지시대로, 김일성과 박헌영은 1950년 5월 13일부터 15일까지 중국 북경(北京)에서 머무르면서 모택동과 회담을 가졌다. 김일성은 모택동에게 병력의 집결, 평화적 통일방안 제의, 남한의 거절과 동시에 군사 작전 개시로 이어지는 3단계 침공계획을 설명했다. 이러한 계획에 동의한 모택동은 제대별 명확한 임무 부여, 신속한 전쟁수행, 도시 공격보다는 적 주력 격파 위주로 작전을 수행하라는 충고까지 곁들였다. 그리고 모택동은 미군개입 가능성을 일축하는 김일성에게 미군이 개입하면 미국과 38선에 합의한 바 있던 소련보다 미국과 아무런 관계가 없는 중국이 북한을 원조하기가 용이할 것이라고 말하면서 스탈린이 김일성에게 요구한 조건을 충족시켜 주었다.[22] 스탈린의 지시내용을 충족시킨 김일성은 1950년 6월 20일에 상륙용 함정 지원요청, 21일에는 남한군이 북한군의 침공계획을 파악했다는 이유를 들어 옹진반도에서의 유인성(誘引性) 서전(緖戰)을 생략하고 전면 남침공격을 실시하겠다고 건의하여 승인을 받았다.[23] 이로써 북한의 김일성은 대남 무력침공에 대한 소련의 전폭적인 지원(支援)과 중공의 동지적인 후원(後援)을 모두 확보했다.

이와 같이 비밀리에 진행된 소련의 지원과 중공의 후원에 힘입어 북한은 1950년 6월 25일 새벽에 남한을 전면 무력침공했고, 이로써 한국전쟁(1950~1953, 6·25전쟁)은 시작되었다.

한국전쟁이 시작된 후, 전쟁을 연출한 소련은 말이 없었고, 이에 대응해야

---

21) *The Korean Conflict of 1950~1953*; *韓民族戰爭史*.

22) Roshin's cable to Stalin, May 16, 1950, Archives of the President of Russia, quoted in *The Korean Conflict of 1950~1953*, pp. 50-3; *韓民族戰爭史*, p. 473.

23) Shtykov's cable to Stalin, June 20, 21, 1950; Stalin's cable to Shtykov, June 21, 1950, Archives of the President of Russia, quoted in *The Korean Conflict of 1950~1953*, pp. 58-60; *韓民族戰爭史*, p. 474.

하는 미국(美國)은 수선을 떨면서 상호 가시적(可示的), 묵시적(黙示的) 안보외교(安保外交)를 전개했다. 간접적으로, 내전에 간섭하지 말라고 경고하면서 말문을 닫은 소련과 북한 단독으로는 미국 및 유엔의 권위에 의해서 수립된 대한민국을 침공할 수 없다고 판단한 미국은 상호 직접적인 비방은 삼가면서도 북한군의 성공적인 작전수행 결과를 기대하는 절실함과 이를 무력화시켜야겠다는 절박함을 지닌 채 서로를 날카롭게 주시하며 필요한 조치를 취해 나갔다. 소련은 미국의 대응을 주시하면서 묘산(廟算)을 만들어 갔으며, 미국은 유엔을 통한 행동을 취하면서 예산(豫算)을 만들어 나갔다. 한국전쟁을 통한 미국(美國)과 소련(蘇聯)의 적대적인 안보외교가 펼쳐져 나갔다.

소련의 연출(演出) 효과를 무력화시키려는 미국의 조치와 행동은 매우 신속했다. 동구권 장악, 오스트리아에서의 행태, 그리스 및 터키에 대한 위협, 말레이시아와 필리핀의 공산주의자들에 대한 지원 등 2차 대전 후 소련이 보여준 팽창 정책과 전략을 경험한 미국 트루먼 대통령은 이러한 소련의 잠식(蠶食)을 통한 팽창을 봉쇄해야 한다는 트루먼 닥트린(The Truman Doctrine and Containment, 1947)을 정립했다. 특히, 소련이 감행한 베를린 봉쇄(The Berlin Blockade, 1948. 6~1949. 5)는 이러한 미국의 대소(對蘇) 인식을 정당화(正當化)시켜 주었으며, 소련이 연출한 한국전쟁은 이를 확인시켜 주어 미국의 적극적인 행동을 요구하기에 이르렀다.[24] 특히 트루먼 미국 대통령은 과거 히틀러, 무솔리니, 군국주의 일본이 약소국(弱小國)을 공격하면서 세력을 확장해가는 것을 차단하지 못한 결과로 2차 세계대전을 치러야 했다는 역사인식을 가지고 있었으며, 그들 파시즘(Fascism)이나 소련의 붉은 파시즘(Red Fascism)은 기본적으로 같은 종류로 간주했다. 그리하여 트루먼 대통령은 소련이 북한을 앞세워 남한을 침공한 것 자체를 막지 못하면 소련의 침략 구미(口味)가 강화되어 결국 또 다른 대전(大戰)을

24) Thomas G. Patterson, et. al. *American Foreign Policy: A History*, pp. 449-57.

치러야 될지 모른다는 판단하에 '확전의 사슬(chain of escalation)'을 절단하기 위해 유엔을 통한 강력한 대응과 제재를 가하기로 결심했다.[25] 미국 트루먼 행정부의 조치와 행동은 신속하고 단호했다.

미 국무장관(Dean G. Acheson)이 천명한 대로, 한국에 대한 공산권의 침략에 대해서 미국 정부는 유엔을 통한 강력한 대응을 구체화했다. 미국의 요구로 유엔 안전보장이사회는 1950년 6월 25일(뉴욕시간)과 27일에 유엔 결의안을 통과시켜 북한의 대남한 무력사용을 침략으로 규정하고 원상복귀를 촉구했다. 그러나 첫 번째 결의안이 효과를 거두지 못하자, 유엔 회원국들에게 모든 가용한 수단으로 대한민국을 지원할 것을 촉구하는 두 번째 결의안을 통과시켰다(6. 27). 미국은 한국군에게 탄약을 지원하고 해군과 공군을 투입하면서 미 7함대를 대만 해협으로 파견하여 또 다른 도발을 억제하도록 조치했으며, 현지 사령관(MacArthur)으로 하여금 한국전선의 상황을 보고하도록 했다.[26] 서울이 북한군의 손아귀에 들어간 후인 1950년 6월 29일, 한강 남안(南岸)에 다급하게 구축된 방어선을 방문한 맥아더 장군은 한국군의 방어능력이 거의 소진(消盡)되었다는 판단을 내리고 미 지상군의 개입을 워싱턴에 촉구했으며, 트루먼 대통령은 1950년 6월 30일 새벽에 이를 승인함으로써 유엔 결의안에 의한 미군 개입을 구체화했다.[27] 그리고 7월 5일, 최초의 미 지상군(대대급 Task Force Smith)이 지상전에 투입되었다. 1950

25) 트루먼 대통령은 그 회고록에서 The possibility of another war was there "if this was allowed to go unchallenged"라고 판단한 후, "The foundations and the principles of the United Nations were at stake unless this unprovoked attack on Korea could be stopped"라고 결론지었다. Harry S. Truman, *Memoirs, II*, pp. 332-3.

26) 미 7함대의 대만해엽 봉쇄로 중공의 대만 침공 가능성뿐만 아니라 대만의 본토 공격 가능성을 배제하여 중공은 마음 놓고 북한을 지원할 수 있다는 주장도 있으나, 어쨌든 초기 미 트루먼 행정부의 조치는 대만을 방어하기 위한 것이 주목적이었다. US Department of State, *Bulletin, XXIII*, pp. 4-5, 196; *The New York Times*, June 26, 1950.

27) Douglas MacArthur, *Reminiscences*(New York: Fawcett World Library, 1965), p. 377; *韓民族戰爭史*, pp. 540-4.

년 7월 7일, 유엔 안전보장이사회가 한국에서의 유엔 작전은 미국이 통합 지휘하라는 새로운 결의안을 통과시킴에 따라 트루먼 대통령은 미 합참본부(US Joint Chiefs of Staff)를 작전수행기관으로 지명했다. 이로써 한국에서의 유엔 작전은 미국 대통령의 통수권 하에 미국 합참본부가 지도하여 극동미군 사령부가 유엔군 사령부로서 작전을 수행하는 지휘체계를 갖추게 되었으며, 7월 14일에는 이승만 대통령이 북한의 적대행위가 지속되는 동안 한국군의 작전통제권을 유엔군 사령관에게 위임함으로써 일원화된 작전 지휘체계를 갖추게 되었다.[28] 이와 같이, 한국의 공산 침략에 대한 미국의 대응은 신속하고 단호했다.

미군 개입 가능성을 거의 일축하면서 미군 개입 이전에 전쟁을 승리로 종결하겠다는 김일성의 호언(豪言)이 허언(虛言)으로 변하자, 한국전쟁을 연출한 소련도 가만히 있지 않았다. 미 지상군이 한국에 도착하던 날인 1950년 7월 1일, 스탈린은 북한에게 미국의 공습에 대해서 왜 항의 성명을 발표하지 않는지를 따지면서 꿋꿋하게 저항하라는 독려도 빼놓지 않았다. 또한 보다 효과적인 군 작전수행을 위해서 군 편제를 어떻게 바꾸는 것이 좋은가에 대한 김일성의 질문에, 김일성이 직접 총사령관직을 맡고 전선사령부와 양개 군단을 두어 작전을 통합 지휘하도록 했다. 새로운 부대 창설보다는 사단 규모를 12,000명 수준으로 확대하도록 지도하면서 1950년 7월 6일까지 2개 사단, 두 개의 전차여단, 12개의 독립대대를 무장시킬 수 있는 무기와 장비, 전차 및 탄약 등을 신의주를 통해서 지원할 것도 통보했다.[29] 이와 더불어 스탈린은 중공 모택동(毛澤東)과 주은래(周恩來)에게 전문을 보내 "적이 38선을 돌파할 경우에 북한에서의 의용군 활동(volunteer activities)을

28) *韓民族戰爭史*, pp. 544-6.

29) *蘇聯極秘外交文書*, 4, pp. 73-80; Coded message N 34691/sh. July 1, 1950, the 8th Directorate of the General Staff, Soviet Armed Forces, p. 104; Coded message N 35678, July 6, 1950, Stalin to Shtykov, quoted in *The Korean Conflict of 1950~1953*, pp. 61-6; *韓民族戰爭史*, pp. 546-9.

위해서 9개 중공군 사단을 한만(韓滿) 국경 근방에 즉시 집결시키는 것이 옳다"라는 전문과 이를 보호하기 위하여 124대의 최신 제트 전투기 사단을 중공군에 공급하고 2~3개월 간의 훈련을 통하여 중공군 조종사를 양성하며 필요한 장비도 공급하겠다는 전문도 발송했다.[30] 소련은 이와 같이 은밀하면서도 신속하게 필요한 조치를 취하면서 유엔군으로 개입한 미군에 대항해서 중공군을 한국전쟁에 투입하려는 계획을 구체화했다.

이로부터 미국과 소련은 한국전쟁(1950~1953)을 수행하면서 적대적 안보외교의 성격(性格)과 양상(樣相)을 거의 모두 드러냈다.

먼저, 양국은 그들의 영향권 확장이나 보존을 위해서 전쟁을 수단으로 운용했다. 소련은 은밀하게 북한을 지원하고 북한군을 강화시켜 남한을 침공했으며, 미국은 요란하게 수선을 떨며 유엔이라는 국제기구를 통해서 그에 맞서 전쟁을 현실화시켰다. 이로써 공격과 방어로 이어지는 전투가 지속되었으나 무력에 의한 한반도 공산화는 무산되었고, 오히려 미군을 주축으로 한 유엔군과 한국군의 북진으로 북한이라는 정치집단이 소멸될 위기가 조성되었다. 이에 소련은 소련의 지원과 갓 탄생된 국체(國體)의 보존이 필요하다고 판단한 중공(中共)이 개입하도록 종용함으로써 전세(戰勢)를 반전시켜 전쟁 전의 상태에서 약간 변형된 접촉선을 회복했다. 소련은 중공군과 북한군으로 하여금 여섯 차례에 걸친 전면적인 공세를 취하도록 했으나, 군사적인 결판만으로 한반도의 공산화가 불가능하다는 판단을 내리고 휴전(休戰)이라는 방식으로 전투 행위를 중단하는 정치적인 타협안을 수용하게 되었다. 전쟁이라는 수단만으로 현상을 변경시키기 어렵다는 점을 소련이 먼저 깨달았고, 그와 대적한 미국도 이를 나중에 받아들일 수밖에 없었다. 안보외교의

30) *蘇聯極秘外交文書*, 4, pp, 81-2; Coded message N 3172, July 5, 1950, Stalin to Zhou Enlai; N 3231, July 8, 1950, Stalin to Mao Zedong; S 3805 N 3805, July 13, 1950, Stalin to Mao Zedong and Zhou Enlai, quoted in *The Korean Conflic of 1950~1953*, pp. 86-7; *韓民族戰爭史*, pp. 548-9.

한 수단인 전쟁의 효용성이 한계를 드러낸 셈이 되었다.

안보외교 수단으로서 전쟁의 효용성은, 절대전(絶對戰) 개념에서 보면 군사력의 무한사용을 요구하나, 소련과 미국은 한반도에서 국지제한전(局地制限戰: local limited war)을 수행했다. 먼저, 한반도는 동서 양대 진영의 중심인 모스크바와 워싱턴에서 이격(離隔)된 접경 지역으로, 양국이 총력을 기울여 확보해야만 할 필요성 면에서 다소 여지(餘地)가 있는 지역이었다. 미국과 소련은 남한과 북한이라는 전초(前哨) 지역을 안정적으로 확보하는 것만으로도 전략적 여유를 보유할 수 있다고 판단했다. 소련이 확보한 동유럽이나 미국이 장악한 일본과는 다른 지전략적(地戰略的) 위치라는 뜻이다. 이러한 이유로 소련은 미국과의 직접 대결을 삼갔으며, 미국 역시 이를 연출한 당사국이 소련이라는 사실을 알면서도 모른 척했고, 한만국경을 존중하면서 군사적으로 가용한 수단 전부를 운용하지 않았다.

미국과 소련의 자제된 군사행동은 무언(無言)의 거래(去來) 형식으로 이곳저곳에서 때마다 현실화되어 국지제한전으로서 한국전쟁의 성격과 양상을 드러내어 안보외교의 한 수단으로 동원될 수 있는 군사력 사용의 내용과 형태를 다양화시켰다. 소련이 연출한 전쟁이라는 사실을 잘 알고 있던 미국도 전장(戰場)을 한반도로 국한시켰고, 소련군이 전투에 개입하면 즉시 전투를 중지하고 미 합참에 보고하도록 현지 사령관에게 지시했으며, 중공군의 개입 시에도 작전의 성공이 보장되는 조건으로 전투를 계속하도록 조치했다. 확전(擴戰)의 사슬을 끊기 위해서 개입한 미국은 확전은 피하면서 소련의 확전 의지만 꺾겠다는 정책 태세를 지니고 있었다. 이러한 이유로 미국은 중공군의 개입 이후에 중국 본토를 공격하고 대만으로부터의 제2전선을 형성하여 중공을 전면적으로 압박하자는 유엔군 사령관 맥아더의 견해를 무시하고 그를 해임하기까지 했다. 그리고 소련의 군수물자가 반입되는 나진(羅津)에 대한 폭격은 자제하고 한만국경을 존중하여 전쟁 후반에 참전한 소련 전투기들의 국경 밖 추격은 삼가도록 했다. 소련 역시 미군의 군수물자가 하역되는 부산항에 대한 공격은 자제하고, 유엔 해공군이 장악한 제공·제해권을 위협할 수준의 전투기 제공이나 운용은 삼갔다. 소련은 전쟁 전반에 대한 전쟁지도나 군사물자 지원은 계속했지만, 자국군의 직접 개입 대신 중공군을 개입시키고, 제한적인 전투 조종사와 의료진 그리고 군사고문단의 작전지도 외에 눈에 띄는 개입은 하지 않았다. 이와 같이, 미국과 소련은 직접 행동을 통한 '무언의 교섭(tacit negotiation)'으로 전시 군사행동을 임의로 조절하면서 한국전쟁을 치름으로써 전시(戰時)라도 다양하게 군사력을 운용하는 적대적인 안보외교를 전개했다.

작전수행과는 달리, 1년여의 전투 후에 진행된 휴전회담에서 미국과 소련은 한 치의 양보 없는 설전(舌戰)을 이어 갔다. 특히, 1951년 11월 27일에 한 달 간의 유예기간을 설정하고 군사분계선까지 합의한 바 있던 미국과 소련은 포로교환 원칙, 즉 소련의 강제송환(forced repatriation)과 미국의 자유송환(voluntary repatriation) 원칙에 대한 합의는 불가능하여 1953년 7월 27일까지 피 흘리는 혈전(血戰)을 계속해야만 할 지경에 이르렀다.[31] 지상의 낙원이라고 선전하면서 공산체제를 선전해 온 공산권으로 돌아가기를 원하지 않는 공산권 포로가 있다는 사실은 자유 진영을 대변하는 미국으로서는 여간 좋은 심리전 자료가 아닐 수 없었다. 그러나 소련은 같은 이유로 미국의 자유송환 원칙을 결코 받아들일 수 없었다. 휴전 천막에서 벌어졌던 '침 튀기는 설전(舌戰)' 뒤에는 동서 양 진영의 중심에서 이를 지휘·조정하고 있던 두 지도자, 즉 모스크바의 '원색적 공산주의자(fundamental communist)' 스탈린과 워싱턴의 '원천적 자유주의자(intrinsic liberalist)' 트루먼의 고집과 집착이 자리 잡고 있었다. 한국전쟁은 공산진영과 자유진영의 패권국(覇權國)으로서 미국과 소련의 영향력(影響力) 확보전이었다. 특히, 전쟁을 통하여 한반도를 자국의 영향권에 편입시키려던 스탈린이나 이를 죄악시

31) *韓民族戰爭史*, pp. 969, 976-81.

(罪惡視)했던 트루먼의 집념은 누구도 꺾기 어려웠다. 결국, 1953년 3월에 스탈린의 사망으로 실마리가 풀려 절차를 곁들인 자유송환으로 포로교환 문제가 해결됨에 따라, 1953년 7월 27일에 한국전쟁은 휴전(休戰)으로 마감되기에 이르렀다. 동서 양 진영 패자(覇者)인 미국과 소련 간 영향력 쟁탈을 위한 안보외교에서 미국이 우위(優位)를 점유한 셈이 되었다. 한국전쟁에서 펼쳐진 설전(舌戰)의 강도는 혈전(血戰)에 결코 덜하지 않았으며, 그 과정에서 펼쳐진 미국과 소련의 안보외교 역시 물불을 가리지 않았다.[32]

당시 국제질서로 정착된 냉전(冷戰)에서 한국전쟁이 냉전이 포함하고 있던 지역적 열전(熱戰)의 효용성 한계를 드러내어 그 질서를 안정적으로 정착시켰다는 견해도 있다. 그러나 한국전쟁의 마무리에서 남은 아쉬움은 베트남전(1961~1975)의 단초(端初)가 되기도 했으며, 미소 간 적대적인 안보외교의 성격을 순화(順化)시키지는 못했다. 미국은 한국전의 미적지근한 종전에 대한 아쉬움이 남아 월남에서 '공산주의에 대한 성전(a crusade against communism)'을 마다하지 않았고, 소련 역시 월남과 싸우는 월맹에 대한 무기와 장비 지원을 아끼지 않았으며, 중공도 인적 · 물적 지원을 서슴지 않았다.

미국은 55만여 명의 자국군을 베트남 전쟁에 투입하고 한미상호방위 조약에 근거하여 한국군을, ANZUS 조약에 근거하여 오스트레일리아 병력까지 동원하여 월남을 지키려 했다. 그러나 월남의 반체제 세력인 베트콩과 연합 작전을 수행한 월맹은 미국과의 '파리 평화협상'을 통하여 미군을 철수시키고(1973), 월남전의 월남화(Vietnamization of the Vietnam War)를 추진한 미국 정부의 계획에 미국 국회가 예산 지급을 거부하자, 월맹은 정규군에 의한 대규모 공세로 월남을 패망시켰다(1975). 승패가 명쾌해진 제2의 한국전쟁이 베트남에서 재현(再現)된 셈이다. 휴전(休戰)이 아닌 승패(勝敗)로 마무리된 한국전쟁의 재판인 베트남전이었다.[33]

---

32) *韓民族戰爭史*, pp. 969, 976-81.

33) 월남을 패망시킨 월맹이 친소(親蘇)정책을 가시화하고 월남 내 중국 화교들의 재산을

또한 미국은 소련이 쿠바에 미사일을 설치하려는 전략적 기도를 쿠바에 이르는 해상봉쇄(naval blockade)로 차단하기도 했으며(1962), 소련이 아프가니스탄 친소(親蘇) 정권을 옹립하기 위하여 펼친 아프가니스탄전쟁(1979~1989)에서 그에 대항하는 탈레반 반군을 파키스탄을 통하여 간접 지원함으로써 그들을 무력화시키기도 했다.[34] 그러나 미국은 9・11 테러를 자행한 알카에다 조직을 지원했다는 이유로 그렇게 수립된 탈레반 정부를 전쟁(2001~2002)으로 축출하고 그 잔여세력들의 소탕 작전(insurgent warfare)을 계속했다. 미국은 과거 소련이 치른 아프가니스탄전쟁(1979~1989)의 뒤를 이어 새로운 아프가니스탄전쟁(2001~2014)을 치른 셈이다.[35] 이와 같이, 미국과 소련은 직접적인 충돌을 상호 자제하긴 했으나, 세계 도처(到處)에서 세력권과 영향력 확대, 확보를 위해서 적대적인 안보외교를 전개했다.

상충된 정치 이념(political ideology)과 가치 체제(value system)에서 비롯된 미국과 소련의 적대적 안보외교는 소련이 장악해 온 동구권(東歐圈)이 붕괴되고 소련 자체가 변질됨으로써 일단 대단원의 막을 내리게 되었다. 실로, 소련은 서방진영에 대해서 뿐만 아니라, 진영 내에서 결속(結束)을 공산권 개별 국가들의 주권(主權)보다 우선시하는 정책을 택하여(the Brezhnev Doctrine) 소련의 패권(覇權)이나 정책에 도전하는 공산 진영 국가들에 대해서도 군사력을 자의적으로 운용했다(헝가리, 체코, 폴란드 등). 군사 외적 목적을 달성하기 위해서 동원할 수 있는 군사적 수단의 효용성에 매료(魅了)된 소련은 군사력을 엄청나게 강화한 나머지, 소련의 다른 분야, 특히 경제 분야 자생력의 엄청난 훼손(毁損)을 감수해야만 했다. 그런 소련은 재래식 군

몰수하는 조치를 취하자, 월맹을 지원하던 중국은 월맹을 응징(膺懲)한다는 명분으로 월맹을 공격하여 중월전쟁(1979)을 치르기도 했다. 그처럼 우방국이 적대국으로 변하여 전쟁의 당사자가 되기도 한다. 金幸福, *20世紀 地球村戰爭*, pp. 660-4.

34) 金幸福, *20世紀 地球村戰爭*, pp. 557-82.

35) 육군 군사연구소, *아프가니스탄 분쟁사: 분쟁의 역사적 배경과 영국, 소련, 미국과의 전쟁을 중심으로*(2011), pp. 191-280.

사력은 물론 핵탄두와 그것을 운반하는 미사일 등의 수량이 늘어나 미국을 능가할 정도가 되었다. 그러나 일반 소련 국민들이 필요한 빵이나 생필품의 질과 양은 나빠지고 줄어들어 이를 구매하려는 사람들의 대기자 행렬(行列)만 길어졌다. 더구나 아프가니스탄전쟁(1979~1989) 수행에 필요한 막대한 전비(戰費)는 소련 내의 생필품 공급상황을 악화시켜 소련 국민들의 고통을 심화시켰다. 소련 공산당 서기가 된 고르바초프(Mikhail Sergeyevich Gorbachev, 1931~, General Secretary of the Communist Party of the Soviet Union, 1985~1991)는 개혁(Perestroika: restructuring)과 개방(Glasnost: openness)이라는 기치(旗幟)를 내걸고 우선 그러한 상황을 개선하고, 장기적으로는 '인간의 얼굴을 가진 사회주의(socialism with a human face)' 건설을 위해서 일방적으로 군비(軍備)를 감축하면서 아프가니스탄과 몽골리아에서 소련군을 철수시켜 나갔다. 그리고 동구권에 대한 통제도 제거하여 1989년 11월 9일에는 동서냉전(東西冷戰)의 상징물이었던 베를린 장벽이 붕괴되는 극적인 사태가 현실화되었다. 동서냉전의 상징물이 사라짐과 때를 같이 하여, 미국과 소련 양국 정상(George Bush 미국 대통령과 Mikhail Gorbachev 소련 당서기)은 1989년 12월 2일과 3일에 말타(Malta) 섬 연해에 정박한 소련 호화 여객선(Maxim Gorky 호)에서 양국 간 냉전적 대립의 종식을 선언했다. 혈전(血戰)과 설전(舌戰)으로 점철(點綴)된 총체적인 대결구조인 냉전(冷戰)의 마지막 몸부림인지 풍랑(風浪)이 엄청나게 쳐대는 가운데 발표된 양국 정상 간 선언은 이른바 얄타(Yalta)체제라고 이름 붙인 냉전체제를 말타(Malta)체제로 불리는 탈냉전(脫冷戰)체제의 서막(序幕)이 되어 오늘에 이르고 있다.[36] 후에 소련 연방은 해체되어 러시아가 계승했고(1991), 미국과 러시아는 '고약한' 적대적 안보외교를 접어두고 국가 간 관계 본연의

---

36) *The New York Times*, December 3, 4; *조선일보*, *동아일보*, 1989. 12. 3, 4; 온창일, *전략론: A Study on Strategy*(서울: 집문당, 2004), pp. 300-9; 온창일, *안보외교론 I: Security Diplomacy I*(서울: 지문당, 2012), pp. 161-2.

성격으로 자리를 잡아온 대립, 경쟁, 협조 등과 때로는 충돌(衝突)의 요소를 내포한 통상적인 안보외교를 전개해 오고 있다.

상이한 가치 체계와 정치 이념 및 그 요소들이 추구하는 목표를 구현하기 위한 각 분야의 상이한 체제를 갖춘 미국과 소련이 냉전(冷戰)이라는 총체적 대립구조에서 펼친 적대적 안보외교는, 분명 강권정치(强權政治)적 속성이 강한 통상적 국가 간 관계 속에서 드러난 적대적 안보외교와는 다른 범위(範圍)와 정도(程度)를 지니고 있었다. 그것이 포괄한 범위는 총체적(總體的)이었고, 현재화(顯在化)된 정도 역시 총력적(總力的)이었다. 과거 식민지 쟁탈을 포함한 제국주의적 대외정책을 수행했던 영국과 프랑스가 미국 독립전쟁을 전후하여 펼친 적대적 안보외교, 즉 '영국에 불리한 것은 무엇이든 프랑스에 유리하다'라고 판단하여 미국의 독립전쟁을 지원했던 프랑스와 이를 대적했던 영국 간에 펼쳐진 적대적 안보외교보다 더 대결(對決)적이었고, 더 전면(全面)적이었다. 양국 간 상이한 가치 체계와 이념 체제의 구세주적(救世主的: Messianic) 사명감이 그렇게 만들었다. 이제 미국과 소련연방을 대신한 러시아는 보편적인 안보외교 그리고 때로는 그 범주에 포함된 적대적 안보외교를 구사할 수 있게 되었다. 그리하여 양국은 서로 평시의 대립, 경쟁, 협조 등이 가능하고 때로는 상충된 이해관계에 근거한 충돌(衝突)을 머금은 보편적인 안보외교의 대상이 되었다. 이러한 면에서 볼 때 적대적인 안보외교는, 강권정치적 속성의 국가 간 정치 본질차원에서 보더라도, '안보외교(安保外交)의 일탈(逸脫)된 한 유형(a deviant form of security diplomacy)'으로 보는 것이 타당할 것이다.

그러나 우리가 살아가고 있는 오늘날에는 독선적(獨善的) 정치 이념과 가치체계, 배타적(排他的) 종교 신념과 생활방식이 개인적 · 집단적 · 일상적인 차원의 안보위협(security threats)을 제기하고 있으며, 그들에 대한 적절한 안보외교의 대책과 수단을 요구하고 있다. 대중(大衆)을 위한답시고 자행되는 소수의 독재, 다수(多數)의 복지를 증진시킨다는 명분을 내세워 모두를 궁핍으로 몰아넣는 우매한 정치, 만민(萬民)의 평등을 달성한다는 기치를 치켜들고 만민 스스로를 서로 적으로 만드는 증오의 정치, 자신들만이 선(善)이고 그에 동조하지 않거나 반대하는 집단들을 적(敵)으로 간주하는 이분법적인 사고와 그에 근거한 독선적 정치 등과 평화보다는 증오, 보편성보다는 특수성, 이타적(利他的)인 사랑보다는 선별적(選別的) 애정, 포용성보다는 배타성에 근거한 종교적 신념과 그에 근거한 생활방식 등이 인간의 천부적(天賦的) 존엄(尊嚴)과 권리(權利)를 파괴하거나 무시 또는 침해하는 형식으로 인간 주체적, 생활환경적 차원의 안보에 대한 위협으로 등장해 있다. 특히, 이념과 신념에 근거하여 형성된 정치집단들은 이러한 위협을 일상화시켜 조직적으로 때로는 무차별적으로 개인 및 집단의 안전보장을 해치거나 파괴하고 있는 현상이 현재화(現在化)되고 있다. 이상하고 독선적인 정치 이념에 근거하여 수립된 정치집단으로서 국가는 자국민에게 국가적 차원의 테러(terror)를 자행하는 것을 일상적인 통치행위로 착각하고 있으며, 배타적이고 선별적인 종교 신념에 근거하여 형성된 집단들은 무분별하게 개인의 안전을 위협하는 무차별적인 테러를 행하면서 온갖 종류의 이유로 그러한 행위를 정당화하는 현상이 전개되고 있다. 이러한 상황 전개와 안보환경 조성은 과거 국가안보 중심이었던 안보외교의 지평을 개인안보, 인권안보, 국제안보, 전 지구적인 자연 및 사회환경 안보 등으로 확대해야 한다는 이론적(理論的)·실천적(實踐的) 당위성(當爲性)을 우리 모두에게 던지고 있다.

2. 테러리즘(Terrorism)과 안보외교

가. 테러 행위와 테러리즘

나. 테러리즘의 이론적, 경험적 고찰

다. 테러리즘과 안보외교

2. 테러리즘(Terrorism)과 안보외교

가. 테러 행위와 테러리즘

인간이 크고 작은 집단을 형성하여 집단생활을 영유하면서부터 테러 행위는 하나의 비우호적인 상호관계 행위로 자리를 잡아 왔다. 이는 남녀 간에도 그렇고 가족, 사회조직, 씨족, 부족, 민족 내, 민족 간에도 그러했으며, 정치집단으로 자리를 잡아 온 부족국가, 왕조국가, 민족국가, 연방국가 간에도 그렇다. 테러 행위의 형태도 다양하여 언어적 테러, 심리적 테러, 물리적 테러, 정신적 테러 등 가시적 · 묵시적 테러가 자행되어 왔다. 그로 인한 피해는 알게 모르게, 크고 작게, 효과적 또는 파괴적으로 드러나기도 했으나 그저 묻혀 버리기도 해 왔다. 그리하여 한 개인이 파멸되거나 한 가정이 파탄지경에 이르거나, 사회조직이 와해되거나, 씨족이나 부족집단의 생사(生死) · 성쇠(盛衰)가 달라지기도 했으며, 민족이나 그들이 형성한 정치집단의 생사소멸(生死消滅)이나 흥망성쇠(興亡盛衰)의 이유가 되기도 하는 등 인류 역사의 한 부분 요소로 자리를 잡아 왔다. 이와 같이 테러 행위는 인간 상호 생활의 한 상관(相關) 요소이자 인간이 형성한 집단 간의 한 관계(關係) 요소이다.

과거 제정(祭政) 일체(一體) 시대의 인간 집단 내에서는 심리적 테러의 한 형태인 주술(呪術)을 통하여 정적(政敵)을 제거하는 등 간접적 주살(呪殺)

테러가 자행되었으나, 그 후에는 로마시대의 시저(Gaius Julius Caesar, 기원전 100~44)가 암살당하는 것과 같은 직접적인 정치 테러가 현실화되기도 했다.[1] 그 후에 펼쳐진 왕정(王政)에서는 권력자들의 내부 권력쟁탈 과정에서 독살(毒殺)이나 암살(暗殺) 등의 조용한 정치적 테러가 은밀하게 자행되기도 했다.

근대 테러 행위는 제정(帝政) 러시아에서 비롯되었다. 나폴레옹전쟁에 참여했던 개화(開化)된 귀족 출신 장교와 군인들은 러시아 농노(農奴)제도 폐지와 개혁의 필요성에 절감하고, 입헌 군주제 수립을 위해서 개혁적인 알렉산더 1세(Alexander I)의 동생 콘스탄틴(Constantine)을 러시아 황제(Tsar)로 추대로 하고 지지를 공개적으로 표명하면서 니콜라스 1세(Nicholas I)의 등극에 반대했다. 이들은 'Constantine and Constitution'이라는 구호를 외치면서 1825년 12월 26일에 세인트피터즈버그(St. Petersburg) 광장(the Senate Square)에서 공개적으로 봉기(蜂起)했다.[2] 그러나 니콜라스 1세는 그들을 무참하게 진압했다. 그 후 개혁 운동은 지하(地下) 운동으로 변질되어 러시아의 개혁을 위한 수단으로 러시아 황제나 요인들의 암살이라는 테러가 동원됐다. 이들은 결국 '인민의 의지(People's Will: Narodnaya Volya)'라는 명칭으로 조직화되었고, 1881년 러시아 황제(Alexander II)를 암살하는 테러가 성공을 거두기도 했다. 그리고 이러한 방식의 정치적 테러 행위는 SR(Socialist Revolutionary)과 볼셰비키(the Bolsheviks)에게 전수되어

---

1) Plutarch, "Brutus", Waler Laqueur and Yonah Alexander, ed., *The Terrorism Reader: The Essential Source Book on Political Violence Both Past and Present*(New York: A Meridian Book, Nal Penguin Inc., 1987), pp. 17-9.

2) 그들은 1825년 12월에 봉기했다는 사실에 근거하여 "The Decembrists"라고 불리어졌으며, 그들이 외친 구호 즉 "Constantine and Constitution"에서 Constitution(헌법)이 콘스탄틴의 부인 이름으로 인식될 정도로 당시 러시아에서는 헌법(憲法)이나 법치(法治)가 낯선 개념이었다. 이러한 봉기는 일종의 백색혁명과 같은 범주로 러시아의 지배층들의 합법적인 통치체제를 갖추는 것이 프랑스 혁명(1789) 같은 사태를 미연에 방지할 수 있다는 취지에서 비롯되었다. "Decembrist revolt", Wikipedia, *naver.com*.

러시아 혁명으로 이어졌다. 그 후에 수립된 소련은 자국민에 대한 국가 테러 행위와 타 국민에 대한 무력사용을 임의로 자행하는 국가가 되기도 했으며, 오늘날에도 이 수준에 머물러 있는 '냉전(冷戰) 잔재(殘在) 국가(the remnant states of the Cold War)'들의 원조(元朝)가 되기도 했다.[3)]

이러한 무자비한 테러 행위는, 과거 히틀러나 무솔리니가 정권을 장악하는 과정이나 장악한 후에도 수없이 자행된 것과 같이, 시간과 장소를 불문하고 전 세계적으로 확산되고 보편화되어 왔다. 특히, 유태인들이 팔레스타인에 정착하면서 건설한 '농장(Kibbutz)'에 대한 아랍인들의 테러와 그에 대한 유태인들의 보복 테러, 이스라엘 건국(1948. 5. 14) 후에 주변 아랍 국가들의 전면 무력침공과 그 후의 전쟁 그리고 그에 대한 이스라엘의 '성공적'인 대처는 정상적인 군사공격에 대해 무력감을 느낀 아랍인들과 반 이스라엘 집단들의 테러 행위 격화를 가져왔으며, 이스라엘을 지지하는 미국이나 서방세계에 대한 테러까지도 서슴지 않게 만들었다.[4)] 그 외에도 가진 자와 덜 가진 자 사이, 종족 및 인종 간, 다른 종교 간의 증오에 기반을 둔 테러도 여기저기에서 나타나 이제는 가치관이나 문명(文明) 간의 혐오에 근거를 둔 테러까지도 현실화되고 있다고 보는 견해도 있다. 동기, 이유, 원인, 달성하고자 하는 목적이야 어찌 됐든, 테러 행위는 인간 자체뿐만 아니라 인간의 존엄성과 삶을 말살하고 가정을 파탄시키며 집단과 사회 기반 전체를 송두리째 파괴하는 것으로, 인간이 스스로에게 가하는 자해(自害), 자손(自損) 행위이다.

불행하게도 보편화된 이러한 테러 행위가 요즈음 무목적적(無目的的), 무차별적(無差別的), 무분별적(無分別的)으로 자행되는가 하면, 의도적(意圖的), 집단적(集團的), 조직적(組織的)으로 확산되기도 한다. 또 동원되는 수

3) "The Origins of Modern Terrorism", Walter Laqueur and Yonah Alexander, ed., *The Terrorism Reader*, pp. 45-116.

4) "Terrorism in the Twentieth Century", *Ibid.*, pp. 117-79.

단과 방법 역시 무한적(無限的)으로 확대되어 인간 개개인의 실제적 안전 및 보장받아야 할 인권안보는 물론, 국가안보, 국제안보, 지구적 차원의 자연 및 사회환경 안보를 위협하는 수준에 이르러 있다. 그러나 이러한 테러 행위를 근절하거나 무력화시킬 수 있는 근본 대책을 쉽게 모색할 수 없는 현실이다. 테러 행위를 자행하는 원인, 목적, 동원수단, 행위의 유형 등 어느 것 하나 단순하지 않기 때문에, 그에 대한 근절 대책과 수단 역시 단순할 수가 없고 현실적인 효용성도 제한적이라는 한계가 있다. 이와 같이, 테러리즘은 현재와 미래의 안보외교가 다루고 풀어 해소시켜야 할 난제(難題)가 아닐 수 없다.[5)]

제2차 세계대전 후에 전개된 냉전(冷戰)이라는 국제질서하에서 전 지구적으로 확산된 테러리즘은 원인, 수단, 목적, 유형 등 전반적인 측면에서 매우 다양하게 정착되어 오늘에 이르고 있다. 테러 자체를 위한 테러부터 그럴싸한 명분의 테러 행위로 포장하여 은행을 터는 등의 수법으로 돈을 마련하는 테러, 사회에 대한 부적응 및 무기력의 보상 행위로서 행해지는 테러, 기존의 질서나 권위를 인정하지 않는 무정부적·허무주의적 테러, 종족(種族)·인종(人種)·종교(宗教) 간 배타적 증오심에 근거한 테러, 이념적 이질성에 근거한 체제 전복이나 정치권력 장악을 위하여 자행되는 테러, 이념적·정치적 배타성에 근거하여 국가를 비롯한 정치집단들이 자의적으로 감행한 테러 등 모든 종류와 양상의 테러 행위들이 구체화되어 왔다. 요즈음에는 실

5) 테러리즘에 대한 정의는 보는 입장과 시각에 따라 100여 개 이상이 있다. 미 국방부는 "정치적, 종교적, 이념적 목표를 달성하기 위하여 정부와 사회를 협박할 목적으로 개인 또는 재산에 대한 무력 또는 폭력의 불법적인 사용 또는 사용의 위협을 하는 것"이라고 했고, 미 연방수사국이나 국무부도 "개인, 재산에 대한 무력사용 및 사용위협을 행사하는 정치적 폭력"이라고 정의하고 있다. Walter Laqueur, *The New Terrorism: Fanaticism and the Arms of Mass Destruction*(New York: Oxford University Press, 1999), p. 6; Gus Martin, *Essentials of Terrorism: Concepts and Controversies*(New York: SAGE Publications, Inc., 2008); 김계동 외 번역, *테러리즘: 개념과 쟁점*, pp. 2-27. 미국의 개념에서는 불량국가가 테러 주체가 되는 테러리즘은 상정하고 있지 않다.

제 상황에서 행해지는 이러한 테러가 가상현실인 사이버 공간(cyber space)에서도 구체화되고 있다. 원자로 가동을 중단시키거나, 비행 물체들의 항로를 이탈시키거나, 항공 및 지상 교통망이나 금융거래를 마비시키는 등의 엄청난 물리적 재난을 불러오기도 하고, 어느 특정 개인이나 집단 등에게 회복할 수 없는 심리적·정신적 타격을 입히는 등의 사이버 테러 행위도 현실화(現實化)된 것이다. 이제 테러 행위는 현실은 물론 가상현실 속에서도 자행되어 입체적인 성격을 지니게 되었으며, 점점 조직화되고 있는 추세이다. 특히, 이념적 차원에서 정치집단으로 현재화(顯在化)된 국가가 자국민 혹은 타국에 대해서 행해온 테러는 냉전(冷戰)과 그 이후 탈냉전(脫冷戰)시대라고 불리는 오늘에 이르기까지 행해지고 있다.

로마노프 왕조가 대변한 러시아를 전복시킨 볼셰비키 소련 연방은 혁명수행 과정에서는 물론 혁명 후 이른바 '반혁명(反革命) 분자(分子)'들을 제거하기 위해 정적(政敵), 자국민 그리고 그 후에 형성된 진영(陣營) 내 다른 공산국가들에 대해서도 테러와 조직적인 무력행사를 결코 주저하지 않았다.

이러한 원조(元朝) 공산국가인 소련의 '모범'을 답습하여 후발(後發) 공산국가들도 테러를 서슴지 않았다. 한국전쟁(1950~1953), 베트남전쟁(1945~1975) 전·중·후에 북한, 월맹, 베트콩 등 공산국가 및 세력들이 조직적으로 자행한 테러는 테러 행위의 유형(類型)을 거의 망라했다.

한국전쟁 전의 북한이 토지 소유자 및 '반동분자(反動分子)'들에 대한 테러, 전쟁 중 일시 점령한 남한 내에서 '불순분자(不純分子)'를 제거한다는 명분을 내세운 테러, 휴전으로 마감한 전쟁 후의 북한 자체 내에서 정적을 제거하는 과정에서 '종파분자(宗派分子)'를 향한 테러, 그 후에 북한 내에서 '정치범 수용소'를 통한 자국민들에 대한 테러, 그리고 지금까지도 행해지는 북한의 대남 테러 등은 테러 행위의 전형(典型)이 무엇인가를 보여준다.[6]

---

6) 북한은 현재도 6개의 정치범 수용소(함북 회령 22호, 청진 25호, 화성 16호, 함남 요덕 15호, 평남 개전 14호, 평남 북창군 봉창리 18호)를 유지하고 있으며, 수용인원은

베트남전쟁 전·중·후에 자행된 국가적 테러 행위 역시 그에 못지않은 사례(事例)를 기록했다. 먼저 북위 17도선 이북 지역을 장악한 월맹(1954)은 과거 프랑스에 협조했던 '배반자', 이러저러한 이유로 이름 붙여진 '반동분자', 재산을 보유한 '인민의 적'을 숙청·제거하고 그들이 차지한 지역 전체를 '병영국가'로 만들었다. 그 후 월남 내 반체제 공산세력인 베트콩으로 하여금 삼각주 지역을 확보하고 우선 월남인들에게 인기 있는 촌장(村長)이나 교사(教師)들을 살해하도록 했다. 그들이 월남인과 월남 정부를 이간(離間)시키는 데 방해가 되었기 때문이다. 그러자 월남 정부는 군인들을 촌장이나 교사에 임명하였으나, 그들은 미군 군사고문단과 낮에만 활동해야 하는 처지에 놓여 '미 제국주의자들의 앞잡이'로 매도되었다. 결국 월남은 낮에 '월남공화국', 밤에는 '베트콩 공화국'이 되었고, 어떤 가정은 낮과 밤의 '가정안보(家庭安保)'를 위해서 장남은 월남군, 차남은 베트콩에 가담하는 경우도 있었다. 설득, 회유, 테러, 암살 등의 수단을 동원하여 일반 주민들을 포섭하거나 무자비하게 제거한 베트콩은 1957년부터 1972년까지 3만 7,000여 명을 암살하고 5만 8,000여 명을 납치·폭행하는 기록을 세우기도 했다.7)

이와 같이, 국내는 물론 공산진영 내 다른 국가들에게도 진영의 결속(結束)이 개별 국가들의 주권(主權)보다 우선한다는 원칙(the Brezhnev Doctrine)을 앞세워 무력 개입을 자행하던 과거 소련과 그의 '모범적 국가 행위'를 답습한 어제의 월맹(越盟)과 어제오늘의 북한(北韓) 등은 테러를 포함한 폭력사용과 조직적 군사력 운용을 국가 대내외 정책 수행의 주요한 수단으로 간주해 왔다. 기존의 질서와 기존의 권위를 타파하고 새로운 공산사회주의에 입각한 정치권력을 구축하기 위한 목적으로 단행된 볼셰비키 러시아

15만 4,000여 명에 이른다는 조사 결과가 있다. "北 정치범 수용소 6곳…15만 4,000명 수감", *Chosun.com*, 2011. 1. 19.

7) Stanley Karnow, *Vietnam: A History*(New York: Penguin Books, 1984), pp. 124-7; Guenter Lewy, *American in Vietnam*(Oxford, New York: Oxford University Press, 1978), pp. 272-9.

혁명분자(革命分子)들이 채택한 폭력수단으로서 테러가 냉전의 고도(孤島)로 남아 있는 북한이라는 정치집단을 통하여 퇴색(退色)되지 않고 그 명맥을 유지해가고 있는 셈이다.

이른바 탈냉전(脫冷戰)적 국제질서가 구축되었다고 보는 현재에도 이념(理念)이라는 요소의 비중이 감소된 테러 행위가 시간과 장소를 가리지 않고 간헐적 혹은 조직적으로 자행되어 여러 차원의 안보(安保)를 위협하고 있다. '테러리즘(terrorism)'이라는 이름을 붙일 정도로 다양한 테러 행위가 빈발(頻發)하고 있는 것이다. 무정부주의(anarchism)나 허무주의(nihilism)에 근거한 테러 행위는 잠잠해진 반면, 상호 증오심을 바탕으로 한 종족(種族) 간, 인종(人種) 간 테러 행위는 아직도 남아 있다. 또 서로 다른 종교적(宗教的) 신념에 바탕을 둔 테러는 현실적인 정치적 요인과 혼합되어 아직도 사라지지 않고 있다. 그중 무엇보다도 고약한 성격의 테러리즘은 정치집단인 국가를 장악하고 있는 정부(政府)나 정권(政權)이 자국민에게 자행하는 테러 행위이다. 한 정당(政黨)이 장악한 국가 권력에 근거한 이러한 테러는 그 국가 내 국민의 인간안보에 결정적인 해악(害惡)을 끼치는 인간 파괴행위이나, 국가 주권(主權)이라는 현실적인 장벽(障壁)이 이 테러 행위들을 '보호'하고 있기 때문에 그 국가의 정체(政體)가 바뀌기 전에는 효용성 있는 대테러 대책의 모색 자체가 사실상 불가능한 경우가 대부분이다. 후세인(Saddam Hussein, 1937~2006)이 통치하던 이라크, 카다피(Muammar al-Qaddafi, 1942~2011)가 전권(全權)을 행사하던 리비아가 그러했고, 아사드(Bashar al-Assad, 1965~; Hafez al-Assad의 아들, 2000년부터 통치)의 시리아, 그리고 김일성(金日成, 1912~1994)에 이어 김정일(金正日, 1942~2011), 김정은까지 3대에 걸친 독재체제하에서의 북한(北韓)이 그러한 지경이다.[8] 이와 같이,

8) 특히 아사드 치하의 시리아는 22개월에 걸친 내전을 거치면서 반정부 세력에 대한 무차별 공격으로 약 6만 명 이상의 사상자가 발생했다. *CNN International News*, 2013. 1. 20.

현재는 폭력행사 자체를 위한 테러와 이념적 편집증에 의한 테러의 비중은 감소했으나, 아프리카 지역에서의 종파(宗派) 및 정파(政派)들 간이나 해적행위(소말리아 등)에서 비롯된 테러 행위는 오히려 증가했고, 전 세계적인 차원의 무차별 테러 행위, 특히 독제체제를 유지하고 있는 국가들의 국내외 테러 가능성은 여전히 상존(常存)하고 있다. 이러한 사실은 테러리즘에 대한 분석과 그것을 근절하기 위한 효과적인 대응책 강구를 요구한다.

나. 테러리즘의 이론적, 경험적 고찰

테러리즘(terrorism)이라고 명명(命名)될 정도로 내용(內容)과 외양(外樣)이 풍부해지고 다양해진 테러 행위는 그것을 옹호했던 이론(理論)과 그것이 기록된 행적(行蹟)을 더듬어 봄으로써 면모(面貌)를 파악할 수 있다.

기본적으로 테러리즘은 파괴적이다. 자살이 자신을 파괴하는 테러라면, 타살은 타인을 파괴하는 행위이며, 자살폭탄테러는 자기와 타인을 동시에 파괴하는 행위이다. 이러한 테러 행위로 실체적 인간뿐만 아니라 정신적 인간성도 파괴되거나 손상을 입게 되며, 인간이 인간답게 살아갈 수 있는 사회환경도 파괴된다. 그리하여 결국 그러한 환경에서 살아가야 하는 인간의 파괴적 속성을 자극하여 또 다른 테러 행위를 유발하는 주체를 만들어 내기도 한다. 이러한 인간 및 인간성 파괴행위를 기저로 하는 테러리즘이 왜 현실적인 의미를 갖게 되었으며, 이러한 자기 파괴행위를 옹호하는 이론이 왜 출현했는가하는 의문을 가져 봄직하다.

테러리즘은 또한 목적 달성을 위해서 운용할 수 있는 극단적인 수단이다. 다수의 이익을 위한다는 명분을 내세워 소수가 운용하는 수단으로 소수의 권익을 위해서 다수를 공포 속에 몰아넣는 비정상적인 강압수단이며, 테러를 자행하는 집단의 목적달성을 위해서는 어떠한 방법도 합리화될 수 있다는 전제하에 운용되는 교만하고 독선적인 수단이기도 하다. 또 테러는 현실

세계에서 타당한 수단을 운용하여 적절한 결과를 얻을 수 없다는 절박한 처지에서 동원되는 옹색(壅塞)하지만 궁극적(窮極的)인 수단이기도 하다. 만약 테러를 운용한 테러 행위 주체의 요구를 충족시켜 줄 수만 있다면 테러 행위와 테러리즘을 해소할 수 있는 방책을 모색할 수 있는 여지는 있으나, 요구사항이나 현실 여건이 그 방책을 수용할 수 없을 경우 대책 수립이 매우 어렵다. 따라서 테러리즘을 무력화시키거나 그에 대응하기 위하여 동원될 수 있는 수단 역시 정상적, 비정상적, 극단적인 성격의 모든 것을 망라해서 고려해 볼 수밖에 없는 이유가 여기에 있다.

테러리즘은 비정상적인 현실상황에 근거를 두고 자행(恣行)되어 왔다. 과거 제정(帝政) 러시아에서 횡행했던 테러 행위는 로마노프 왕조의 개혁을 원하는 요구가 수용되지 않자 러시아의 황제나 주요 인물에 대한 암살 등의 테러로 사회에 충격을 가하여 입헌 군주제와 같은 변화를 강제로 유도한다는 데 목적을 두고 시작되었다. 그러나 후에 혁명을 주도한 러시아 볼셰비키 공산주의자들은 그러한 수단의 효용성을 높이 평가하여 혁명 후에 수립된 소비에트 공화국 국체를 보존하기 위해 반대세력이나 정적(政敵)을 제거하는 데 주로 활용했다. 한 발 더 나아가, 스탈린(Joseph V. Stalin, 1879~1953)은 레닌(Nikolai Lenin, 1870~1924)이 혁명 후 국가적 기근(饑饉)을 해소하기 위하여 채택한 새로운 경제정책(New Economic Policy)의 시행 결과로 등장한 소 기업주(NEP men), 소 영농지주(Kulak) 등 약 2천여만 명을 집단수용소(Gulag)에 감금・제거하는 등 '볼셰비키 혁명완수'에 방해가 된다고 간주한 일반 자국민들에게까지 국가테러 행위를 서슴지 않았다. 이스라엘과 주변 아랍인, 특히 팔레스타인 주민들 사이에는 1차 세계대전이 일어나기 전인 유태인들이 팔레스타인 지역에 정착할 시기부터 오늘에 이르기까지 테러와 보복이라는 악순환이 계속되어 왔다. 네 차례에 걸친 중동전(中東戰, 1948, 1956, 1967, 1973)에서 이스라엘이 승리하고 이집트까지 대 이스라엘 아랍 공동전선에서 이탈하자, 이스라엘에 대한 정규 군사 작전 자체가 불가능한 팔레스타인 주민들의 선택이 바로 테러 공격이었다. 과격한 팔레스타인 주민들의 테러 행위는 고조되었고 이스라엘의 보복도 강도가 높아졌다. 이러한 중동사태의 산물로 과격 아랍인들은 범 아랍 테러조직을 결성하여(al-Qaeda 등) 이스라엘과 그들을 지원하는 서방국가를 포함한 전 세계를 상대로 테러 위협을 가하고 있다.[9] 이 조직들은 열악한 생활여건 속에서 이슬람교의 성전(聖戰: Jihad) 교리에 충실한 아랍인들과 다른 지역의 회교도들을 동원하여 테러리스트들을 충원 · 훈련시키고 있다. 이 외에도, 독립을 요구하는 체첸 사람들의 대 러시아 테러나 독립국가 형성을 갈망하는 터키와 이라크에 거주하는 쿠르드 족들의 테러 행위 등은, 체첸의 러시아로부터 독립이나 쿠르드 족의 독립국가 수립 등을 목적으로 자신들의 정치적 의지를 표현하고 있다. 이와 같이 테러리즘은 정상적이지 않은 상황이나 비정상적인 정책의지를 강요하는 상황에서 발현(發顯)되거나 강요(强要)되는 비정상적인 정치폭력이다.

테러리즘을 정립하거나 옹호한 이론 역시 비정상적인 상황의 분석이나 이의 정정(正定)에 초점을 맞추어 등장했다. 영국의 정치가이며 철학자인 버크(Edmund Burke)는 프랑스 혁명 후에 전개된 공포정치(Reign of Terror, 1793. 6～1794. 7) 기간 중 혁명재판소의 판결을 거쳐 단두대(斷頭臺: guillotine)에서 처형된 자코뱅 독재의 반대자들, 단순한 '혁명 공화국의 적'으로 간주된 사람들, 그리고 그러한 방식의 공포정치를 '테러에 의한 체제'로 규정하고 테러리즘이라는 용어를 사용했다.[10] 19세기 중엽(특히 1848년 전후)의 유럽은 여러 가지 정치, 경제, 사회문제들로 여기저기에서 불만이 표출되어 사실상 혁명적인 분위기가 드러났다. 그러한 와중에 무정부주의

9) Gus Martin, *Essentials of Terrorism: Concepts and Controversies*(New York: SAGE Publications, Inc, 2008), 김계동 외 번역, *테러리즘: 개념과 쟁점*(명인출판사, 2008). pp. 114-40.

10) *위의 책*, pp. 30-1.

(Pierre-Joseph Proudhon, 그를 이은 Mikhail Bakunin, Sergei Nechayev, Petre Kropotkin 등)가 등장하여 국가의 파괴, 권력의 철저한 분산, 무신론과 개인주의 등을 주장했다. 그와는 달리, 자본주의 초기의 극심한 병폐가 드러나기 시작한 시대적 배경하에서 노동자 혁명과 독재를 통해서 자본주의 대신 공산사회주의를 건설해야 한다는 마르크스주의(Marxism: Karl Marx, Friedrich Engels 주장)가 등장하여, 1848년 공산당 선언(The Communist Manifesto, 1848)이 발표되었다. 레닌(Vladimir Lenin, 1870~1924)은 그것을 러시아 배경에 맞게 각색(脚色)하여 마르크스-레닌주의(Marx-Leninism)를 만들어 1917년 볼셰비키 혁명을 주도했다. 그것은 볼셰비키 혁명의 성공과 좌파 이론에 맞서 우파 과격이론으로 등장한 파시즘(Fascism)은 1930년대 대공황 시기에 유럽 전역으로 확산되어 정착되었다. 그것은 반공산주의, 반왕정, 반민주, 반의회주의, 반지성적인 바탕 위에 철저한 국가주의, 극단적 민족주의 성격을 띤 일명 국가사회주의 성격을 지니고 있었다. 이 좌우(左右) 극단주의 이론들은 폭력의 간헐적 · 지속적 · 단편적 · 집단적 사용과 운용을 기존의 질서, 가치, 체제를 바꾸는 주요한 수단으로 간주하고 있어 근대 테러리즘의 이론적 기반을 제공했다.[11] 이와 같이, 테러리즘은 모든 수단을 동원하여 '정상(定常)이 아닌 질서나 체제'를 정정(正定)해야 된다는 이론에 근거를 두고 등장(登場)하고 성장(成長)해 왔다.

현대 테러리즘의 실천적인 이론(理論)은 종교(宗敎)의 선민성(選民性)과 교세 확장을 위한 폭력성(暴力性)이나, 배타적(排他的) · 우월적(優越的) 민족주의, 그리고 구세주적(救世主的) 이념(理念) 체계에서 근원을 찾을 수 있다.

고달프고 불안한 생로(生路)를 헤쳐 나가면서 삶을 이어가야 하는 인간은 자신들이 갈망하는 평온하고 안정된 삶을 기원(祈願)하기 위하여 자연숭배(自然崇拜), 우상숭배(偶像崇拜), 신앙생활(信仰生活) 등을 자초(自招)해 왔

11) 김계동 외 번역, *테러리즘: 개념과 쟁점*, pp. 39-44.

다. 그와 같은 이유와 과정을 거쳐 인간 생활 속에 등장한 종교(宗敎)는 많은 사람들의 불안과 초조의 정도를 완화시켜 마음의 평화를 안겨주기도 했으나, 때로는 자신이 택한 종교에 대한 맹목적 집착과 다른 종교에 대한 배타적인 성향으로 인간 사회의 대립과 갈등을 심화시켜 인간의 삶을 더욱 고달프고 불안하게 만든 요인이 되기도 했다. 중동 지역에서 선민(選民) 개념에 근거한 유태교와 그와 인접한 지역에서 성전(聖戰)을 수행하면서 교세를 확장해 온 이슬람교는 유태인과 아랍인들 사이의 종족적 이질감과 더불어 테러 행위를 포함한 폭력행사를 마다하지 않는 분위기를 조성했다. 예루살렘 성전 파괴(기원후 70)로 세계 각지에 흩어져 살던 유태인들이 팔레스타인 지역에 자리를 잡고 이스라엘 국가를 수립한(1948) 이후 유태인들과 아랍인들 사이의 종교적, 종족적, 영토적 갈등은 전쟁으로 변했고, 현대 테러리즘의 한 기원(基源)이 되었다. 네 차례에 걸친 전쟁에서 패배한 주변 아랍인들에게는 목적 달성을 위한 정상적인 군사력 사용(전쟁)이 효용성을 발휘하지 못한 처지에서 테러가 이스라엘에 대한 압력수단으로서 거의 유일한 대안(代案: alternative)으로 남게 되었다. 그 결과 중동 지역에서는 테러 행위와 보복공격이 일상화되었고, 아랍인들의 테러 행위는 이스라엘을 지원하는 미국과 미국이 주도하는 서방세계에 대한 무차별 테러로 확산되었다. 그리고 테러리스트들도 조직화되어 범국가적인 지휘체계를 갖추기에 이르렀다. 이러한 테러조직에 동조하는 국가나 세력들이 그들에게 자금을 지원하거나 은신처 및 훈련처를 제공하고, 집단 스스로 마약, 무기 등을 밀매(密賣)하여 자금을 마련하게 됨에 따라 이제 테러리즘은 전 지구적 안보문제로 등장했다. 이와 같이, 종교적인 선민성(選民性)과 배타성(排他性) 등은 현실적인 생활영역 확보, 문화적 생활방식 차이, 정치적 주도권(主導權) 쟁탈문제와 결부되어 테러리즘의 한 원인이 되어 왔다.

배타적 · 우월적 민족주의나 인종주의 역시 테러리즘의 한 원인이 되었다. 고래(古來)로 아프리카 지역에서 일상사(日常事)가 되다시피 한 부족, 종족들 간의 대립과 투쟁에 더한 우월적 인종주의나 민족주의는 집단적이고 더 잔혹한 테러 행위는 물론 심지어 전쟁까지도 불사한 결과를 빚어냈다. 과거 미국 내에서 백인 우월주의에 입각해서 조직된 KKK(Ku Klux Klan)가 흑인들에게 가한 테러와 이에서 비롯된 편견은 흑백 차별('unequal and segregated')이라는 사회적 분위기를 정착시켰다. 그것을 법적으로 금지하고 흑인 대통령(Barack Hussein Obama, 2009, 2013)까지 배출한 오늘의 미국에서도 아직 흑백 분별('equal but separate')이라는 표현을 사용함으로써 흑백 인종 간의 미묘한 기운(氣運)을 완전히 털어내지 못하고 있다. 국가 간 관계에서 우월적 민족주의는 전쟁이라는 더 큰 재앙(災殃)을 불러왔다. '아리안 족의 생활권(Lebensraum)'이 좁다는 점을 내세운 히틀러, '로마의 영광'을 재현(再現)하겠다는 무솔리니, '대동아공영권(大東亞共榮圈)'을 구축하겠다는 군국주의 일본인들의 자족(自族) 중심의 도취적 우월(優越)주의와 국수주의(國粹主義)는 제2차 세계대전이자 '총체적이고 전면적 테러 행위'인 전쟁이라는 참혹한 현실을 가져왔다. 특히, 히틀러는 독일인의 결속을 통한 정치권력 강화를 도모하는 수단으로 '아리안 족의 혈통을 더럽힌 열등하고 덜 순수한 유태인'을 내부의 적으로 만들었다. 그들을 집단 수용하여 '대학살극(the Holocaust: the final solution)'을 연출하면서 600만여 명의 유태인을 가스실 처형이나 생체실험용으로 희생시켰다. 제2차 세계대전 후 유고 연방 해체과정에서 세르비아인들이 보스니아와 코소보에서 자행하고, 아프리카 지역에서 아직도 횡행(橫行)하는 이른바 '인종청소(人種淸掃: ethnic cleansing)'라는 행위는 인종, 종족, 종교의 차이를 빌미로 자행되는 '최악(最惡)의 테러 행위'가 아닐 수 없다. 이와 같이 우월적 인종주의나 민족주의는 테러리즘을 합리화(合理化)한 궤변적(詭辯的) 실천이론으로 잔악한 개별적·집단적 테러 행위를 현실화시켰다.

구세주적(救世主的: messianic) 이념(理念: ideology) 역시 명확한 테러리즘의 근원적 원인이다. '지상의 낙원'을 건설한다는 목표와 '능력에 따라 일하고 필요에 따라 혜택'이 주어진다는 전제로 체계화된 공산주의 이념은 그 구현(具顯) 과정에서 '프롤레타리아' 독재를 인정하고 있다. 그렇기 때문에 공산사회주의 이념을 표방한 정치권력은 온갖 종류의 폭력사용을 적절한 수단으로 인정하고, 이른바 '인민해방전쟁'이라는 개념에 입각한 전쟁도 이념의 확장과 세력권의 확대를 위하여 정당(正當)한 수단으로 간주한다. 이러한 이념체계를 기반으로 러시아 볼셰비키 집단은 당시의 혁명적 분위기를 활용하여 군사 쿠데타를 단행함으로써 러시아 혁명(1917)을 일으켰다. 그리고 혁명을 보존하기 위하여 독일과의 '굴욕적인 평화'도 감수하면서 러시아 내 '반혁명분자'와 '반체제 세력'을 암살, 처형, 감금하면서 러시아 내전(1917~1923)까지 치렀다. 그 후에 혁명의 정착을 목적으로 소련은 KGB[12)]를 설립하여 혁명에 반하는 국내외 인물과 세력들에 대한 무자비한 테러 행위를 자행했으며, 소련이 형성한 공산진영 내 다른 국가들의 반 체제세력들은 직접적 군사개입을 통하여 그들을 제압하는 것도 망설이지 않았다. 테러를 포함한 폭력 및 군사력 사용의 원조 국가다운 모습이었다.

소련의 이러한 개념을 2차 대전 전후에 그리스, 말레이시아, 캄보디아, 베트남, 한반도, 필리핀, 인도네시아 등지와 남미 국가들의 공산주의자들도 채택하였다. 소련은 그들을 '인민해방'이라는 명분을 내세워 지원했으며, 다른 국가들도 원조(元朝) 및 선배(先輩) 국가의 테러 행위를 모방했다. 특히, 중국의 모택동(毛澤東)은 "모든 권력은 총구에서 나온다"라는 명구(名句)로 이를 함축적으로 요약하기도 했다. 이와 비슷하게, 남미 아르헨티나 군정(軍政) 하(1976~1982)에서 한때 반정부 세력들에게 자행되었던 'dirty war'에서도 납치, 구금, 사살, 처형, 제거 등의 온갖 수단이 동원되는 '우익 테러'가 구체화되어 3천 명 이상의 인원이 아무런 절차 없이 사라졌으며, 일부는

12) Komitet Gosudarstvennoy Bezopasnosti: Committee for State Security. 1917년 설립, 1991년 8월 소련 연방 붕괴 후 몇 차례 변신과정을 거친 후 1995년 러시아 연방 안전국으로 정보기관 성격을 강화하여 개편되었다.

헬리콥터로 대서양에 떨어뜨리는 방식으로 살해됐다.[13] 그리고 크메르 루즈(Khmer Rouge, 1967년 설립된 공산 무장단체)가 통치한(1975~1979) 캄보디아 '폴 포트' 정부는 170만 명이 넘는 캄보디아 전문지식인과 기술자들을 '기회주의자'라는 죄목으로 학살했다. 급진 공산주의자들로 구성된 크메르 루즈 정권은 노동자, 농민이 주체인 공산사회를 건설하겠다는 취지로 "지식인, 안경 쓴 사람, 글을 읽을 줄 아는 사람, 심지어 손이 하얀 사람들을 잡아 고문하고 잔인한 방식으로 죽였다."[14] 결국 좌든 우든 중간이든, 독재적 이념(理念) 체계의 배타성과 폭력성은 테러리즘의 한 원인임에 이론(異論)의 여지가 없다.

이와 같이, 종교의 독단적 배타성, 종족이나 인종 간의 이질성, 우월적인 민족주의와 그에 근거한 국수주의, 좌・우・중간을 막론하고 구세주적(救世主的)이고 그렇기 때문에 독선적(獨善的)이고 극단적(極端的)인 이념 체계의 폭력성 등은 테러리즘의 근원적 원인이 되어 왔다.

테러리즘의 종합적 전형(典型)은 북한(北韓)이 기록해 놓았다. 북한을 통치한 김일성(金日成) 일가(一家)의 족벌 독재 체제가 테러리즘의 실체와 양상이 어떠한가를 실증적으로 확연하게 보여주었다. 먼저, 그들은 북한을 테러리즘의 주체(主體) 국가로 만들었다. 주체사상(主體思想)을 내세워 외부의 간섭을 배제하고 정적(政敵)을 제거하면서 내부 독재를 강화했고, 때와 장소를 가리지 않고 대남(對南) 테러를 강행했으며, 이제는 핵과 미사일을 개발하여 주변

13) "Argentine 'dirty war' generals get life in prison", *naver.com*. 아르헨티나 군사정권(1976~1983) 마지막 대통령(레오날도 비뇨네)은 반정부 인사 고문, 살해, 아기 납치, 군인가족 강제입양, 비밀 수용소 운용 등으로 재판에 회부됐다. "아르헨 군사정권 마지막 독재자, 5번째 심판대에", *조선일보* 2012. 8. 25.

14) "급진 공산주의 4人, 킬링필드 피고인으로: 국민 170만 명 학살, '反인륜범죄' 32년 만에 법정 서다", *조선일보* 2011. 6. 28. 이른바 '킬링 필드(killing field)'를 주도한 주역은 키우 삼판(1932~) 전 국가주석, 누온 체아(1927~) 전 부서기장, 이엥 티리트(1933~) 전 내무장관, 이엥 사리(1927~2013) 전 외무장관 등이다. 이들은 아무 것도 모르는 어린아이들을 동원하여 학살을 즐기도록 하는 만행을 저질렀다.

국과 전 세계를 향한 테러 행위를 자행하고 있다. 실로, 북한을 통치해 온 김일성 일가는 그러한 대내외 테러 행위로써 북한 주민을 공포에 떨면서 굶주리게 하고, 그리하여 북한 전체를 연극을 해야만 살아남을 수 있는 '집단 수용소'로 만든 전대미문(前代未聞)의 테러리즘을 드러내 주었다.

과거 소련으로부터 북한의 통치자로 간택(簡擇)된 김일성은 민족주의자 조만식(曺晩植) 선생과 자생 공산주의자 현준혁(玄俊赫)을 제거함으로써 독재 체제를 구축하고, 대남 적화(赤化) 작업을 위하여 북한의 공산기지화와 대남 테러를 시작했다. 북한의 대남 테러 공작은 한국전쟁 전·중·후와 동구권이 붕괴된 1989년 전후로 구분하여 짚어보는 것이 편리할 것이다. 한국전쟁 전에는 남노당(南勞黨) 대표인 박헌영(朴憲永)을 부수상 겸 외상이라는 자리에 앉혀 놓고 주로 남한 내 불안조성, 선거(1948. 5. 10) 방해와 정부수립 방해, 폭동(暴動)과 반란(反亂) 등을 일으키도록 하여, 전개될 수 있는 무력침공을 위한 여건 조성에 주력했다. 그러나 이러한 과정은 한국군의 토벌 작전과 숙군(肅軍)작업 등으로 기대할 만한 효과를 거두지는 못했다. 그리하여 북한군이 서울을 점령하면 50만 남노당원들의 봉기(蜂起)가 일어날 것이라는 박헌영의 호언(豪言)은 허언(虛言)으로 남게 되었다. 한국전쟁 중에는 주로 게릴라를 통한 후방 지역 교란과 유엔군 병참선 차단에 중점을 두고 후방 테러 작전이 수행되었으나, 한국군의 지리산 토벌 작전(1951. 12~1952. 4)으로 이른바 '남부군(南部軍)'의 기반이 상실되고, 전선(戰線)이 교착됨에 따라 그 효용성과 필요성이 현저하게 감소되었다. 한국전쟁이 휴전으로 마무리되자, 김일성은 우선 남노당을 숙청하고 박헌영을 '미제의 간첩'으로 몰아 처형한 후, 1956년 8월 종파사건을 계기로 한국전쟁 작전 지휘 책임을 물어 연안파를 제거하고 소련파를 숙청하는 내부 테러 작전을 실시했다. 소련의 흐루시초프(Nikita Khrushchev, 1894~1971) 당 서기장이 스탈린 격하운동과 '평화공존을 통한 체제경쟁'을 주장하면서 '수정주의' 노선을 택함에 따라, 김일성은 소련파를 손쉽게 숙청할 수 있었다. 그러나 모택동(毛澤東, 1893~1976)이 지도자로 남아 있는 상태에서 연안파의 숙청은 그처럼 쉽지는 않아서 김일성은 그들을 당장 처형하기보다는 스스로 소멸(燒滅)하는 길을 열어주기 위하여 '정치범 수용소'를 만들어 감금하는 조치를 취했다.[15] 그리고 소련과 중국의 간섭을 배제하고 내부 권력 강화를 위해서 '이념적 주체(主體), 정치적 자주(自主), 경제적 자립(自立), 군사적 자위(自衛)'를 표방한 주체사상을 정립하고 이를 통치 및 대외정책 기조로 삼았다. 이러한 과정을 거쳐 김일성은 일단 초기 대남 및 내부 테러 작전을 마감했다.[16]

북한의 김일성 정부는 내부 독재 권력기반을 구축한 후 1961년 7월에 소련(6일) 및 중국(11일)과 '우호협조 호상원조조약'을 체결한 후부터 '불안한 평화' 속에서 대남 평시 테러를 새롭게 시작했다. 이렇게 시작된 대남 테러는 한반도 안팎을 가리지 않았고, 그 영역도 지상(地上), 지하(地下), 해상(海上), 해저(海底) 및 공중(空中) 등 모든 상하(上下) 고저(高低) 공간을 망라(網羅)하였으며, 방법 역시 납치, 암살, 처단, 폭파, 습격, 공격, 폭침, 포격 등 모든 것을 포괄하여 자행됨으로써 전대희문(前代稀聞)의 총체적 양상으로 전개되었다. 그들은 한국 정부 요인과 군인은 물론 일반인 심지어 어린 아이까지 암살(暗殺), 폭살(爆殺), 학살(虐殺)하는 것을 주저하지 않았다. 북한이 주체가 된 대남 테러는 실로 국가테러리즘(state-hosted terrorism)의 전형(典型)이었다.

내부 독재 권력 체제를 정비·강화한 북한은 1958년 2월 16일 부산발 서울행 항공기 승무원(3명)과 승객(28명)을 납치하여 월북시킨 행위로 대남 테러를 시작했다. 한국의 박정희 정부가 들어서 경제개발에 박차를 가하면서 가시적인 결과가 나오자, 북한은 1968년 1월 21일에 북한군 124군 소속군인 31명을 휴전선으로 침투시켜 대통령을 암살하려 했다.[17] 그로부터

15) 온창일, *안보외교론 I*(서울: 지문당, 2012), pp. 206-7.
16) 이상우, *북한정치: 신정체제의 진화와 작동원리*(서울: 나남, 2008), pp. 54-63.

이틀 뒤에는 미 해군 'USS Pueblo'호를 납치했고, 같은 해 11월에는 1·21 습격사건의 실패를 만회하고 남한 내 '민중봉기를 유도할 거점을 확보한다는 목적'하에 120명의 124군부대원을 울진과 삼척 지역에 투입했다. 이들은 80세 노인, 52세 며느리, 15세 손자 등과 "나는 공산당이 싫어요"라고 절규하는 이승복 어린이까지 무차별적으로 무참하게 학살하는 공개적인 군사테러 작전을 수행했다. 또 1969년 12월 11일에는 강릉발 서울행 비행기를 강제 납북하기도 했다. 1966년부터 1969년 사이에 북한은 한반도에서의 긴장을 고조시켜 중국과 소련의 지원을 확보하고 대내적인 정치권력 강화를 도모하려 했으나, 그것이 여의치 않자 한국과의 비밀 접촉 등을 통하여 1972년 7월 4일에 남북공동서명을 발표한 후에 1972년 12월에 사회주의 헌법을 채택하여 이를 내부 권력 강화에 활용했다.[18] 이러한 남북 간 성

17) 1·21사태 때 유일하게 생포됐던 무장간첩 김신조 인터뷰, "김일성, 박정희 산업화 인정…그래서 죽이려 했다. 北, 내가 죽었으면 발뺌했을 것…천안함도 마찬가지", *조선일보* 2013. 1. 19. 인터뷰에서 1968년 1월에 "박정희 모가지를 따러 왔다"라던 김신조(71)는 45년이 지난 현재, "김일성은 남한의 산업발전이 박정희 대통령의 공로라는 걸 인정했어요. 더 시간이 지나면 한국의 공산화가 힘들 것이라고 판단해 빨리 죽이려고 한 겁니다"라고 술회하면서, "자신이 매스컴에 나올 때마다 좌파로 추정되는 사람들에게서 '까불지 말고 조용히 살아라'라는 협박전화를 많이 받았다"라고 토로하기도 했다.

18) 1972년 7월 4일에 서울과 평양에서 발표된 7·4 남북공동성명은 통일 문제에 대하여 '자주적 해결, 무력행사 자제 및 평화적 방법, 민족 대단결 도모'라는 세 가지 합의사항을 담고 있다. 그러나 북한은 대남 테러전선을 당분간 안정시킨 후에 사회주의 헌법을 채택하여(1972. 12) 내부 결속을 다졌고, 한국 역시 10월 유신(1972. 10. 17)을 현실화시켰다. "7·4 남북공동성명", *naver.com*. 그 이후에도 남북기본합의서(1991), 남북비핵화합의(1992), 6·15 공동선언(2000), 10·4 남북공동선언(2007) 등이 이어졌으나, 2013년 1월 22일(뉴욕시간) 유엔 안보리가 북한의 장거리 로켓 발사(2012. 12. 12)에 대한 제재를 담은 결의안(2087호, 전에 통과된 결의안 1718, 1874호에 이은 결의안)을 통과시키자, 북한은 1992년 비핵화 합의를 폐기한다고 선언하고 미국을 겨냥한 핵실험을 개시한다는 의지를 표시했다. *KBS News*, 2013. 1. 25. 17:00, "北조평통 '남북 비핵화선언 무효화'", *조선일보*, 2013, 1. 26. 이전에도 북한은 어떠한 합의나 공동선언에도 불구하고 연평해전 등과 같은 군사도발을 그들의 필요에 따라 자의적으로 계속해왔다. "BM급 성공…북한 發 '스푸트니크 쇼크'", *조선일보*, 2012. 12. 13; "안보리 첫 'catch-all 대북제재' 결의…중국도 가담", *조선일보*, 2013. 1. 24; "北, 유엔제재 찬성한 中·러에 '겁쟁이' 노골적 비난; 中, 핵실험해도 북한체제 흔들리게 하지 않을 것", *조선일보*, 2013. 1. 25.

명에도 불구하고 북한은 휴전선 지하 땅굴을 파기 시작했고, 1974년 8월 15일 광복절 기념행사에서 북한의 조종을 받은 한 제일교포(문세광)가 박정희 대통령을 저격함으로써 육영수 여사가 대신 사망하는 사건을 연출했다. 북한과의 합의나 그에 근거한 공동선언도 북한이 전개하는 대남(對南) 전복전(顚覆戰)의 한 수단이라는 사실이 드러난 셈이다.

한국 대통령을 사살하여 한국 내 정치, 경제, 사회적 혼란을 조성하고 한국의 대외(對外) 신뢰를 훼손하려는 북한의 대남 테러리즘은 한반도 내에 국한되지 않았다. 1983년 10월 9일에 미얀마(버마)를 방문하던 전두환 대통령은 아웅산 국립묘지에 헌화하기 위하여 오전 10시 30분(한국시간 12시 30분) 현장에 도착하도록 예정되어 있었다. 전 대통령이 도착하기 직전인 10시 28분에 북한은 현지에 특공대원(소좌 김용진, 대위 강민철, 대위 김치오 3명)을 파견했다. 그리고 그들은 원격조정으로 현장 건물 천장에 설치된 폭약을 폭파시켜 한국의 부총리, 외무장관 등 각료와 수행원 17명이 사망, 14명이 부상당하는 테러를 단행했다.[19] 북한은 대남 특수공작원 김승일, 김현희로 하여금 1987년 11월 29일 14시 5분 경 미얀마 안다만 해역 상공에서 KAL 858기를 폭파시켜 승객 및 승무원 115명 전원을 사망시킨 공중테러도 자행했다.[20] 이제 북한의 대남 테러리즘은 한반도 내에서의 지상, 지하, 공중은

19) 김익균, "한국의 바람직한 대테러리즘 정책에 관한 연구", 성지대학교 평화안보·성덤 심리대학원 석사학위 논문, 2013, pp. 51-65. 이 테러로 미얀마 관계자는 4명이 사망, 32명이 부상당했다.

20) KAL 858기는 이라크에서 서울로 향하고 있었다. 1987년 12월 3일에 항공기 잔해가 발견되었고, 수사당국은 UAE 아부다비에서 내린 15명의 외국인 탑승자를 집중 조사한 결과, 일본인 여행객으로 위장한 하찌야 신이찌(김승일)과 하찌야 마유미(김현희)를 용의자로 추적하여 레바논에서 출국을 기도하던 이들을 체포했다. 그 과정에서 김승일은 극약으로 자살하고, 김현희는 자살 미수로 한국으로 압송되어 재판을 거쳐 형을 받았으나, 특별사면으로 석방되어 현재까지 생존하고 있다. 이러한 북한의 테러는 한국이 세계 올림픽(1988년도)을 유치하고 국력이 신장되어 남북한의 국력차이가 가시화되자 한국의 대외 신인도와 안전도를 훼손시켜 한국의 위상을 추락시키려는 의도에서 비롯되었다. *위의 논문*, pp. 52-3; KAL기 폭파 김현희 증언, "남한 사람들은 자유의 소중함 모른다. 그래서 北을 神처럼 모시는 종북들 판쳐", *조선일보*, 2012. 6. 29.

물론 한반도 밖 지상, 공중까지 그 영역이 확대하여 현실화(現實化)되었다.

북한은 한국의 영해상(領海上)과 해저(海底)에서의 테러 행위도 주저하지 않았다. 김대중 정부가 이른바 햇볕정책으로 북한에 대한 지원을 가시화한 후인 1999년 6월 15일에 연평도에서 북한 경비정이 기습적으로 사격하여 1차 연평해전이 벌어졌다. 그 후 2002년 6월 29일 월드컵 축구대회가 열리는 중간에 일어난 2차 연평해전, 이명박 정부가 들어선 후인 2009년 11월 10일 대청해전, 2010년 3월 26일 천안함 폭침, 그리고 2010년 11월 23일 14시 34분 경 연평도에 대한 170여 발의 무차별 포사격 등은 한국의 영해상과 해저, 그리고 이에 근접한 지상에 대한 '다채로운' 북한 테러 행위이다.[21] 이러한 북한의 테러 행위 뒤에는 "지원을 빨리 하라", "한국 해군의 대응이 과도하다", "정상회담을 원하거든 대가를 지불해야 한다"는 등의 북한 정권의 숨은 메시지가 담겨 있었는지 모를 일이다. 탈냉전적 국제질서하에서 '냉전적 수단'인 핵과 미사일 그리고 테러 행위를 활용하여 체제를 존속시키려는 북한의 현재 속성상 유추 가능한 추론(推論)이다. 현재 북한의 경제 체제는 구조적으로 공급이 수요를, 생산이 소비를 충족시킬 수 없는 특성을 지니고 있는 '약탈(掠奪) 경제체제'이다. 그렇기 때문에 한국이나 대외국가들에게 핵과 미사일 및 테러를 활용한 위협을 통해서 한국과 외부의 지원을 강요하고 있다.[22] 이러한 이유로 북한 테러리즘은 한국 정부와 한국민을 협박하여 필요한 재원을 '약탈'하려는 북한의 대외, 대남 정책과 전략의 주요한 요소로 남아 있으며, 한국의 모든 영공·영해·해저 역시 북한

21) "北 말만 믿고…6용사 영결식 때 日 축구장 간 대통령", 도발 직후 北 "우발적 사고" 통지문 보내자 국가안보회의 "계획대로 일본 방문" 결정, 우리의 軍의 "계획적 도발" 정보보다 北 신뢰, *조선일보*, 2012. 6. 20.

22) 실제로 북한의 농업은 4중 수탈구조를 가지고 있어 실제 농민들 몫은 거의 없는 것이나 마찬가지이다. '농사는 농민이 짓고, 쌀은 군대와 정권 및 당이 빼앗아 가는 구조'라는 것이 정설이다. 기본적으로 생산성이 떨어지는 협동농장체제는 주민 감시 단위로 유지되어 왔기 때문에 이의 해체나 구조 개선은 쉽지 않아 보인다. "北농업, 4중 수탈 구조…주민들 몫 거의 없어", *조선일보*, 2012. 7. 24.

테러리즘의 한 영역으로 노출되어 있는 셈이다.

북한의 대남 테러리즘은 물리적인 현실에만 국한되지 않고 가상현실과 한국민들의 관념적 현실도 포괄하여 자행되고 있다. 지상, 지하, 해상, 해저, 공중은 이미 북한 테러공간으로서 가시적인 행적(行績)이 기록되어 있고, 가상현실인 사이버 공간에서도 이미 구체화되어 있다. 북한은 사이버 사령부를 창설하여 2001년경부터 사이버 전을 수행하여 군 및 민간 기관의 컴퓨터 망에 침입하여 자료를 절취하거나 악성 바이러스를 유포하여 전산망을 교란시켜 왔다. 특히, 북한은 2005년 1월 25일 인터넷 교란, 2009년 7월 7일 디도스 공격(DDOS: Distribute Denial of Service Attack), 2011년 3월 디도스 공격과 4월 농협 전산망 공격, 2012년 GPS 교란 등의 사이버 테러를 감행했다.[23] '서울 불바다' 등 상시로 동원되는 위협, 공갈, 협박 등을 동원한 심리적 테러에 이제는 가상현실인 사이버 공간이나 관념적 세계도 북한 테러리즘의 한 영역으로 추가되기에 이르렀다. 그리고 북한이 개발한 미사일이나 핵을 활용한 테러 행위도 상정(想定) 가능하다고 본다면, 북한은 물리적 · 관념적 · 가상적 현실에 대해서 현재 가용한 모든 파괴수단을 운용하거나 활용하여 테러를 감행할 수 있는 현대 테러리즘 주체(主體)로서 모든 구색(具色)을 갖춘 것으로 보인다.[24]

북한의 자국민에 대한 국내 테러 행위 역시 차마 눈 뜨고 볼 수 없는 수준이다. 북한은 건국 초기에 조만식(曺晩植) 선생을 앞세워 이용하려다가 조 선생이 거부하자 그를 제거했다. 김일성(金日成) 중심의 집권 세력은 정권을 옹립하기 위하여 정치적인 경쟁자를 제거하는 데 주저함이 없었다. 한국전

23) 김익균, "한국의 바람직한 대테러리즘 정책에 관한 연구", pp. 62-5.

24) 유엔 안보리가 북한의 장거리 미사일 발사(2012. 12. 12)를 규탄하면서 제제결의안(2087호)를 가결하자, 북한은 만약 한국이 이에 적극적으로 동참할 경우에 물리적 대응을 불사하겠다는 공갈조의 성명을 발표했다. 이러한 식의 대남 위협, 협박의 성명은 일상사가 되었다. "N. K. threatens 'physical countermeasures' against Seoul ovr U. N. sanctions", *The Korean Herald*, January 25, 2013.

쟁 후 남노당과 박헌영(朴憲永)을 '미제의 간첩'으로 숙청하고 연안파와 소련파를 전쟁수행 및 지도 실패 책임을 물어 제거한 김일성은 그 후에도 이러한 수법(手法)을 필요시 언제든지 동원하여 휘하에 실세(實勢)를 허용하지 않았다. 김일성의 뒤를 이은 김정일(金正日)은 한 술 더 떴다. 김정일은 리제강으로 하여금 '숙청 X파일'을 작성하게 한 뒤 그것을 간부들이 읽도록 했으며, 2010년 6월경에는 리제강을 교통사고로 위장해서 사살해 버렸다.[25] 이런 식의 숙청 방법은 북한에서는 낯설지 않은 수법이다. 김정일은 2009년 11월에 단행한 화폐개혁으로 내부 혼란이 일어나자, 자신의 지시를 받고 이를 수행한 당 계획재정부장 박남기 등을 강건군관학교에서 2010년 3월에 공개 처형했다. 또 유혈 숙청 행동대장인 채문덕도 김일성 동상 보수에 무관심했다는 이유로 숙청했다. 특히, 북한의 정보 실세인 안전보위부 부부장 류경은 남북관계를 개선하기 위해 서울에 다녀간 뒤로 김정일에게 '조건 없는 정상회담'을 건의했다가 '간첩'으로 몰려 공개 총살형으로 숙청당하기도 했다.[26] 김정일의 뒤를 이은 김정은 역시 이러한 수법으로 김정일 운구행렬에 참가한 군 실세들(김정각 인민무력부장, 리영호 총참모장, 김영춘 전 인민무력부장, 우동측 전 국가안전기획부 제1부장)을 제거하고, 연평도 포격(2010. 11. 23)을 주도한 4군단 사령관(김격식)을 인민무력부장으로 승진·임명했다.[27] 일반 북한 주민에 대한 테러 역시 가공할 수준이다. 북한은 현재도 6곳에서 정치범 수용소를 운용하면서 탈북자 가족들은 물론 경제사범 등 15만 4천여 명을 수용소에 수용했다. 그들은 온갖 착취, 학대와 잔혹행위의 대상이 되고 있다.[28] 미국 상하 양원은 정치범 수용소를 비롯한 북한 내 심각한 인권 상황에 대한 우려와 개선을 촉구하고 탈북자들의 미국행을

25) "고위급 숙청 X파일 만든 김정일, 간부들에게 '읽어라'", "숙청 X파일 쓰다 죽은 리제강은 장성택의 오랜 정치 라이벌", *조선일보*, 2012. 11. 27.

26) "北 정보실세 류경, 작년초 서울 다녀간 뒤 총살당해", *조선일보*, 2012. 7. 28.

27) "김정일 운구 '軍 4인방' 모두 경질", *조선일보*, 2012. 11. 30.

28) "北 정치범 수용소 6곳…15만 4,000명 수감", *조선일보*, 2011. 1. 19.

돕기 위하여 '북한인권법(North Korean Human Rights Act, 2004)'을 만장일치로 통과시켜 2017년까지 유효한 조치를 취했으며, 유엔 인권최고대표사무소(UN OHCHR)는 탈북자 가족들을 수용소에 구금하고 있다는 판정을 내리기도 했다.[29] 이와 같이 북한은 전 북한 주민을 감금, 숙청, 처형 등의 테러 공포 속에 몰아넣고 김일성(金日成) 일가(一家)의 독재 체제를 유지하고 있는 그 자체로 '테러 공화국'인 셈이다.

대남(對南), 대국민(對國民) 테러 행위에 추가하여 북한은 세계적인 차원의 테러리즘에 일조하고 있다. 북한은 중동 아랍국 등에 테러기술 훈련 교관을 파견하기도 하고, 시리아 등에는 미사일 기술이나 핵 원자로 등을 건설하기도 하는 등 파괴적 수법과 기술을 수출하여 외화를 벌어들이면서 세계적인 테러리즘에 도움을 주어 왔다.[30] 또한 북한은 파키스탄의 핵기술을 획득하기 위해서 막대한 자금을 파키스탄 군 수뇌부에 뇌물로 주기도 했으며, 유엔 안보리 제재 후에도 중국의 다롄(大蓮)항을 통해서 불법무기나 사치품 교역을 계속했다.[31] 유엔 안보리가 북한의 핵실험과 미사일 발사 등에 제재조치(유엔 결의안 1718, 1874, 2087, 2094호)를 취하여 불법무기나 핵과 미사일 관련 기술이나 부품, 그리고 체제 안정용으로 사들이는 사치품 등의 교역을 금지하고 있는 현재도 북한은 중국을 통해서 교역을 제한적으

29) "'탈북자 가족 北이 수용소에 구금' 유엔 첫 판정", *조선일보*, 2013. 1. 21. 한국 국회는 2008년 제출된 북한인권법을 아직 처리하지 않아 법안이 국회에 계류되어 있다.

30) "Israel Silent on Reports of Bombing Within Syria", *The New York Times*, October 15, 2007. 이스라엘은 1981년 6월 27일에 이라크 바그다드 동남쪽 25km 지점에 위치한 오시락(Osiraq) 원자로를 폭격한 바 있다. 2007년 9월 6일에는 시리아 동쪽에서 남북으로 흐르는 강변에 있는 시리아 핵개발 의혹 시설을 폭격했다. 이 핵 시설은 북한 것과 유사한 것이었다. 그러나 이를 폭격한 이스라엘이나 폭격을 당한 시리아도 아무 말이 없었다. 시리아는 그 지역을 원상태로 회복해 놓았고, 아사드 대통령이 이스라엘이 텅 빈 군건물을 폭격했다는 정도로 인정하기는 했다. "때린 나라도 맞은 나라도 말이 없다", *인터넷 조선일보*, 2007. 11. 3.

31) "'北, 파키스탄 핵기술 얻으려 軍수뇌에 350만불, 보석 건네', 핵개발 책임자 칸 박사 주장", *조선일보*, 2011. 7. 8; "北 불법무기·사치품 거래 13건 중 11건 다롄항 이용", *조선일보*, 2012. 6. 30.

로 실시하고 있으며, 대남·대미·대외 공갈 협박도 계속하고 있다. 앞으로 '수탈경제', '약탈경제' 체제를 탈피하지 못하고 경제적 궁핍을 스스로 해결할 수 없는 북한은 외부 테러집단에게 핵 및 미사일 기술과 실제 물품을 판매하여 필요한 재화를 구매할 가능성이 있다. 이러한 북한의 전 세계 테러리즘에 대한 부정적 기여는 실로 가공(可恐)한 결과를 빚어낼 수 있을 정도로, 세계 테러리즘을 논함에 북한은 이미 빼 놓을 수 없는 실체(實體)가 되었다.

대내, 대외, 전 세계에 대해서 지금까지 북한이 자행한 테러 행각과 앞으로 가능한 테러 행위로 미루어 보아 북한은 명실공히 가장 위험한 과거와 현대 테러리즘 주체(主體)라는 점이 분명해졌다.

제2차 세계 대전 후 세계 각지에서는 여러 테러집단들에 의해서 온갖 테러 행위가 자행되어 왔다. 1960년대에서 1980년대에 이르러 서독, 이탈리아, 일본 등지에서는 좌파, 적군파 등의 테러리스트들이 '노동자들의 해방'이라는 명분 등을 내세워 은행 강도, 폭파, 암살, 그 외의 반사회·반국가적 테러 행위를 일삼았다. 그 이후에도 테러 집단들은 팔레스타인, 스페인, 아일랜드, 스리랑카, 소련, 중국 등지에 국가 건설이나 민족독립을 촉구하면서 온갖 테러를 단행했다.[32] 전 세계를 상대로 무차별적으로 자행된 이러한 테러 행위의 절정은 2001년 9월 11일의 미국 핵심에 대한 알카에다(al-Qaeda)의 계획적, 조직적 테러 행위였다.

'9·11 테러(2001. 9. 11)'라는 고유 명칭이 부여된 미국에 대한 테러는 일본의 '진주만 기습(1941. 12. 7)'보다 더 큰 충격을 미국민에게 안겨주었고, 전 세계의 지구인들에게는 테러리즘이 어느 한 국가 또는 한 개인에게 국한되지 않는다는 사실을 깨닫게 해주었다. 이 테러로 90여 개의 국적을 가진 5,000명 이상의 인명과 항공기 탑승객 266명 전원이 희생되었기 때문

32) 김계동 외 번역, *테러리즘: 개념과 쟁점*, pp. 114-40.

이다. 알카에다는 4대의 여객기를 납치하여 미국 워싱턴의 화이트하우스(White House), 펜타곤(Pentagon), 뉴욕의 월드 트레이드 센터(World Trade Center: WTC) 쌍둥이 빌딩을 여객기 자체로 공격할 계획이었다. 그리하여 테러리스트들은 이 목표들을 공격할 시기에 기체 내 연료가 충분하게 남아 있을 수 있는 4개의 여객기(AA11: Boston-LA; UA 93: New Jersey-San Francisco; UA 175: Boston-LA; AA 77: Washington, D. C.-LA)를 택하여 납치했다. 그리고 뉴욕 WTC에 두 여객기(AA 11, UA 175), 펜타곤에 하나(AA 77), 그리고 나머지 하나는(UA 93) 백악관으로 향하게 해 미국 핵심기관에 대한 심대한 타격(打擊)을 시도했다. 백악관으로 향하던 여객기는 승객들의 온몸 저지로 백악관 대신 펜실베이니아로 추락했지만, 뉴욕의 WTC 쌍둥이 빌딩은 주저앉았고, 펜타곤은 그 일부가 파괴되었다.[33] 미국 심장부에 대한 알카에다의 9 · 11 테러는 실로 전 세계인들을 경악시킨 현대 테러리즘의 결정판이었다.

알카에다(al-Qaeda)가 주도한 9 · 11 테러에 대한 미국의 대응조치는 단호하고 신속했다. 미국과 영국은 그 테러집단에게 훈련처와 은신처를 제공하고 지원한 아프가니스탄의 탈레반 정부에 대한 공격을 실시하여(2001. 10. 9~11. 20) 탈레반 정부를 제거하고 과도 정부를 수립했다(2001. 12. 22). 그리고 테러리스트를 지원하고 대량살상무기(WMD)를 생산 · 보유하고 있다는 이라크를 공격(2003. 3. 20)하여 20일 만에 후세인 정권을 축출하고, 9 · 11 테러를 지휘한 오사마 빈 라덴(Osama bin Laden, 1957. 3. 10~2011. 5. 2)을 사살(사살 작전 Code Name: Op. GERONIMO)하여 수장(水葬)해 버렸다. 그러나 미국은 이라크에서 후세인 지지세력들이 벌인 테러와의 전쟁(2003~2011)을 치러야 했고, 아프가니스탄의 탈레반 잔당(殘黨)의 탐색전(2001~2014)도 수행했다. 그리고 2014년 국내 치안임무를 아

33) 9 · 11 테러, *wikipedia*, *naver.com*.

프가니스탄 군에게 인계하고 미군 및 NATO군 전투임무 수행을 중지하려 했다.[34] 미국과 영국 등 미국의 동맹국과 서방국가들은 9 · 11 테러로 인해서 수많은 인명과 엄청난 재화의 손실을 감수했으나, 아직도 알카에다 등의 조직을 완전히 무력화시키지 못하고 언제 끝날지도 모를 테러와의 전쟁을 계속해야만 할 오늘에 처해 있다.

오사마 빈 라덴 등 지휘부의 손실로 타격을 입고 아프가니스탄에서 세력이 약화된 알카에다 무장단체는 이제 북아프리카 알제리, 말리(Mali), 리비아 동북부, 나이지리아 북부, 소말리아 남부 등지로 옮겨 세력 강화를 도모하고 있다. 알카에다 북아프리카 지부(AQIM: al-Qaeda in the Islamic Maghreb) 사령관(Mokhtar Belmokhtar, the commander of AQIM)은 혁명이 시작될 때는 항상 기회를 놓치지 않고 개입하겠다는 입장을 밝혀, 리비아, 이집트, 시리아 등지에서 알카에다의 주도적 역할을 강조해왔다.[35] 알

---

34) "결국 손든 오바마 '아프칸 바꾼다는 생각, 환상이었다'", *조선일보*, 2012. 5. 23. 알카에다는 아프가니스탄, 알제리, 보스니아, 체체냐, 인도네시아, 이라크, 코소보, 레바논, 말레이시아, 파키스탄, 남필리핀, 소말리아, 수단, 가자지구, 요르단 강 서안, 예멘, 말리 등과 영국, 미국, 프랑스, 독일, 이스라엘, 아르헨티나, 브라질, 파라과이 등 전 세계적인 세포 조직망을 가지고 잠복해 있다. *테러리즘: 개념과 쟁점*, p. 186. 미국이 이라크전쟁(2003)을 수행한 이유가 이라크가 대량살상무기(생화학무기)를 생산 · 보유하고, 핵 연료를 남아프리카에서 구입했다는 것이었다. 여기에 대해서 독일 정보원(Dr. Paul)에게 정보를 제공한 라피드 아흐메르 알완알 자나비(1995년 이라크 망명, 독일 거주)는 영국 가디언(Guardian)지(2011. 2. 15)와의 인터뷰에서 자신이 이라크의 생화학무기 제조공장에서 일했다는 허위 정보를 제공했다고 진술했다. 이 정보는 미국 정보기관에 전달되었고, 이것이 이라크전쟁의 주요한 원인이 되었다고 보았으며, 어찌됐든 그는 후세인이 제거되어 자신이 바라던 소기의 목적이 달성되었다는 견해를 밝혔다. 실제로, 이라크 후세인 정권을 붕괴시킨 미군은 이라크 내에서 대량무기의 제조, 생산, 보유 증거를 확보하지 못했다. *중앙일보*, 2011. 2. 16.

35) Mohammad-Mahmoud Ould Mohamedou, "Libya looks like Iraq in 2003", *The Korea Herald*, March 25, 2012. 10년 넘게 진행된 미국의 대테러전쟁으로 파키스탄과 아프가니스탄의 알카에다 중앙조직은 와해되었다. 그러나 이라크, 시리아, 북아프리카 등지의 혼란을 틈타 이들이 다시 활기를 치고 있다. 알제리의 이슬람 마그레브 알카에다(AQIM), 튀니스의 자브하트 알누스라, 리비아의 안사르 알샤리아, 니제르의 안사르 알딘, 나이지리아의 보코하람, 이집트의 무함마드 자말 그룹, 이라크와 시리아 및 레바논의 이라크 · 레반트 이슬람 국가(ISIL), 예멘의 알카에다 아라비아 반도(AQAP), 소말

카에다 북아프리카 지부(AQIM)는 말리에서 알제리로 전선을 확대하고 알제리 중동부 천연가스 인아메나스 생산시설에서 알카에다 무장단체 '마스크를 쓴 여단' 사령관 압둘 라흐만 알 니제리의 주도하에 알제리 인을 포함하여 25개국 현장 근로자를 인질로 삼아 인질극을 벌였다. 알제리 군은 단독 구출 작전을 단행하여 800여 명의 현장 근로자를 석방했으나, 무장단체 요원 32명과 인질 48명 이상이 목숨을 잃는 희생을 감수해야만 했다.36) 알제리 인질극으로 영국인 6명이 희생되자, 영국 총리(David Cameron, 1966~)는 "이번 인질극은 세계를 상대로 한 위협이고, 국제사회의 대응을 요구한다"라고 주장하면서 현재 2,500명의 병력을 말리에 파견하여 이슬람 무장단체와 작전을 벌이고 있는 프랑스와 더불어 750여 명의 영국군을 파견할 가능성을 배제하지 않았다. 미국 역시 말리에 병력은 파견하지 않았지만 프랑스 군을 지원하고 있다. 그러나 인질극을 벌인 이슬람 무장세력은 파병을 한 프랑스와 파병을 결의한 9개 아프리카 국가들에 대한 추가 공격을 경고

리아의 알샤바브, 그리고 파키스탄과 아프가니스탄의 알카에다 중앙조직들이다. "'본부 알카에다'는 와해됐지만…이젠 '프랜차이즈 알카에다' 활개", *조선일보*, 2014. 1. 6; 빈 라덴 사망 후 3년이 지난 후에도 알카에다(Al-Qaeda) 추종세력은 70여 개국에서 활약 중이다. 특히, 중동과 아프리카 지역에서는 파키스탄과 아프가니스탄 산악지대의 알카에다 주력근거지 세력, 예멘 알카에다 아라비아 반도 지부(AQAP), 케냐 나이로비에 알샤바브(2013년 쇼핑몰 웨스트게이트 인질, 총기 난사), 시리아 알레포에 자브하트 알누스라(이라크, 시리아 슬람국가 건설목표, ISIS, 시리아 내전 참전, 2011~), 리비아 벵가지에 안샤르 알샤리아(2012년 미국 영사관 폭탄테러 추정), 알제리 인아메나스에 복면여단(2013년 다국적 기업 가스 시설 인질극), 나이지리아 보르노에 보코하람(2014년 1월 폭탄, 총기난사로 마을 주민 학살) 등이 활약 중이다. "시리아·소치까지…독버섯처럼 퍼지는 알카에다", *조선일보*, 2014. 2. 5.

36) 무장단체 요원은 천연가스 생산 시설에 지뢰를 매설한 뒤 리비아로 탈출을 요구했으나, 알제리 정부는 이를 허용하지 않고 구출·공격을 감행하여 많은 희생을 감수했다. 알제리 정부는 1991년 총선에서 이슬람 정당의 승리를 무효로 선언하고 정권을 장악한 후 줄곧 이슬람 무장단체들과 유혈충돌을 벌여 왔다. 그들을 말리 북부로 몰아내면서 가스 생산시설을 보호해 왔으나, 그곳에서 이슬람 원리주의 무장단체들이 인질극을 벌였다. AQIM은 앞으로 리비아(안사르 알샤리아), 말리 북부(AQIM HQ), 소말리아(알샤바브), 나이지리아(보코하람) 등의 이슬람 반군들과 연계하여 대규모 테러를 벌일 가능성이 있다. "알제리 인질극 4일만에 끝났지만…알카에다 부활 과시", *The New York Times*, January 19, 2013; *조선일보*, 2013. 1. 21.

했다. 영국 총리가 언급한 대로, 북아프리카 대테러전쟁은 "수개월이 아닌 수십 년이 걸릴 수 있다는 점을 각오해야" 할지 모를 일이다.[37] 아프가니스탄, 이라크에 이어 이제 북아프리카 지역에서의 '하염없는' 대테러전쟁이 시작된 셈이다.

세계의 주목을 크게 받고 있지는 않지만, 인도의 모택동(毛澤東)주의자들의 테러도 이슬람 근본주의자들의 테러 행위 못지않게 심각하다. 1967년 인도의 웨스트벵갈의 낙살바리 마을에서 농민 반란으로 '낙살라이트(Naxalite)' 운동이 시작된 이래 '낙살라이트 반군'들은 인도 동북부에서 남부까지 이른바 '붉은 회랑(回廊)'이라고 불리는 농촌 지역을 장악하고, 2만 명의 정규군과 10만~20만 명의 준군사조직을 운영하면서 광산을 공격하고 화물열차를 습격하는 등 인도의 경제와 안보를 위협하는 존재로 등장했다. 낙살라이트 반군은 인도 사회의 구조적 모순과 경제적 불평등에 불만을 품고 있는 인도인들에게 모택동주의를 호소하면서 정치세력인 공산당(共産黨)과도 심증적(心證的)인 연관을 맺고 있다. 그렇기 때문에 그들이 벌이는 테러리즘은 반군들의 토벌 형식이나 군사 작전만으로 달성되기 어려운 면모(面貌)가 있다. 인도 정부는 그들을 단시간 내에 '다 쓰러버리겠다'고 호언장담하면서 토벌 작전을 진행하고 있지만 그렇게 간단한 문제는 아니다.[38] 인도 사회의 구조적 모순과 경제적 문제점을 들고 일어난 낙살라이트 운동과 이에서 발원된 낙살라이트 반군이 벌이는 테러리즘은 아직도 반체제적 이념 요소를 머금고 있는 현대 테러리즘의 한 특성을 보이고 있으며, 인도 지역 밖으로 유출(流出)될 가능성이 남아 있다.

---

37) "英 총리 '알제리 인질참사, 북아프리카 이슬람 테러戰의 서막'", *조선일보*, 2013. 1. 22; "영 총리 7,500명 파병 시사", *naver.com*, 2013. 1. 29; *CNN International News*, January 29, 2013.

38) "탈레반 뺨치는 인도의 '낙살라이트': 테러 일삼으며 세 확대…정부, 소탕작전 본격화", *조선일보*, 2009. 11. 2; "모택동주의 '낙살라이트: 印 공산반군 매복공격, 경찰 75명 몰살시켜", *조선일보*, 2010. 4. 8.

이제 테러리즘은 지역, 시간, 공간을 불문하고 확산된 전 세계적인 위협으로 등장해 있다. 지금까지 횡행했던 허무주의에 근거한 대안(代案)없는 테러에서부터 증오(憎惡)에 근원을 둔 종족 간 테러, 인종 간 테러, 세력쟁탈을 위한 정치적 테러, 종교적 테러, 이념적 반체제 혹은 반국가 테러, 그리고 국가가 주체가 되어 자국민과 타 국민에게 자행하는 테러 등과 이슬람 근본주의(Islam Fundamentalism)에 입각한 '테러 국가'를 건설하겠다는 알카에다 등의 조직들이 벌이는 테러 등 현대 테러리즘은 단순하고 단선적인 해결책을 사실상 거부하는 난제(難題)가 아닐 수 없다. 그럼에도 불구하고, 오늘과 내일의 안보외교(安保外交)는 이 숙제(宿題)를 반드시 풀어야 한다.

다. 테러리즘과 안보외교

테러 행위는 평온해야 할 인간(人間), 신성(神性)으로서 인성(人性), 불가침(不可侵)의 인권(人權)을 유린(蹂躪)해 온 인간 자해행위(自害行爲)이다. 이는 인간 자체의 물리적 존재를 거부하거나 그 양상을 바꾸고, 가장 존중되어야 할 인간의 존엄성을 파괴하거나 무력화시키고, 상대적으로 중시되어야 할 인권을 짓밟거나 무시하는 자기 파손(破損) 행위라는 말이다. 따라서 테러 행위에 기반을 둔 테러리즘은 그것이 이루고자 하는 목적이 아무리 중요하더라도 수단으로서 정당성을 부여받을 수 없다. 초보적인 테러리즘은 그 자체의 변증법적 분화(分化)로 한층 가공스럽거나 정교한 상태로 확산된 또 다른 테러리즘을 불러올 수 있는 가능성이 있다. 그렇기 때문에 덜 가공스럽고 조잡한 상태에서 근절되어야 하는 인간의 자기 파멸 행위이다. 정적(政敵, 情敵)을 암살하는 행위, 개혁(改革)과 변혁(變革)을 도모하는 수단으로 최고 실력자를 사살하는 행위 등은 테러 행위 자체를 위해서 자행되는 무차별·무분별 테러 행위까지 불러 왔고, 대상 지역과 범위도 확대시켜 왔다. 이것에 종족·인종 간 증오, 서로 다른 종교 간이나 이념 간 대립, 기존의 정치집단 간 충돌, 한 정치집단 내에서 권력을 가진 집단과 그렇지 못한 집단 간의 전횡(專橫)과 착취(搾取)에서 비롯된 테러 등이 추가되었다. 오늘에 이르러서는, 이슬람 문명권과 서구 문명권의 이질적 갈등(葛藤)이 중동에서의 현실적인 이해관계와 얽혀 심도(深度)가 깊어지고 정도(程度)가 수직·수평적으로 확대된 전 세계적 차원의 테러리즘이 자리를 잡아가고 있는 실정이다. 실로, 오늘의 테러리즘은 개인적이면서 사회적이고, 인종적이면서 종족적이며, 정치적이면서 경제적이고, 문화적이면서 이념적이고, 실질적이면서 관념적인, 모든 성격과 양상을 지니고 있는 총체적인 안보문제이다.

따라서 오늘의 심각한 안보문제로 등장한 테러리즘은 모든 가용한 대책과 수단을 운용한 총체적인 대응을 요구하고 있다. 현대 테러리즘의 완전 무력화 또는 국부적 약화를 위해서, 오늘의 테러리즘이 어떠한 배경과 원인에서 그렇게 현재화(顯在化)되었는가를 먼저 검토해 볼 필요가 있다. 원인과 배경을 파악하면 해소 방책이나 수단이 드러날 수 있지 않을까 하는 기대를 저버릴 수 없기 때문이다.

먼저, 인간 사회의 상호관계에서 빚어진 한 현상인 테러리즘은 인간이 지닌 본성(本性)에 그 근원(根源)을 두고 있는지도 모른다. 다른 사람보다 잘나고 싶고, 다른 사람보다 잘살고 싶고, 다른 사람보다 더 인정받고 싶고, 다른 사람보다 더 사랑받고 싶고, 다른 사람보다 더 많이 갖고 싶고, 다른 사람보다 더 잘 먹고 싶은 등등이 인간의 본연적(本然的) 욕구일 수 있다. 이를 현실적으로 구현하기 위하여 인간은 힘껏 활동하며 노력하기도 하지만, 그러한 노력이 싫다거나 노력을 해도 성취되지 않을 경우에 때로는 파괴적인 행동을 택하기도 한다. 그 결과, 자신에 대한 테러(自殺)를 감행하기도 하고, 타인에 대한 테러(他殺)를 마다하지 않기도 한다. 이러한 파괴적인 속성이 강한 인간들이 조직화되고 그들의 파괴 행위가 타인이나 다른 집단들에게 무차별적으로 강요되어 확대될 경우에 테러리즘이라는 용어에 알맞은 위협으로 정착될 수 있다. 테러리즘의 한 원인을 이러한 차원에서 분석한다면, 인간 본성의 악(惡)한 면이나 악한 본성을 가진 인간을 선(善)한 것이나 선한 인간으로 변화시킬 수 있는 묘책(妙策)과 방편(方便)을 찾아내야 테러리즘을 근원적으로 해소할 수 있을 것이다. 성현(聖賢)들과 성저(聖著)가 그렇게 많은데도 경찰이나 판검사의 숫자는 계속 늘어온 것을 보면 어려운 일이 아닐 수 없다.

두 번째로, 혁명과 테러가 인간이 살아가는 사회제도와 구조의 모순을 바로 잡기 위한 하나의 수단으로 등장했다면, 그것도 테러리즘의 한 원인이 될 수 있다. 러시아의 입헌군주제를 원하면서 니콜라스 1세의 등극을 반대했던 '입헌주의자(The Decembrists)'들의 시도가 무산되자(1825), 그들의 사고는 지하로 스며들어 결국 '토지와 자유(Land and Freedom)', '전면 토지 개혁(Total Land Reparttion)', '인민의 의지(Will of the People)' 등으로 조직화되었다. 특히 '인민의 의지(People's Will: Narodnaya Volya)' 혁명 조직은 중앙집권적인 러시아 사회의 변혁을 위해서 러시아 황제를 암살하기로 결정하고 1881년 3월 13일에 알렉산더 2세를 암살했다.[39] 암살당한 러시아 황제는 생전에 농노(農奴: the serfs)를 해방했고 언론과 대학에 대한 검열도 완화했으나, "급진적인 젊은이들의 요구가 끝이 없다(there were no boundaries to the demands of the radicalized youth)"라는 사실에 놀랐고, 그를 암살한 젊은이들은 "아직 멀었다"라는 반응을 보였다.[40] 체제 개혁을 요구하는 이러한 맹목적인 열망은 결국 1917년 볼셰비키 혁명의 토대가 되었고, 러시아 로마노프 왕조는 공산사회주의 독재 체제로 바뀌어 암살 테러조차도 자행할 수 없게 되었으며, 새로 탄생한 소련은 국가 테

---

39) Nicholas V. Riasanovsky, *A History of Russia*(New York: Oxford University Press, 1977), pp. 422-6; Harrison E. Salisbury, *Black Night, White Snow: Russia's Revolutions 1905～1917*(Garden City, New York: Doubleday & Company, Inc., 1978), pp. 1-12. 이 사건에 연루된 5명이 사형에 처해졌는데(1887. 5. 8), 레닌(Lenin, 17세)의 형인 알렉산드르 울리아노프(Alexander Ulyanov, 20세)도 포함되어 있었다.

40) *Black Night, White Snow*, p. 10.

러리즘의 주체가 되기도 했다. 프랑스도 사회개혁의 요구에 휘말려 혁명(1789)을 겪었고, 그 과정에서 '공포정치'를 단행하기도 했으나, 결국 나폴레옹전쟁 후에 다시 왕정(王政)으로 복고되는 역사를 기록하기도 했다. 영국은 대헌장(大憲章: Magna Carta, 1215, 근대 영국 헌법의 기초), 명예혁명(名譽革命: Glorious Revolution, 1688, 영국의 절대주의가 입헌군주제로 정착: '국왕은 군림하나 지배하지 않는다'는 전통 확립), 권리장전(權利章典: Bill of Rights, 입헌군주제 시대 개막) 등의 제정과 과정을 통하여 '붉은 혁명' 대신 '백색 혁명'을 치름으로써 과격한 정치적·사회적 테러 행위를 미연에 완화시킨 정치집단이 되었다. 이와 같이 인간이 살아가는 사회제도와 구조의 모순을 바로잡기 위한 수단으로 운용되었던 테러리즘은 그것을 수용해야 할 입장에 있는 지도자들의 '수용(受容) 거부'와 그것을 요구하는 일반인들의 '과욕(過慾) 강요'가 빚어낸 결과라고 본다면, '거부(拒否)와 강요(强要)'의 수준 차이를 좁힐 수 있는 묘책(妙策)을 찾아낼 수 있다면 테러리즘을 제거 또는 완화시킬 수 있지 않을까.

세 번째로, 공산사회주의 이념체계의 파괴성과 폭력성은 테러리즘의 한 원인이다. 자본주의 이념체계가 '인간은 자기애(自己愛)가 강하고, 이기적이다'라는 기본 가정에 근거를 두고 있다면, 공산주의는 '인간은 타인을 위해서도 힘껏 일할 수 있고, 재화도 공유할 수 있다'라는 전제하에 펼쳐진 이념체계이다. 이러한 이유로 공산주의를 주장한 이론가들이나 그것을 실현해보겠다고 두 팔을 걷어붙인 실천가들은 자신들의 내면적인 모순을 무시하거나 숨기면서, 기존의 가치와 그에 근거한 체제를 파괴하는 데서 출발했다. 기존의 가치나 그에 기반을 둔 체제를 파괴하는 데 수단은 문제가 되지 않았다. 선(善)을 행하기 위한 수단은 악(惡)이어도 문제 삼지 않았다는 뜻이다. 이것이 폭력사용의 한 원인이 되었으며, 테러리즘은 운용할 수 있는 폭력 중의 하나였다. 특히, 공산사회를 건설하는 과정에서 장애가 되는 인적·물적 요인을 제거하기 위한 사회주의 정치체제인 프롤레타리아 독재(인민독재, 인민을 대변하는 공산당의 독재)는 필요악(必要惡)으로서 감수해야 할 과정이라고 보았다. 그리하여 공산사회주의를 표방한 소련은 국내외나 국제적 차원의 완력(腕力), 폭력(暴力) 그리고 군사력(軍事力)의 운용을 자의적으로 행사했으며, '인민해방전쟁'이라는 개념하에 세력권의 확대도 서슴지 않았다. 이러한 공산사회주의 이념은 기존 가치와 질서를 파괴를 위한 수단으로 폭력을 자의적으로 운용하여, 자유자본주의 이념을 고수하려는 기존 세력들의 조직적인 폭력행사를 변증법적으로 유발시켜 이른바 좌우익 테러라는 범주를 추가시킴으로써 테러리즘의 범위와 종류 그리고 수준을 한층 복잡하게 만든 요인이 되었다. 자유와 평등이라는 두 개념처럼, 공산사회주의와 자유자본주의는 구세주적(救世主的)인 소명감으로 포장되어 테러리즘을 변증법적으로 증진시킨 요인이 되었고, 아직도 그 잔영(殘影)이 여기저기에 남아 있다.

네 번째로, 종교와 문화적 이질성과 배타성이 테러리즘을 유발시켜 왔다. 한 손에 코란(Koran, 讀誦이라는 의미)을 다른 손에는 칼을 들고 교세를 확장하던 이슬람교와 기존의 기독교권 사이에 펼쳐진 십자군 원정(the crusade, 1096~1270)을 중심으로 행해진 행위는 종교 간 이질성과 배타성이 빚어낸 폭력행사와 테러리즘이 아닐 수 없다. 유고 연방 해체 과정에서 빚어진 이(異)민족, 이(異)종교 간의 반인륜적인 테러리즘이나 현재도 조직화된 테러리즘의 중심 역할을 하는 알카에다(al-Qaeda) 조직이 개입된 테러 행위는 인종적, 종족적, 종교적, 문화적인 배타성이 그 바탕에 자리를 잡고 있다. 이와 같이, 인간에게 마음의 평화를 안겨주겠다고 인간 사회에 등장한 종교는 이교도에 대한 박해와 갈등을 증폭시키거나 테러리즘을 자의적으로 행하는 요인이 되어 왔다. 이 요인 역시 완전한 해소나 제거가 어려운 것이 사실이다.

다섯 번째로, 인종과 종족 간 갈등과 대립 그리고 현재의 생활수준과 환경에 대한 불만과 불안도 테러리즘의 한 원인이다. 인간이 현재 살아가고 있는 수준이나 환경에 만족감을 느끼면서 살아가기는 쉽지 않다. 생활수준이 나아지거나 개선될 수 있다는 희망마저 가지기 어려운 절망적인 상황에서는 과격한 생각과 행동을 마다하지 않는 경우가 발생할 수 있다. 주관적·환경적인 요인이 테러리즘의 배경을 형성할 수 있는 것이다. 특히 다른 종족이나 인종들과 인접해 살거나 섞여 살 경우에 그러한 원인의 갈등이나 대립 등이 더 악화되어 나타날 수도 있다. 생활환경이 고달픈 상황에서 벗어나기 힘들거나, 인접해 있는 다른 인종이나 종족이 상대적인 풍요를 누린다면 불만에서 비롯된 과격한 행동이 테러 행위로 변화되고 이것이 종합·확대되어 테러리즘으로 자리를 잡게 된다. 러시아에서는 19세 초반부터 온갖 노력을 다해서 농사를 짓던 러시아 농민들이 유통업에 종사하고 독자적 문화권을 형성하며 집단적으로 생활하면서 비교적 풍요로운 생활을 영유하고 있던 유태인들을 습격하고 학살하는 사태가 빚어졌다. 대규모 유태인 학살은 1881년에 유태인이 알렉산더 2세(Alexander II)를 암살했다는(사실은 유태인 1명만 연관됨) 소문이 유태인 학살로 연결되었으며, 1903년부터 3년간에는 러시아 전국으로 확산되어 유태인에 대한 약탈, 살인, 습격 등이 자행되었다. 특히, 러시아 경찰과 군인들이 그러한 행위를 제지하지 않아 유태인 학살 행위는 더욱 쉽게 전국적으로 확산되었다. 그 결과 '유태인 학살(Pogrom)'이라는 러시아 말(파괴, 학살)이 유태인 집단학살이라는 고유명사로 등장했으며, 1881~1917년 사이 러시아의 반 유태정책은 히틀러의 '유태인 대량학살(Final Solution)'이라는 말로 대미를 장식했다.[41] 제1차 세계대전 전 유럽은 구체제(Ancient Regime)에 대한 불만이 팽배한 상태였다. 당시 지도층은 산업혁명과 상업주의로 새롭게 등장한 체제 변혁의 요구를 충족시킬 능력과 의지를 갖고 있지 않았다. 그러면서 유럽 각국들은 산업화를 통한 신무기와 신전술의 개발로 장차 있을 전쟁은 단기전일 것이고, 그

41) "Pogrom", *naver.com*.

전쟁에서 자국이 이길 수 있다는 막연한 자신감을 가지고 전쟁 계획을 작성해 놓고 있었다. 그러한 상황에서 전쟁이 발발하자 변화를 갈망하는 일반 대중들은 전장(戰場)으로 향하는 병사들의 총구(銃口)에 꽃을 꽂아주는 이상한 풍경을 연출해냈다.[42] 전쟁에서의 승리가 사회적 변혁을 가져다 줄 것이라는 막연한 기대와 희망을 그러한 식으로 표출했다. 현실에 대한 불만이 테러리즘은 물론 전쟁(戰爭)까지도 환영하는 사태를 초래한 셈이며, 테러리스트들이 계속 나타날 수 있는 원인이 될 수 있다. 테러리즘의 해소나 완화를 위한 대책 모색에 참고할만한 배경적 원인이다.

여섯 번째로, 과거는 물론 현재에도 진행되고 있는 국가 테러리즘의 원인은 국가를 대변하고 있는 정권(政權)의 독선(獨善)과 독재(獨裁)이다. 교체된 리비아의 카다피, 이집트의 무바라크 정권, 내전(內戰) 중인 시리아의 아사드 정권, 현재 권력을 장악하고 있는 북한의 김(金)씨 정권 등은 무소불위(無所不爲)의 독재(獨裁)권력을 행사했거나 하고 있는 상태이다. 리비아의 카다피(Muammar al-Qaddafi, 1942. 6. 7~2011. 10. 20)는 1969년 쿠데타로 정권을 잡은 뒤 2011년까지 42년간 장기집권을 하면서, 인민직접민주주의를 표방하면서 의회제와 헌법을 폐지하고 독재 권력을 행사했다. 이집트의 무바라크(Hosni Mubarak, 1928~, 재임 1981. 10~2011. 2) 대통령도 독재 권력을 행사하다가 이집트 시위대에 발포하고 사살한 죄목(罪目)으로 종신형을 선고받았다. 시리아의 알 아사드(Bashar al-Assad, 1965~, 재임 2000. 7~) 대통령은 반군과 2년 가까이 전투를 계속하면서 자국민을 살상하고 있고, 250만 명이 넘는 시리아 난민들은 터키와 요르단의 임시수용소에서 하루하루 힘겨운 난민생활을 이어가고 있다. 북한의 김 씨 독재정부는 북한 농민들을 수탈하고, 주민을 굶주리게 방치한 채 미사일과 핵개발을 강행하면서 '강성대국'의 허상(虛像)을 쫓고 있다. 그리고 모든 북한

42) Robert Paxton, *Europe in the Twentieth Century*(New York: Harcourt Brace Jovanovich, Inc., 1975) p. 74.

주민들을 외화벌이 수단이나 수탈의 대상으로 삼고 있다.[43] 더구나 북한 정권은 아직도 6개 정도의 정치범 수용소를 운용하며 반대세력이나 탈북자 가족들을 그곳에 감금하고 온갖 인권유린 행위를 자행하고 있는 실정이다.[44] 국가라는 정치집단이 자국민에게 행하는 테러 행위는 국가 주권(主權)이라는 울타리를 쳐놓은 상태 속에서의 테러리즘이기 때문에, 무력화시키거나 시정을 요구하는 등 개입하기도 쉬운 일이 아니다. 그러나 인간안보나 인권안보를 보장하기 위해서 국가 주도 테러리즘을 무력화하기 위한 범지구적 차원의 대책(對策) 및 실천 방안(方案) 마련과 적절한 수단(手段)의 선택·운용은 오늘과 내일의 안보외교가 담당해야 할 몫이다.

일곱 번째로, 폭력과 테러 행위에 대한 타성적(惰性的) 집착이 테러리즘이 사라지지 않게 하는 원인이다. 조직화된 테러리즘은 그 조직을 구성하여 운영하고 있는 요원들의 존재를 부각시키고, 테러 행위에서 비롯된 일종의 '사명감'을 충족시켜 줌으로써 끈질긴 생명력을 이어 간다. 아프가니스탄에서의 대테러리즘 작전으로 테러분자들이 소탕되고 빈 라덴이 사살(2011. 5. 2)되자, 북아프리카 알카에다 지부(AQIM)가 그 뒤를 이어 말리(Mali) 북동부를 장악하고 무차별 테러를 포함한 납치·인질 작전으로 이슬람 원리주의(Islam Fundamentalism)에 입각한 이슬람 국가 건설을 목표로 테러 행위를 자행하고 있다. 순교(殉教: martyrdom)도 불사하는 각 종교, 종파의 신도들이나 그러한 종교적 신념을 활용하여 교세(教勢)를 확장해 온 전통이 있는 이슬람교(回教)의 성전(聖戰: jihad) 개념 아래의 전사(戰士: mujaheddin,

43) "핵개발 외화벌이? 북한 여성들이 두 줄로 향한 곳은", *동아일보*, 2013. 2. 7. 북한 여성들은 미모에 따라 단둥(丹東)의 식당이나 의류 공장, 동강(東港)의 해산물 가공 공장에서 하루 12시간씩 일을 한다. 그러나 "월급요? 우리는 그런 거 모릅니다"라는 말이 월급이 얼마냐고 묻는 질문에 대한 대답이었다.

44) "유엔 北인권특별보고관, 수용소·음식 통한 주민통제 등 8년간 조사—'北인권조사 별도기구 필요' 보고서…北 '美의 꼭두각시'", *조선일보*, 2013. 2. 7. 마르주키 다루스만 유엔 북한인권특별보고관은 조직적이고 광범위한 북한 인권 위반을 조사하고 입증하기 위한 별도 조사기구가 필요하다는 보고서를 2013년 2월 5일 유엔에 제출했다.

mujahideen)들은, 과거 여덟 차례에 걸쳐 실시된 십자군 원정(the crusade, 1096~1270)이나 현재 말리 등 북아프리카 지역과 이란 및 시리아 등지에서 전개되는 내전과 같이 국경을 초월하여 전투나 테러 행위 등에 참여하고 있다. 그리고 관중을 염두에 둔 테러리즘 역시 사회에서의 지도층과 저명인사 등은 물론 마음에 들지 않는다는 이유에서 영화나 문학계 등 각 영역에서 잘 알려진 인물들을 상대로 현실세계와 가상세계(cyber world)에서 행해지고 있다. 조직화된 테러집단들은 관성적 행위로서 테러리즘에 집착하고 있으며, 조직적인 테러리즘과 병행하여 무목적(無目的) · 무작위(無作爲) · 무차별(無差別)적 테러도 개인이나 집단의 타성에 의해서 현실화된다. 이러한 원인에서 비롯된 테러리즘 역시 근절(根絶)이나 해소(解消)가 어려울 수밖에 없다.

대략 일곱 가지 범주에서 테러리즘의 원인을 간추려 보았다. 테러 행위자들의 인성에서 비롯된 테러, 사회 및 생활환경적 요인에서 비롯된 테러, 종교적 · 문화적 갈등과 인종 · 종족 간 대립에서 비롯된 테러, 정치적 · 정권적 차원에서 정권이나 정파(政派)가 주체가 된 테러 등 여러 가지 차원에서 비롯된 테러의 원인을 검토했다. 다양한 원인과 요인에 근원을 둔 이러한 테러 행위와 조직화된 테러리즘은 어느 것 하나 단순하고 단편적인 대책과 처방만으로 근절되거나 해소되기 어렵다. 과거부터 오늘에 이르기까지 개별적 · 집단적 혹은 우발적 · 계획적 테러 행위가 끊이지 않았고, 더욱 교묘하게 조직화된 상태로 정착되어 테러리즘이라는 범주로 나타났으며, 앞으로 그것이 없어지거나 없앨 수 있는 가망(可望)은 거의 없어 보이기 때문이다. 그렇다고 가만히 손을 놓고 관망만 할 수 있는 처지는 아니다. 테러리즘은 인간 존재 자체, 인간성, 인간의 존엄성과 기본권을 파괴하는 '가장 비열하고 비극적인 자해 행위'이기 때문이다. 이러한 면에서, 개인, 집단, 사회의 관계를 안전하게 유지해야 하는 안보외교 분야도 테러리즘 근절과 해소를 위해서 담당해야 할 몫과 수행해야 할 역할을 모색해야 됨은 매우 당연하다.

테러리즘의 근절을 목표로 한 전체적 노력에서 안보외교가 담당한 몫과 수행해야 할 역할은 첫째, 드러난 테러집단과 조직의 물리적 제거, 둘째, 그것을 위한 국제적 공조 강화, 셋째, 지역·인종·종족·종교 간이나 지적·문화적 갈등해소 노력 경주, 넷째, 테러리즘의 근원적 원인이 되는 정치적 독재와 경제적 부패 및 불균형과 전략적 불균형 해소 등의 범주에서 현실적이고 구체적인 대책을 수립하고, 실천적 방안을 마련하여 실천에 옮기는 노력을 경주하는 것이다.

무엇보다도 먼저, 안보외교는 국가적, 국제적, 지구적 차원에서 테러리즘의 원천인 테러집단과 조직을 물리적으로 제거해야 한다. 어떠한 이유에서든지 형성된 테러집단과 조직은 제거의 대상이다. 이를 위해서 안보외교는 거의 모든 수단을 동원할 수 있으며, 공개적(overt) 혹은 비공개적(covert) 군사력 사용은 물론, 정상적(normal) 또는 비정상적(abnormal), 정규적(regular), 비정규적(irregular), 대칭적(symmetrical), 비대칭적(asymmetrical) 폭력까지 불문하고 사용할 수 있다. 인간과 인간성을 파괴하는 테러리즘을 제거하기 위하여 미국은 아프가니스탄에서 정규 군사 작전을 통하여 탈레반 정부를 제거하고 테러리스트를 색출하는 작전을 수행했고, 테러리즘을 지원하고 국내 테러를 자행하는 이라크의 후세인을 제거했다. 그리고 북아프리카 대테러 작전을 위해서 영국, 프랑스 등 NATO 회원국을 지원하거나 공동보조를 취하고 있다.[45] 특히, 미국은 알카에다와 연관을 맺고 미국에 대한 긴급한 위협을 가할 것으로 판단된다면 미국인이라도 '드론 사살(drone killing)'의 대상이 될 수 있다는 내부 지침을 가지고 있는 것으로 보인다.[46] 국

45) 미국은 북아프리카 말리에서의 대테러 작전을 위하여 니제르에 기지 건설을 추진하고 있다. 기존의 미군의 공식기지는 지부티에 위치하고 소말리아 반군과 수단, 아라비아 반도의 예멘 등의 테러리스트들을 드론(drone)으로 정찰 및 공격하고 아라비아 반도 알카에다(AQAP)를 공격하는 임무를 수행하고 있다. *국민일보*, 2013. 1. 29.

46) "미국인이라도 알카에다와 관련 있다면 드론 사살: 美법무부 비밀문서 논란", *조선일보*, 2013. 2. 7. 신문기사는 미국에 직접적인 위협이 되는 알카에다와 미국인이 연관되었다면 "실질적인 위협을 제거하고 미래에 벌어질 공격을 막아 미국인의 생명을 보

제적으로도 테러집단과 조직은 제거 대상이다. 북아프리카에서 인질극을 포함한 테러 행위를 자행하는 알카에다가 말리(Mali)를 장악하려는 것을 저지하기 위하여 프랑스군이 직접 작전을 수행했으며, 영국도 참전 의사를 밝혔고, 미국 역시 지원하고 있는 점이 바로 국제적 노력의 일환이다. 이스라엘은 아랍 테러조직과 그들의 테러 행위를 저지하기 위하여 선제공격과 대응을 서슴지 않고 있다. 이스라엘은 2007년 시리아 핵시설 공습 이후 처음으로 2013년 1월 30일 새벽(현지시간) 레바논에서 이스라엘에 공격과 테러를 자행하는 헤즈볼라(Hezbollah)에게 전달할 무기가 실려 있는 트럭 행렬을 공습했다.[47] 이러한 이스라엘의 군사 행동은 테러조직이나 행위를 용납하지 않고 테러리스트와는 협상도 하지 않으며, 이스라엘에 대한 테러 위협을 사전에 제거하면서 테러 행위에 대해서는 보복과 응징으로 대처한다는 이스라엘의 대테러리즘 정책과 전략의 한 단면(斷面)이다. 개별적으로 테러리즘을 용납하지 않고 테러조직과 타협하지 않는 국가들과의 국제적·지구적 공조는 테러리즘을 근절하고 테러조직을 무력화하여 테러 행위가 인간과 인성을 파괴하지 않게 하는 가장 기본적인 필수조건이다. 물론, 각 국가별로 특수한 상황에서 비롯된 테러 행위가 빈발하고 그에 대한 대처를 하기도 한다. 러시아에서 체첸 공화국 등의 독립을 요구하면서 지역주민들이 벌이는 테러, 중국의 소수 민족들의 독립을 요구하는 테러, 쿠르드 족의 독립국가 형성을 촉구하는 테러 등에 대한 각국별 대처 및 대응도 필요하나, 범세계적인 조직을 통한 범지구적인 대처와 협조도 필요하다.[48] 이와 같이 안보외교는 전세계적 차원의 테러리즘 제거를 위해서 국가적·국제적 노력, 협조와 공조

호하는 작전을 수행했고, 이 작전은 법적이고 윤리적이며 현명한 결정이었다"는 입장을 숨기려 하지 않았다. 따라서 앞으로도 테러리즘 근절을 위해서 전면적 무력행사를 포함한 선제 대응을 하겠다는 의지를 표명한 셈이다.

47) *The New York Times*, February 1, 2013; *CNN International News*, February 1, 2013; "이스라엘, 시리아 공습…레바논行 미사일 파괴", *조선일보* 2013. 2. 1.

48) "터키 美대사관 앞서 자폭 테러…범인, 경비원 등 2명 숨져: 이슬람 무장세력이나 쿠르드 반군 소행인 듯", *조선일보* 2013. 2. 2.

체제를 구체화시키고 필요시 군사내외적 협동 작전을 수행해야 한다.

두 번째로, 전 지구적 차원의 테러리즘이나 국지적 수준 및 국가별 테러리즘을 제거하기 위한 국제적 협조와 공조는 안보외교가 민첩하고 매끈하게 해결해야 할 과제이다. 현재까지의 대테러 군사 작전은 유엔 안전보장이사회에서의 결의나 권고 등을 명분으로 수행되어 왔고, 9·11 테러 이후에는 미국 단독으로 수행해 왔다. 이에 추가하여 유럽과 인근 지역의 안보문제까지 다루게 된 NATO가 회원국들의 참여로 군사 및 군사 외적인 개입을 해왔다. 쿠웨이트에 대한 국가적 테러를 감행한 이라크를 상대로 한 군사 작전(걸프전, 1991)은 유엔 안전보장이사회의 결의안에 의해 제공된 명분과 다국적군의 작전수행으로 치러졌고, 이라크전쟁(2003~2011)도 유엔 안보리 결의안(1441호)에 근거하여 미국, 영국, 오스트레일리아 등의 연합군이 수행했다. 워싱턴과 뉴욕에 대한 9·11 테러(2001)는 이를 연출한 오사마 빈 라덴(1957~2011)을 잡아야 한다는 명분을 주었고, 그에게 은신처와 알카에다 훈련처를 제공한 아프가니스탄 탈레반 정부는 즉각적인 군사 작전의 원인을 제공했다. 미국과 영국은 즉각 군사행동을 개시하여(2001. 10. 7) 탈레반 정권을 무너뜨렸으나(2001. 11), 오사마 빈 라덴 사살(2011. 5. 2) 이후에도 2014년까지 소탕 작전을 수행했다. 그 과정에서 조직적인 테러를 당한 미국은 자국과 자국민을 향한 테러나 테러 위협에 대처하기 위해서 국토안전부(國土安全部: US Department of Homeland Security)를 창설하고(2003. 3. 미국 15번째 部) FBI와 CIA의 대테러리즘 기능을 제외한 법무부, 해안경비대, 세관, 이민국, 국경순찰대, 비밀경호국(SS), 연방비상계획처 등의 대테러리즘 업무를 담당하는 부서를 만들었다.[49] 이제 국제적 차원의 안보외교는 전 세계 차원에서 대테러리즘 작전 계획 및 수행을 위한 범국가

49) 미국국토안전부는 미국 정부의 15번째 부로 1947년 소련의 위협에 대응하기 위해서 조직한 CIA 이후 최대 규모의 신설 기구이다. 인원은 18만여 명, 예산은 370억 달러로 국방부 다음 가는 규모의 기구이다. "미국국토안전부", *naver.com*.

적인 협조와 공조를 총괄하는 기구를 유엔 내 혹은 독립기관으로 설립할 필요성을 충족시켜야 할 단계에 이르렀으며, 비인간적 · 비인도적인 테러집단의 제거와 테러 행위의 차단에 국제적 지혜와 역량을 모을 때가 됐다.

세 번째로, 안보외교는 세계, 지역 간, 국가 내, 국가 간에 존재하는 인종 혹은 종족 간의 갈등 해소와 지적 · 문화적 · 종교적 갈등과 대립 해소를 위해 기존의 테러리즘을 무력화시키거나, 테러리즘의 근원적 이유를 해소하고, 테러리스트의 지속적인 유입을 차단할 대책과 방안을 도출해야 한다. 이를 위해서 국가 및 국제, 그리고 세계적 차원의 안보외교는 천부적인 인간의 존엄성과 인간 기본권의 소중함을 인식한 바탕 위에서 법 앞에 인종이나 종족의 차이는 있을 수 없다는 판단을 지니고 안보외교 활동을 전개해야 한다. 그러나 국가 주권이라는 울타리를 치고 개별 국가 자체가 저지르는 테러리즘은 그 국가의 체질을 바꾸어야 한다는 국제적인 공조 없이는 무력행사나 군사력의 전면 사용은 사실상 불가능하다. 그것은 현실 국제정치의 권력정치적 속성에서 비롯된 영향력과 영향권 쟁탈 대상 지역일 경우에는 더욱 그렇다. 2013년 2월 현재 시리아 내전에서 반군들이 장악한 지역에 대한 정부군의 무차별 폭격과 공습으로 무고한 시민들이 목숨을 잃고 백만 명이 넘는 난민들이 터키, 요르단, 레바논 등지에서 비참한 나날을 보내고 있는데도 미국, 영국 등 서방국가들은 시리아 사태 적극개입을 주저하고 있다. 러시아가 시리아 정부를 지원하고 있으며, 중국도 처음에는 시리아 정부를 지원하다가 중국에 대한 국제여론의 비우호적인 반응으로 인하여 입장을 바꾸어 중립적인 태세를 취하고 있고, 반군세력 중에 이슬람 원리주의자들과 알카에다 세력이 개입되어 있을 가능성이 얼마든지 있기 때문이다. 특히, 시리아 인구의 10%에 해당하는 시리아 기독교도들은 이슬람 원리주의를 표방하는 반군보다 현 시리아 정부를 지지하고 있는 점도 고려할 한 가지 요인이 되고 있다.[50] 내재(內在)되어 있거나 드러나 있는 종교적, 문화적, 문명적 갈등과 대립에서 비롯된 테러리즘의 해소를 위해서 안보외교가 개입할 여지

(餘地)는 그렇게 많거나 넓지는 않은 것이 사실이다. 그러나 안보외교는 국부적, 지역적, 세계적 차원에서의 전략적 불균형이 이러한 정신적 갈등과 대립으로 더욱 악화되어 군사적 충돌이나 테러 행위로 변질될 수 있는 가능성을 제거하는 데 주어진 역할을 수행해야 한다. 어려운 역할이긴 하나 안보외교가 담당해야 할 몫이 아닐 수 없다.

네 번째로, 안보외교는 테러리즘의 근원적 원인을 제공하는 정치적 독재, 경제적 불평등, 전략적 불균형 등의 문제에 대해서 보다 근본적인 대책과 방안을 제시해야 한다. 국가라는 정치집단의 운용을 맡고 있는 정권이 국가안보보다 정권이나 정파의 안보를 위해서 벌이는 정치적 독재는 정권이나 정파의 안보를 보장하지 못할 뿐만 아니라 결국 국가안보도 보장할 수 없다. 이란의 팔레비 정권, 이라크의 후세인 정권, 리비아의 카다피 정권, 이집트의 무바라크 정권 등은 자국 내 불만이 근원이 된 이른바 민주화 시위와 반정부 세력에 의해서 정권이 마감되었다. 그러나 이러한 독재 정권이 붕괴된 후에도 이 국가들은 과거 친정권 세력과 반정부 세력들 간의 전방위적 투쟁으로 인한 대결상태가 상당 기간 지속되거나, 종교적 원색주의자 혹은 그들과 연계된 테러리즘 조직들의 집권이 또 다른 혼란을 야기(惹起)하여 국가안보를 보장할 수 없을 정도의 무기력한 국가로 전락하는 것이 통례이다. 정파의 장기집권을 목표로 한 정치적 독재는 결국 정권 자체도 지속시키지 못하고 국가 안보도 제대로 보장할 수 없는 결과를 빚어내며, 독재 기간 동안 국민의 고통만 증진시키는 엄청난 부작용만 남겨 국가 자체의 대외적 위상을 완전하게 추락시킬 뿐이다.

자칫 테러리즘을 옹호하는 급진세력에 의한 또 다른 독재나 포퓰리즘(populism)에 근거한 '무책임' 정부를 불러올 수 있는 정치적 독재를 막는 가장 확실한 방안은 국가의 운영을 일정 기간 위임받은 정부나 정당이 정치

50) *CNN International News, World 1*, February 4, 2013.

적 독재를 자행하지 않는 것이다. 이는 당위적·장기적 차원에서는 타당한 명제이나 실제로 정권을 장악한 독재 세력에게는 쉬운 일이 아니다. 과거 왕조국가는 물론이고 20세기에 들어와서도 2차 세계대전을 일으킨 독일의 히틀러, 이탈리아의 무솔리니, 일본의 군국주의자들은, 선거나 재신임 절차 없이 정권을 장기적으로 장악하면서 결국 국가를 전쟁의 소용돌이로 몰아 수많은 인명을 희생시켰고 재화의 손실을 빚어냈다. 특히, 일본은 과거에 저지른 '일본군 위안부(sex slave)' 문제와 학살 등을 외면하거나 부인하는 행위를 지금도 하고 있어서 대외적 위상을 스스로 손상시키는 어리석음에서 벗어나지 못하고 있다. 제2차 세계대전 후에도 여기저기에서 이른바 '민주주의'라는 이름을 붙인 독재가 자행되었다. 리비아의 카다피는 '인민직접민주주의'를 내세웠고, 이집트 나세르 대통령(Gamal Abdel Nasser, 1918~1970)은 1954년에 군사쿠데타로 정권을 장악하고 '무당(無黨) 민주주의'를 표방하면서 1970년까지 정권을 장악했다. 인도네시아의 수하르토 대통령(Suharto, 1921~2008)은 1968년부터 1998년에 반정부 시위로 물러날 때까지 '교도(敎導) 민주주의'를 표방하면서 정권을 장악했다. 특히, 북한의 김씨 일가(김일성, 김정일, 김정은)는 '인민(人民) 민주주의'라는 명목으로 지금까지 정권을 장악하고 북한 주민들의 굶주림을 외면한 채 핵과 미사일을 개발하여 한국은 물론 전 세계를 '협박'하고 있는 실정이다. 독재자들이 독재 정치를 하지 않기를 바라거나 그들에게 독재를 말라고 한다는 것 자체가 사실상 불가능한 일이다. 그들은 국가 주권의 '불가침(不可侵)'이라는 국제적 관례를 악용하여 자신들이나 정파를 위한 무소불위(無所不爲)의 권력을 행사하거나 하고 있다. 또 주변 국가들의 세력 균형을 적절하게 활용하여 권력을 보장하는 '잔꾀'에 능숙해 있다. 이러한 독재 권력은 히틀러, 무솔리니, 군국주의 일본과 같이 전쟁을 일으켜 패망하거나, 이라크의 후세인과 같이 미국이나 영국 등의 공격을 받아 제거되거나, 이집트처럼 군중 시위에 의해서 권좌에서 물러나거나 아니면 리비아의 카다피와 같이 반군(叛軍)들과의 내전에서 패배하여 사살되기 전에는 제거되기가 거의 불가능하다. 북한의 김 씨 일가는 이러한 가능성을 구금, 학살, 처형 등 강제수단으로 차단하고 대외적인 봉쇄정책과 대내적인 기만(欺瞞), 선동(煽動) 정책으로 일반 주민들의 봉기를 불가능하게 만들고 있다. 그러면서 핵과 미사일을 시험하고 쏘아 올려 '강성대국'이 되었다는 주장을 펼치고 주변국과 세계를 위협하면서 아직 자국을 '자산(資産)'으로 간주하는 중국과 미국 간의 미묘한 갈등을 활용하여 국가적 생존을 보장받으려 하고 있다. 이처럼 독재 정치를 자행하는 정파나 정치세력이 스스로 멈추게 하여 내외적인 테러리즘의 근원(根源)을 제거하는 것은 극히 비현실적으로 보인다.

그러나 테러리즘의 원인 중 하나인 국가적 단위에서 행해지는 정치적 독재는 거의 예외 없이 외부적인 파괴를 저지르는 무모한 행위를 하는데, 그것을 역이용하여 국가적 독재체제를 제거할 수 있다. 독재체제 하의 국가는 통상 대외 팽창에서 비롯된 전쟁을 불사한다. 이 경우에 독재 정부를 패배시켜 독재 정권을 종식시킴으로써 테러리즘의 근원인 독재 국가의 내부 모습을 바꾸는 방책이 있다. 2차 세계대전 시 추축국(樞軸國: 독일, 이탈리아, 일본)을 패배시킨 연합국(聯合國: 미국, 영국, 소련)의 역할이 그 방책을 현실화시켰다. 아르헨티나 갈티에리(Galtieri) 군사정부는 독재의 정당화와 내부적인 경제 불황을 타개하기 위하여 포클랜드를 점령했다. 영국은 이에 즉시 병력을 파견하여 섬을 점령한 아르헨티나 군을 패배시켜 갈티에리 군사정부의 독재를 마감시켰다. 이처럼 독재 국가들의 무모한 대외 도발(挑發)을 패배시켜 국가적 테러리즘을 마감시키는 것이 테러리즘의 근원을 제거하는 한 방안(方案)이다. 독재 국가는 대외에 적을 만들어 내부독재를 합리화하는 행태도 띤다. 외환(外患)으로 내우(內憂)를 합리화하고 치유하려는 행태이다. 일본의 전국시대를 마감한 도요토미 히데요시(豊臣秀吉)는 지방 군벌들의 강화된 세력을 약화시키기 위하여 1592년 조선 침공(壬辰倭亂)을 단행하여 일본군을 동원함으로써 그들의 예봉(銳鋒)을 약화시키려 했다. 과거 러시아 역시 러일전쟁(1904~1905)을 승리로 마감하여(a small victorious war) 러시아 내부 볼셰비키의 확산을 저지하려 했다. 이처럼 외부의 적을 만들거나 외부와의 전쟁 혹은 분쟁에서 '손쉬운' 승리를 쟁취하여 내부 독재를 합리화시키고 독재에서 비롯된 문제들을 해결하려 할 경우, 강력한 제재를 통하여 그것을 억제하면서 적당한 유인책을 제시하여 독재 체제를 변질(變質)시키는 안보외교를 구사할 필요가 있다. 독재 국가의 세 번째 행태는 대내외적인 위협과 공갈 등으로 체제의 자존(自存), 자구(自救)를 도모하는 경우이다. 어제와 오늘의 북한(北韓)이 여기에 해당된다. 이 경우에 안보외교는 정치, 경제, 사회, 군사, 심리 면에서 전방위적(全方位的) 압박(壓迫)과 제재(制裁)로써 그 시도를 무력화시켜 독재 정권을 순치(脣齒)시키거나 무력화하는 안보외교를 전개해야 한다. 그 과정에서 독재 국가가 외부로 폭발적인 도발을 도모하거나(explosion) 내부 붕괴를 자초하는 경우(implosion)를 대비한 방책도 안보외교가 수립해야 한다. 이와 같이, 테러리즘의 근원적 원인 중 하나인 국가 독재는 그것이 지닌 파괴적인 속성을 역(逆)활용한 안보외교를 구체화해야 하며, 여기에서 운용될 수 있는 수단은 모든 폭력, 비폭력인 것을 망라하며 전쟁도 예외가 될 수는 없다.

두 번째로 테러리즘의 온상(溫床)이 되는 경제적 부패 및 불평등(不平等) 해소를 위한 안보외교는 높은 수준의 지혜와 전문적인 기교를 요구한다. 특히, 성전(聖戰: jihad) 개념에 입각한 종교적 권위를 활용하여 정치・경제적인 실리(實利)를 챙기고 공정한 법(法) 집행 대신 종교적 체벌(體罰)을 강요하는 이슬람 원리주의 국가나 알카에다가 수립하려는 이슬람 국가체제는, 정치적・경제적・사회적・문화적 불평등과 불만을 야기시켜 테러리즘의 온상이 될 것이 뻔하다. 이것은 아직도 공산사회주의 이념에 집착하고 김일성 주체사상(主體思想)을 신조(信條)로 받들며 시대착오적(時代錯誤的)인 국가 행태를 견지(堅持)하고 있는 북한과 다를 바가 없다. 테러리즘의 원조(元祖)격인 오사마 빈 라덴은 사우디아라비아에서 나왔고, 또 다른 원조들인 김일성, 김정일, 김정은은 북한에서 공개처형이나 공갈협박 등을 아직도 자행하면서 외부적 테러를 서슴지 않고 있다. 종교적 권위를 앞세워 정치적 권력과 경제적 부를 독점하고 있는 사우디 왕조나, 주체사상(主體思想)을 앞세워 신정체제(神政體制)를 구축하고 정치적 독재와 경제적 내부 수탈(收奪)과 외부 약탈(掠奪)을 도모하고 있는 김 씨 정권이 테러리즘의 바탕을 제공하고 있다. 이들 이슬람 원리주의자들과 국가 그리고 이념적인 독재를 자행하고 있는 국가들의 현 집권세력에게, 정권 교체가 가능한 자유(自由) 민주주의(民主主義), 경제적인 시장논리에 의해서 경제적인 과실(果實)의 분배가 가능한 민생(民生) 자본주의(資本主義), 그리하여 일반 국민들이 권력(權力)이나 부(富)의 소유에 대한 희망을 가질 수 있게 하는 후생(厚生) 복지국가(福祉國家)체제를 강요하거나 권유하는 것은 사실상 불가능한 작업일지 모른다. 이라크에서 후세인 독재 정권을 제거하고 세속적 민주체제를 수립했으나 아직도 종파(宗派; 수니, 시아: Sunni vs. Shi'ite) 간 갈등으로 자살폭탄테러가 이어지고 있으며, 아랍과 쿠르드 족 사이의 갈등으로 인한 테러 행위도 줄지 않고 있다. 아프가니스탄에서도 2014년에 미군과 영국군이 철수하고 난 이후의 상황을 낙관할 수 없고 다시 '탈레바니스탄(Talibanistan)'으로 환원되지 않을까 하는 우려를 불식시킬 수 없는 현실이다. 경제적 빈곤과 불균형 그리고 정치적 부정부패가 어우러져 국민들의 생활이 나아지지 않고 있기 때문이다. 실로, '거의 불가능한 책무(a nearly impossible mission)'가 아닐 수 없으나, 정치경제적 차원에서 테러리즘의 근원적 원인을 제거하기 위해서는 안보외교가 신책(神策)과 묘안(妙案)을 창출해내야 한다.

경제적 빈곤과 불평등으로 테러리즘의 온상(溫床)이 되고 테러리스트들의 공급원(供給源)이 되는 아프리카와 중동 지역의 생활수준을 향상시키는 노력 역시 안보외교가 담당할 몫이다. 극악(極惡)한 경제 사정으로 인한 경제적 빈곤이나 이념이나 종교 등 경제 외적 요인의 개입에서 비롯된 비현실적인 경제환경은, 테러리즘의 온상이 되고 있는 지역이나 국가들에 대한 대외 투자를 불가능하게 만들어 경제상황을 더욱 악화시키는 요인이 되고 있다. 오늘날 다국적(多國籍) 기업들은 과거에 현지 주민들의 노동력에 대한 보상 없이 이루어졌던 '식민지 농장(plantation)'과 같은 방식으로는 기업 활동 자체를 할 수 없다는 판단하에 상대적인 이익을 염두에 두면서 대외 투자를 도모하고 있다. 자본과 기술에 근거한 현지 투자가 현지 주민들에게 실질적인 이득을 안겨주는 수입의 근원이 될 수 있으나, 이 기업들을 유치하고자 하는 국가들이 이념, 종교 등에서 비롯된 경제 외적 규제나 지나친 간섭을 자행함으로써 투자환경을 조성하지 못하고 있다.[51] 이러한 이유로 더욱 악화된 일반 주민들의 생활환경에서 사는 것이나 죽는 것이나 별다른 차이를 느끼지 못한 소년이나 젊은이들은 그럴듯한 명분을 내세운 테러리즘의 유혹에 빠져들거나 파괴적인 국가 행동의 선봉(先鋒)으로 조직화된 국제 테러단체의 테러리스트가 되거나 국가 테러의 앞잡이로 행동한다. 아프리카나 중동 지역의 젊은이와 어린 소년들이 그렇고, 핵실험 성공을 축하하는 군중대회에 참석한 북한 군인과 주민들이 그러하다. 투자환경을 스스로 조성해서 대외 투자를 유치함으로써 자력갱생(自力更生)을 위한 재원과 능력을 마련하여 주민들의 적절한 생활수준을 향상시켜야 할 대상 지역의 국가들에게

---

51) 극악한 환경에서 굶주린 아프리카 소년들이나 우즈베키스탄의 목화밭에서 목화송이를 따는 어린아이들, 중동 지역에서 양떼를 치는 아이들은 외부의 그럴듯한 회유나 강제 수단에 쉽게 자신의 운명을 맡기기 쉬운 환경에 처해 있다. *CNN International News, World 1*, February 21, 2013; 북한은 김정은 체제의 안전한 정착을 위하여 중국의 투자를 요구하면서, 중국 기업이 활동할 수 있는 경제 여건 조성이 되지 않아 이미 북한에서 쫓겨난 기업들이 나타난 상황에서 중국 정부의 투자를 요구하고 있으나, 중국 정부의 훈계만 듣는 결과만 초래했다. "장성택 빈손 귀환, 원자바오에 훈계만 들었다: 中, 北에 시장원리 강조, 아무런 지원 얻어내지 못해, 후 주석에게도 덕담만 들어", "北에 돈 떼인 中 기업 급증…원 총리, 경협에 쌓인 불만 표출: 장성택 만나 '5개항 개선' 훈계…對北투자 뿌리 깊은 불신", *조선일보*, 2012. 8. 20. 여기에서 원 총리는 "분쟁 해결 법규 만들라, 지방 정부 뇌물요구 골치, 세금·토지 이용료가 고무줄, 中기업 애로 北이 해결을, 세관 전수조사 방식 바꿔라"라는 훈계를 했다. 한국이 투자한 금강산 관광시설도 몰수한 북한에게 이러한 훈계가 얼마나 먹혀들지 중국도 알 수 없는 노릇이다.

이러한 조치를 취하도록 유도하는 것 역시 지난(至難)한 안보외교의 과제가 아닐 수 없다.

세 번째로, 지역 내 '깡패국가'로서 주변국을 괴롭히거나, 일부 혹은 전부를 점령하는 식의 국가 테러를 자행하도록 방치하는 '전략적 불균형' 역시 안보외교가 해소해야 할 과제 중의 하나이다.

국가 혹은 지역 차원의 전략적 불균형은 양국 간이나 지역 내 패권(覇權)을 장악하려는 '불량(不良)국가'들이 행사하는 국가 테러리즘의 한 형태로 볼 수 있는 침공(侵攻)을 현실화시킨다. 1950년 6월 25일에 소련의 적극적(積極的)인 지원과 중공의 동지적(同志的) 후원에 힘입어 남침을 감행한 김일성의 북한과 당시 한국과의 전략적 불균형은 김일성을 부추긴 공산 측에게 군사적 승리를 장담할 수 있을 정도였고, 실제로 유엔을 통한 미국의 개입이 없었다면 북한의 승리는 사실로 귀착(歸着)될 수 있었던 상태였다. 팔레비 왕정이 무너지고(1979) 혼란한 상태에 있던 이란을 침공하여(1980. 9. 22) 영토분쟁을 유리하게 종결지으려던 이라크의 후세인은 8년 동안의 소모전(消耗戰)만 치르고 아무 소득 없이 전쟁이 종결되면서(1988. 8. 20) 경제적인 부담과 국내 정치적 권위의 실추만 결과로 떠안자, 쿠웨이트가 이라크 유정(油井)에서 원유를 뽑아 갔다는 트집을 잡아 그곳을 공격했다(1990. 8. 2). 단 이틀 만에 쿠웨이트를 점령한 후세인은 그곳을 이라크의 19번째 주로 편입하고 온갖 만행을 저질렀다. 미군을 주축으로 형성된 다국적군의 작전(걸프전, 1991. 1. 17~2. 28)에 의해서 쿠웨이트는 다시 원상회복됐으나, 이는 이라크와 쿠웨이트 간 극심한 전략적 불균형이 빚어낸 또 하나의 비극이었으며 국가 테러리즘의 사례였다. 양국 혹은 지역 내에 조성된 전략적 불균형은 국가 테러인 무력침공을 불러오고, 그렇게 빚어진 상태를 원상(原狀)으로 회복하는 데 엄청난 정신적・육체적 고난(苦難)과 인적・물적 손실(損失)을 감수해야만 한다.

국가 혹은 국제적 안보외교는 이러한 사태의 발생과 진전을 예방하고 다양한 배열로 국가 간 혹은 지역 내 전략적 불균형을 해소해야 할 책무가 있다. 자위(自衛)를 위한 조치와 능력 면에서 열등한 불균형 상태에 처한 국가는 쌍무적(雙務的: bi-lateral)이든 다자적(多者的: multi-lateral)이든 집단적(集團的: collective)이든 안보동맹관계를 유지하여 자국의 안보(安保: national security)를 보장하는 안보외교를 전개하여 그 배열을 가시화(可視化)시켜야 한다. 이것은 제2의 쿠웨이트가 되지 않기 위해서 필수적인 조치이다. 국제적 차원의 안보외교 역시 어느 지역 불량국가의 지역 내 패권장악 기도 자체를 사전에 무력화하는 방향으로 진행되어야 한다. 국제적으로 조직화된 테러리즘을 근절하기 위하여 범세계적 차원의 협조가 필수적인 것과 마찬가지로, 양국 간 혹은 지역 내 국가 테러리즘의 한 형태인 무력침공을 사전에 막기 위해서는 불량국가와 인접해 있으면서도 자위 수단과 능력이 열세한 국가들을 어떠한 형태와 차원의 동맹관계로 보호해 줄 필요가 있으며, 이를 실제 능력으로 보장해주어야 한다. 그렇게 하는 것이 불량국가의 국가 테러로 빚어진 상태를 원래대로 회복하는 데 투입되는 노력과 비용보다 더 경제적이기 때문이다. 전략적 불균형에서 열세한 위상의 국가의 부족한 점을 보완해 주어서 국제적 분란(紛亂)을 미연에 방지해야 하는 국제적 안보외교는 동맹이나 국제기구에 의한 전략적 불균형 해소에 중점을 두고 전개되어야 한다.

국가 혹은 조직화된 국제 테러리즘을 근절 및 무력화시키기 위한 안보외교는 다양한 양상으로 결연(決然)하게 집행되어야 한다. 현재화(顯在化)된 테러조직과 테러집단은 모든 가용한 수단을 동원하여 제거되어야 하고, 이러한 노력을 위한 국제적 공조와 유기적인 협조를 위해서 테러리즘을 전담하는 국제기구의 설립도 고려해야 한다. 국제적 차원의 안보외교는 인권을 유린하고 주민을 수탈하거나 학대하고 대외적인 협박을 일삼는 독재 정부가 대변하는 국가의 정치, 사회, 경제적 체질 개혁을 마다하지 않아야 한다. 이러한 종교적·정치적 독재체제로 대변되는 국가들은 테러리즘의 주체가 되거나 국제 테러리즘 조직이 필요로 하는 테러리스트들의 공급원이 되기 때문이다. 아프리카나 중동 지역에서 행해지고 있는 종족·인종 간 테러리즘은 서로를 인정하고 공생(共生)할 수 있는 물리적·정신적 토대를 마련해주는 방식으로 테러 행위를 자제시킬 수 있다. 그리고 다국적 기업들이 투자하여 지역 경제도 활성화시키고 기업들도 이윤을 취득할 수 있는 법과 제도를 갖추도록 하거나, 지역 경제의 자생력을 높여 생활수준이 향상되도록 하는 국제기관 혹은 국가 간 지원 활동을 강화하는 방향의 안보외교를 전개할 필요가 있다. 경제적 빈곤에서 비롯되는 생사 구별이 불분명한 사생관(死生觀)은 테러조직이 동원하는 자살폭탄 테러리스트들의 정신적 원천(源泉)이 될 수 있기 때문이다. 종교, 이념, 문화적 가치관 괴리(乖離)에서 비롯되는 테러리즘은 각 분야에서의 이질적 요소의 강조와 배타성을 지양(止揚)하고 공통적인 요인들을 확대시키려는 노력과 더불어, 이질성 요소가 상충적(相沖的)이기보다는 상호보완적으로 인간 사회를 풍요롭게 할 수 있다는 점에 중점을 둔 안보외교를 전개하여 호혜적(互惠的)인 상호 존중을 도모하는 것이 필요하다. 테러리즘을 제거하고 무력화시키기 위하여 전개해야 하는 국가·국제적 안보외교의 당위적(當爲的) 성격은 이러하나, 이를 현실화(現實化)시키기 위한 개별적 방안과 구체화하기 위한 계획은 결코 쉽지 않다. 현실이 이러함에도 불구하고, 국가 및 국제적 안보외교는 이 난제(難題)를 해결해야만 한다.

3. 인권개입과 안보외교

가. 인간 존엄성과 인권

나. 인권유린과 인도주의 개입

다. 인도주의 개입과 안보외교

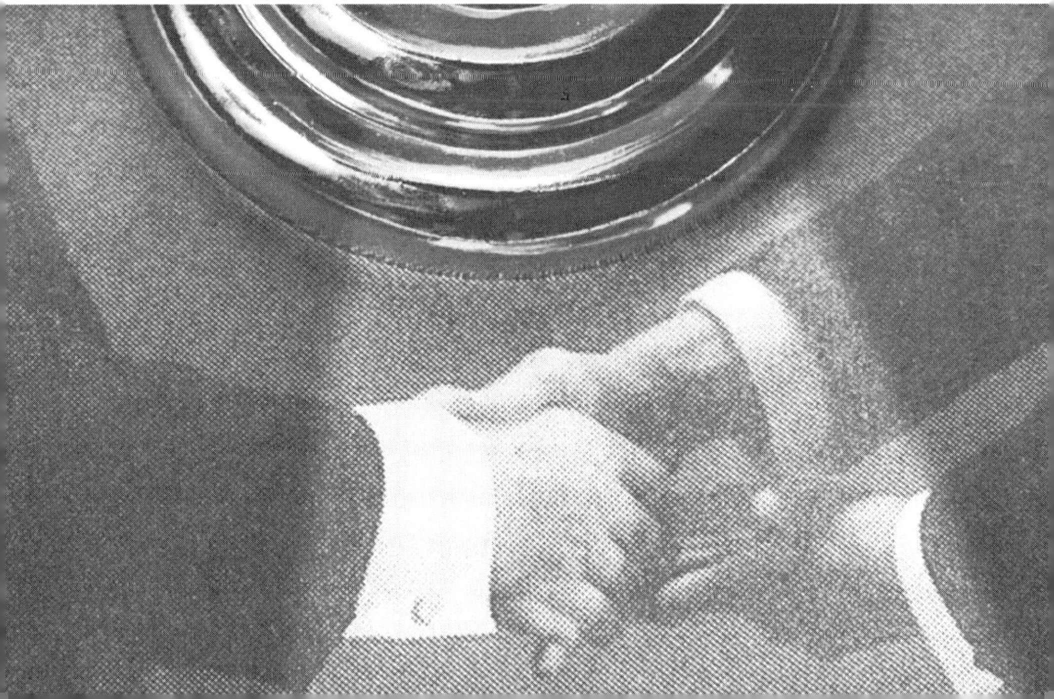

3. 인권개입과 안보외교

가. 인간 존엄성과 인권

인류의 행적은 인간 존엄성(尊嚴性)의 존중보다는 훼손과 파괴의 역사를 기록하고 있다. 인간 사회에서는 범자연계의 원리로 인식되어 온 적자생존(適者生存)과 약육강식(弱肉强食)보다 더 광범위하고 깊게 인간 존재 자체의 존엄성이 훼손되고 파괴되어 왔다. 인류가 기록한 수많은 전쟁이 인간 스스로의 존재를 부정했고, 인간 사회가 인위적으로 만든 노예제도나 신분제도 등이 인간의 존엄성을 박탈했다.[1] 인간 스스로 만든 정치집단인 국가나 이를 대변한 정권 역시 권력과 폭력으로 집단 내 주민들의 인간적 존엄성을 무시했으며, 특히 독재 권력을 장악하고 행사한 정부는 아직도 국가 테러리즘의 주체로서 일반 국민 개개인의 존엄을 짓밟는 폭력을 행사하고 있다. 전권을 행사한 리비아의 카다피 정부가 그러했고, 북한의 김 씨 정권이 그래 왔고 그렇게 하고 있다. 종족이나 인종 간 갈등은 유태인의 집단학살(pogrom)과 대학살(final solution)은 물론 유고 연방 해체과정과 아프리카

1) 인류가 지난 5,500여 년 동안 치른 크고 작은 전쟁이 14,500여 회에 이르고, 이들 전쟁에서 36억 이상이 사망했다. 1986년 당시 전 세계 인구에게 수천 년 동안 일용품을 제공할 수 있는 재화가 파괴되었다는 통계도 있다. Nikolai Tabunov, "Sources and Causes of Wars", *Soviet Military Review*(May 1986), pp. 11-2. 인류가 만든 노예제도나 카스트와 같은 신분제도 역시 인간을 차등화하여 인간의 존엄성을 거의 박탈했다.

지역에서 행해진 인종청소(人種淸掃: ethenic cleansing)라는 '희한(稀罕)'한 단어까지 등장시켰다.

인간의 존엄성 파괴와 더불어 인권(人權) 침해 역시 인류 역사에서 다반사(茶飯事)로 기록되었다. 인간 개개인이 누려야 할 기본적인 자유나 권리도 완력(腕力)과 권력(權力)을 보유하거나 장악한 자들에 의해서 침해되어 왔다. 의사 표현의 자유나 거주이전의 자유가 제한되거나 박탈되었고, 개인의 생활을 행복하게 영유할 수 있는 권리조차도 허용되지 않는 경우가 많았다. 민주주의의 척도가 되는 '얼마나 많은 사람이 표현의 자유를 누릴 수 있는가' 하는 관점에서 보면, 현재도 각종 수식어를 앞에 붙인 민주주의 등은, 예를 들어 인민민주주의로 가장한 공산사회주의 일당독재체제는, 표현과 언론의 자유를 거의 부정하고 있는 실정이다.[2] 이러한 개념하에서 특히 북한은 온갖 선전 활동에 주민을 동원하고 동원 가능한 인원만 수도 평양에 거주시키면서 이른바 '아리랑 체조' 같은 대규모 군중행사 등을 체제선전이나 결속을 다지는 수단으로 활용함으로써, 북한 주민 개개인의 기본적인 권리를 인정하지 않고 있다. 이와는 다른 측면에서, 책임이 뒤따르지 않은 자유만을 주장하면서 '당신이 팔을 흔들 자유는 내 코앞에서 멈추어야 한다'는 논리를 무시하고 다른 개인의 기본권을 침해하는 사례로 완력과 폭력을 휘두르는 '폭력 조직'이 국가 공권력을 대신하는 맥시코와 같은 국가도 존재하고 있다. 여성의 지위를 인정하지 않고 학대까지 자행하는 중동 지역이나 인도, 반란군이 장악한 거점에 대한 무차별 폭격과 포격으로 수많은 무고한

2) 저자의 스승인 윌슨(Theodore A. Wilson) 교수는 그 나라의 민주주의 정도를 가늠하는 척도로 얼마나 많은 사람이 표현과 언론의 자유를 누리는가 하는 기준을 세우면 유용할 것이라는 입장을 표명한 적이 있다. 당시 예로 들기를 북한에서는 김일성만 표현의 자유가 있을 것이라며 이른바 북한식 인민민주주의의 허구성을 지적하기도 했다. 북한 청진의 장터 관리자로 일해 온 한 40대 북한 여성은 2009년 김정일의 강성대국 건설이 허구라고 말한 일로 체포되어 "강성대국이 되는 걸 보여주라"라는 김정일의 지시로 투옥되었다가 지난해 말 미사일 발사 후에 철퇴로 처형되었다. "Woman executed in NK for speaking out against regime", *The Korea Times*, February 25, 2013.

자국민을 살상한 시리아, 정치범 수용소를 유지하면서 자국민을 수용·학살·학대하는 북한, 이슬람 율법에 따라 원시적 형태의 체벌(體罰)을 가하는 이란을 비롯한 몇몇 중동국가들 그리고 이슬람 원리주의 국가를 세우겠다고 온갖 테러를 자행하는 알카에다를 비롯한 테러조직들은 인간의 존엄성이나 기본적인 인권(人權)을 거의 도외시(度外視)하고 있다. 이와 같이, 노예제도나 신분제도, 승자(勝者)와 패자(敗者), 점령인과 피점령인, 강자와 약자의 관계, 또는 '숭고한' 목적 달성상 어쩔 수 없다는 궤변(詭辯)과 자기 합리화(合理化)에 근거한 폭력행사로 인간 개개인이 누려야 할 기본 인권이 침해되어 왔고 여전히 침해되고 있다.

이렇게 훼손되거나 파괴된 인간의 존엄성(尊嚴性)과 박탈되거나 존중되지 않는 인권(人權)은 안보외교의 한 주제로 등장했다. 국민으로부터 권력을 위임받은 국가는 외부의 위협이나 내부의 무질서와 폭력행사로부터 국민의 생명, 권리, 재산을 보호한다는 의미에서 존재의 정당성이 부여된다. 이러한 이유로 지금까지의 안보외교의 중점은 국가안보에 있었던 것이 사실이다. 그러나 국가 자체가 대내외적 테러리즘의 주체가 되어 인간의 존엄성을 무시하고 인권을 유린(蹂躪)할 경우에 그것을 단순히 그 국가의 문제만으로 간주할 수는 없는 노릇이다. 그 국가는 쌍무적, 지역적, 국제적, 세계적 차원에서 안보외교로 다루어져야 할 대상이 되고, 그 국가가 행하는 테러 행위는 인간·인권안보의 주제가 될 수밖에 없다. 지역적, 국제적 테러조직이 무차별적으로 행하는 테러 역시 전 세계적인 차원에서 인간의 존엄성이나 인권을 묵살(默殺)하는 자해 행위이므로 전 세계의 모든 국가가 다루어야 할 안보외교의 본원적(本源的)인 주제이다. 이와 같이, 전쟁이나 국내·국제 테러리즘, 종교·종족·인종 간 테러 행위 등은 인간의 천부적(天賦的) 존엄과 권리를 부정하는 것으로 현재와 미래의 국가, 지역, 국제, 세계적 차원의 안보외교가 해결책과 방안을 도출해내야 하는 과제이다.

나. 인권유린과 인도주의 개입

역사적으로, 인권에 대한 국제사회의 인식은 제2차 세계대전 중 나치 독일이 자행한 유태인 대학살(Final Solution: Holocaust)이 불러일으켰다. 전쟁에서 승리한 정치집단은 패배한 집단 사람들을 노예로 부렸고, 다른 지역이나 대륙의 사람들을 노획하여 노예로 팔아넘기는 노예무역이 횡행했으며, '노예사냥'의 대상 지역은 주로 아프리카 대륙이었다. 이러한 과정을 거쳐 노예로 신분이 바뀐 인간들은 오랜 기간 동안 인간 사회에 존재해 온 노예제도하에서 자신을 가처분 재산으로 간주하는 다른 인간들의 소유로 전락하여 인권이라는 단어와 개념이 개입할 여지를 가지고 있지 못했다. 더구나 재산을 가지지 못한 농민들과 노동자들은 토지를 소유한 지주들이나 생산수단을 보유한 자산가(資産家)들의 소유물처럼 신분이 격하되어 농노(農奴)나 공노(工奴)로 불리기도 했다. 그리고 그들을 '해방'시키겠다는 기치(旗幟)를 들고 나온 공산사회주의 이론으로 무장하여 등장한 국가들은 지주의 땅과 자산가들의 공장을 몰수하여 국유화한 후에 그들을 사회주의 국가의 '국노(國奴)' 신분으로 전락시키는 정치적 폭력행사를 마다하지 않아 왔다. 이러한 인류 역사 속에서 개별적·집단적 차원의 인권은 보장되지 못했고, 종족의 집단학살(예를 들어 러시아에서의 유태인 집단학살: Pogrom)은 여기저기에서 자행되었으며, 심지어 종교적 제물이나 마녀 사냥의 희생물로 인간이 다른 인간을 희생시키는 사례도 기록되었다. 그러나 제2차 세계대전 중에 나치 독일이 유태인이라는 이유만으로 600만 명의 사람들을 죽인 전대미문(前代未聞)의 유태인 대학살(Holocaust: Final Solution)은 국가와 시민사회의 인권에 대한 인식과 그에 바탕을 둔 국제사회의 인권의식을 가다듬게 만든 계기를 제공했다.[3]

---

3) "Chapter 30: 인권", 하영선 외 번역, *세계정치론*(을유문화사, 2012), pp. 608-27.

나치 독일의 유태인 집단학살을 목격하면서도 방관하고 오히려 직간접적으로 협조했던 국제사회의 성찰과 인식에 바탕을 둔 인권의식은 인권에 대한 규범적 · 당위적 조치를 구체화시켰다. 국제적 평화유지에 필요한 국제연합(United Nations) 창설을 목적으로 1945년 6월 26일에 미국 샌프란시스코에서 조인된 국제연합헌장은 인권 향상을 국제연합 창설의 주요한 목표로 명시하고 있다. 국제연합 총회는 1948년 12월 10일에 세계인권선언(Universal Declaration of Human Rights)을 채택했다. 국제연합 설립 이후 인권위원회가 구상하여 선포한 세계인권선언에서 인간의 시민적 · 정치적 권리와 경제적 · 사회적 · 문화적 권리는 전 세계 모든 인간이 향유해야 할 보편적 성격을 띠었다. 이 인권선언에 기반을 두고 일련의 구체적 규약과 협약들이 구체화되어 현재와 같은 세계인권체제(International Regime on Human Rights)가 모습을 갖추어 오늘에 이르렀다.[4)]

세계인권체제는 인권보장을 위한 국제인권조약(條約)과 미국을 비롯한 주요 강대국의 인권인식, 정책과 행동, 세계 비정부 기구와 조직체의 인권 감시 및 진작 활동 등으로 구성되어 있다.

주요 국제인권조약은 인간의 보편적 권리와 사회적 약자가 가져야 할 인권을 거의 망라하여 보장하려 한다. 경제적 · 사회적 · 문화적 권리에 대한 국제인권규약(International Covenant on Economic, Social and Cultural Rights, 1976. 1. 3. 발효), 시민적 · 정치적 권리에 대한 국제인권규약(International Covenant on Civil and Political Rights, 1976. 3. 23. 발효), 인종차별 철폐 국제협약(International Covenant on the Elimination of All Forms of Racial Discrimination, 1969. 3. 12. 발효), 여성차별 철폐 협약(Convention on the Elimination of All Forms of Discrimination against Women, 1981. 9. 3. 발효), 고문 및 그 밖의 잔혹한 비인도적 또는 굴욕적

4) *세계정치론*, p. 610.

대우나 처벌 방지에 관한 협약(Convention against Torture and Other Cruel, Inhuman or Degrading Treatment or Punishment, 1987. 6. 26. 발효), 아동 권리 협약(Convention on the Rights of the Child, 1990. 9. 2. 발효)과 이주 노동자와 그 가족들의 권리 보호에 관한 국제협약(2003. 7. 1), 장애인 권리 협약(2008. 5. 3), 강제실종으로부터 모든 사람을 보호하기 위한 국제협약(2006. 12. 20. 채택; 2014년 5월 현재 93개국 서명, 42개국 비준) 등 국제인권조약은 인간의 보편적 권리 보장과 사회적 약자 보호를 위한 조항을 담고 있다.[5] 이와 같이, 세계인권선언과 국제인권장전(International Bill of Human Rights)이라고도 불리는 국제인권규약과 협약은 자유, 평등, 인격보호, 사상, 양심, 종교, 이전의 자유, 개인의 유무형 자산과 재산을 보호받을 권리 및 심신(心身) 등에 대한 모든 위협으로부터 보호받을 권리를 규정함으로써 세계인권체제의 당위적(當爲的) 근간(根幹)이 되고 있다.

세계인권체제는 미국을 비롯한 강대국과 개별 국가들의 인권인식에 바탕을 둔 정책과 집행을 한 축으로 지니고 있다. 세계적 차원의 전략적 균형 유지와 변화에 영향을 미칠 수 있는 강대국과 지역별로 그러한 비중과 역할을 담당할 수 있는 중진국들은, 어느 개별 국가의 인권 상황이 세계 혹은 지역 내의 정치 및 전략적 위협으로 등장할 경우에 개별적으로나 집단적으로 개입할 수 있는 국가적·군사적 여력(餘力)을 지니고 있다. 그렇기 때문에 강대국과 중진국들의 인권인식과 그에 근거한 대외정책은 세계인권체제의 중요한 축을 형성하고 있다. 기타 개별 국가들의 인권에 대한 인식과 정책은 그들의 대내적 인권 상황을 정상이나 비정상으로 유지하는 주체가 되어, 지역적으로나 세계적으로 인권문제를 제기하거나 제기하지 않는 차원에서 주요한 역할을 한다. 특히, 다른 국가들의 물리적인 인권개입 자체를 거의 불가능하게 만드는 미국을 비롯한 강대국(중국, 러시아)의 인권인식과 인권정

5) 하영선 외 번역, *세계정치론*, p. 611.

책은 세계적 차원의 인권안보에 지대한 역할을 하는 중추(中樞)이다. 기타 개별 국가들의 인권 상황과 정책은 강대국이나 중진국들의 인권개입으로 발생될 수 있는 혼란 상태의 원인이 될 수 있기 때문에, 인권에 대한 그 국가들의 인식과 정책 역시 세계인권체제의 중요한 한 요인이 된다. 이와 같이, 강대국, 중진국 그리고 기타 국가들의 인권에 대한 인식과 그것을 근거로 한 인권정책은 세계인권체제(Global Human Rights Regime)를 구성하는 한 축(軸)이다.

개별적 · 집단적 차원에서의 인권보호와 신장(伸張)을 표방하고 활동하는 비정부 기구(NGO: non-governmental organization)인 인권단체나 조직도 세계인권체제의 중요한 축을 이루고 있다. 눈에 띠는 국제 인권단체는 국제 엠네스티(Amnesty International, 1961년 설립, 150여 개국에 300만 명 회원), 휴먼 라이츠 워치(Human Rights Watch, New York), 인권국제연합(Fédération internationale des droits de l'homme, 1922년 설립, 155개 인권단체 대표), 국제법률가 위원회(International Commission of Jurists), 소수자 인권그룹(Minority Rights Group) 등과 기아와 질병 퇴치를 목적으로 한 국제기아 · 질병퇴치기구(Oxfam International), 국경없는 의사회(Médecins sans frontiéres), 가톨릭구호단체(Catholic Relief Services)가 있다. 이 인권단체와 조직들은 인권침해 사례를 고발하고, 잔혹한 고문이나 형벌을 반대하며, 기아와 질병으로부터도 인간은 자유로워야 한다는 목표를 구현하려 한다. 인위적 · 사회적인 고문이나 자연적 · 환경적인 고통으로부터 인권을 보호하고, 고문이나 고통으로부터 인간이 자유로울 수 있도록 조직적으로 활동하며 여론을 환기시켜 나가는 노력을 기울인다. 그리하여 이 조직들은 컬러혁명(2003년 그루지아의 장미 혁명, 2004년 우크라이나의 오렌지 혁명, 2005년 레바논의 삼나무 혁명, 키르기스스탄의 튤립 혁명 등)을 촉발시키는 계기를 만들기도 했다. 이와 같이, 비정부 기구인 인권단체들은 특정 국가 안에서나 범세계적으로 국제 인권 규범에 대한 인식 확산과 인권

존중 여론을 주도하는 역할을 수행함으로써 세계인권체제의 주요한 축을 형성하고 있다.[6)]

그러나 인권 존중과 보호의 보편성(普遍性: universality)은 국가 주권(national sovereignty)의 불가침성(不可侵性: inviolability), 불간섭정책(non-intervention policy)을 극복해야만 존중되어질 가치이다. 천부적(天賦的)인 인간의 존엄성(尊嚴性)이나 인권(人權)은 사회적 정치집단인 국가의 인위적인 인식이나 정책의 뒷받침을 받아야 보장된다는 뜻이다. 과거 노예제도 폐지는 미국 남북전쟁(1861~1865) 결과의 산물이었고, 나치 독일의 유태인 학살(final solution)은 독일의 패배로 중단되었다. 군국주의 일본의 강제 징용과 위안부(sex slave)라는 명칭으로 불리는 부녀자의 강제 징발(徵發) 역시 일본이 패망함으로써 막을 내렸으나 그 잔영(殘影)이 아직도 남아 '얍삽한 일본 정치인'들이 이를 활용하여 정치세력을 끌어 모으려 하고 있어서 생존하고 있는 할머니들의 상처를 더욱 쓰리게 하고 있는 실정이다.[7)] 국가 주권의 불가침성을 방패로 아직도 '정치범 수용소'를 유지하고 자국민의 인권유린을 일삼으면서 가상 위협을 상정하고 군비를 강화하며 주민들을 굶주리게 하는 오늘의 북한은 인간 존엄과 인권 존중에 기초한 인간의 기본적인 가치 구현이 얼마나 어려운 가를 실증(實證)하고 있다.[8)] 이와 같이, 인권보호와 보장이라는 보편적 가치 실현은 인위적 정치집단인 국가의 정책 기조(基調)를 무력화시키거나 초월해야만 가능한 덕목(德目)인 셈이다.

---

6) *세계정치론*, pp. 619-21.

7) "美 정부 · 의회 日 망언 질타", *조선일보* 2013. 5. 13; "日에 위안부 책임 권고한 유엔 위원회서 日 인권대사 '셧 업' 발언 소동", *조선일보* 2013. 6. 6.

8) 중립국 감독위원회 스웨덴, 스위스 대표, "北에 대해 유일하게 예측 가능한 것은 그들이 항상 예측 불가능하다는 사실", *조선일보* 2013. 6. 13; G8 정상들, 탈북자人權 첫 성명, "北은 국제사회의 우려 해소하라", 獨 대통령, "北서 인권은 휴짓조각…국제사회 최종 목표는 北 정권 종식", *조선일보* 2013. 6. 20; "北 가상 위협에 맞서 군비 늘리느라 주민 굶겨", *조선일보* 2013. 6. 22; "北, 核관련 安保理 결의와 9 · 19성명 지켜라", 아세안 안보포럼 의장 성명, *조선일보* 2013. 7. 3; "ARF presses North to denuclearize", *Korea JoongAng Daily*, July 3, 2013.

제2차 세계대전 이전에 대부분 국가들은 자국 이익을 우선적으로 고려하여 상대국 내의 인권 상황은 대외정책상 고려 대상으로 간주하지 않았다. 소련은 대전 후에도 정치적·전략적 완충 지역으로 확보한 동구권(東歐圈) 국가들에서 반소(反蘇)·반공(反共) 소요가 일어날 경우에 소련군을 주축으로 한 바르샤바 동맹군을 직접 투입하여 제압했고(1956년 헝가리, 폴란드; 1968년 체코슬로바키아), 아프가니스탄에서도 소련 추종 정권을 옹호하기 위하여 직접 개입하여 전쟁(1979~1989)을 치르기도 했다. 이 과정에서 소련은 주변국의 인권 상황보다는 진영(陣營)의 결속을 더욱 중시하는 브레즈네프 독트린(the Brezhnev Doctrine)을 적용했다. 미국 역시 1980년대에 이르기까지 중남미 지역 개별 국가의 인권 상황보다는 미국에 대한 우호적 태도를 중시한 정책을 선택했으며, 미국 주변의 반미·급진세력의 집권을 저지하기 위한 개입을 마다하지 않았다(1965년 도미니카, 1983년 그레나다, 1989년 파나마).[9] 그러나 1990년 후에 형성된 탈냉전적 국제질서하에서 미국을 비롯한 NATO 회원국들은 세계적 혹은 지역적 정치와 전략적 안정을 해칠 수 있는 개별 국가들의 내부 인권침해나 유린 상황을 대외정책 수립 및 수행상 하나의 고려 요소로 간주하기 시작했다.

미국과 NATO 회원국들의 인도주의 개입은 소말리아의 아사위기를 해소하고 유고 사태를 진정시키는 효과를 거두기도 했으나 후유증을 완전하게 떨쳐 버리지는 못했다. 아프리카 지역 국가들에서 종족(種族)이나 군벌(軍閥) 간 분쟁으로 인한 인권침해 사례는 많이 기록되어 왔다. 특히, 1991년에 소말리아는 극심한 가뭄으로 420만 명이 넘는 아사자가 발생하여 죽음의 땅으로 변했고, 종족 및 군벌 간 갈등은 더욱 심해져 갔다. 유엔은 평화유지군

---

9) 미국의 카터 대통령은 1976년 한국 내 인권 상황을 빌미로 주한미군을 철수하겠다는 엄포를 놓기도 했으나, 대통령 퇴임 후에는 북한의 극악한 인권 상황을 문제 삼지 않는 이중적인 태도를 보이기도 했다. 카터는 1994, 2010, 2011년에 북한을 방문하여 핵협상, 인질 석방 등을 교섭한 바 있으나, 북한의 인권 상황에 대해서는 전혀 언급하지 않는 미국인이 되었다. "카터 북한 방문", *naver.com*.

(미국, 한국, 파키스탄 군)을 파견하여 에티오피아와의 국경분쟁을 해결하고 대량 아사(餓死)를 막기는 했으나, 군벌 간의 갈등은 해소시키지 못했다. 그러다 소말리아인들이 사살한 미군 시체를 끌고 다니면서 반미 시위를 하자(1993. 10. 4), 미국은 소말리아에서의 작전(Op. Restore Hope) 실패를 선언하고(1993. 12) 평화유지군과 미 해병대를 철수시켰다(1995. 3).[10] 유고슬라비아 해체 과정에서 알바니아인들이 90% 정도 거주하는 코소보의 해방군이 분리 독립을 위한 투쟁을 선포하자, 세르비아 군이 침공하여(1998. 5. 3) 대규모 소탕 작전과 비인간적인 인종청소 작전을 수행했다. 1998년 6월, 미국과 NATO 회원국은 코소보에서 세르비아 군이 철수하고 인종청소 작전을 중단할 것을 촉구했다. 세르비아와의 협상이 실효를 거두지 못하자, NATO는 무력사용을 결정하고(1998. 10) 공습을 개시하면서(1999. 3. 24), 슬로보단 밀로셰비치(Slobodan Milosevic, 1941~2006) 세르비아 대통령을 전쟁범죄자로 국제사범재판소에 기소함으로써, 코소보전쟁을 종결했다(1999. 6. 25). 코소보는 유엔의 보호령으로 되었다가 2008년 2월 17일에 세르비아로부터 독립을 선언했다.[11] 인도적 개입이 코소보전쟁을 종결시켜 유고연방 해체과정에서 빚어진 혼란을 잠재울 수 있었으나, 소말리아 사태는 인도주의에 입각한 개입 자체의 위험성과 아프리카나 중동 지역에서의 종족 간, 종파 간 그리고 정치세력 간의 갈등을 해소시키기에는 한계가 있다는 인식을 갖게 만들었다.

---

10) 이후에도 소말리아는 내전의 소용돌이에서 벗어날 수 없었고, 전 인구의 1/3이 유엔의 식량지원 없이는 생존조차 힘들게 되었으며, 해상에서의 노략질과 끊임없는 내부 분쟁에 몸살을 앓고 있다. 구동회 · 이정록 · 노혜정 · 임수진, *세계의 분쟁: 지도로 보는 지구촌의 분쟁과 갈등*(서울: 푸른길, 2011), pp. 170-8; "소말리아 내전", *naver.com*.

11) 27개 EU 회원국 중(2013년 7월 1일, 크로아티아가 회원국이 됨에 따라 현재는 28개국임) 22개국이 코소보의 독립을 인정했으나, 키프로스, 슬로바키아, 루마니아, 그리스, 스페인 등 5개국은 자국의 분리주의 운동을 촉발시킬 수 있다는 우려하에 코소보 승인을 거부하였다. "크로아티아, 10년 만에 EU 회원국으로", *조선일보*, 2013. 7. 2; *세계의 분쟁*, pp. 128-40; "코소보 사태", *naver.com*.

특히, 인도주의 개입은 강권정치(强權政治)적 국제정치 속성을 거스르고 현재화(現在化)되기는 매우 어려운 주제이다.

먼저, 강대국 내의 인권침해 사례는 외부의 간섭이나 개입 여지를 허용하지 않는다. 미국 내의 흑백 차별이나 백인 우월주의를 표방한 KKK(Ku Klux Klan) 조직이나 극우주의자들의 무차별 테러 행위로 인한 인권침해 행위 등은 다른 국가들이 왈가왈부할 수는 있어도 시정(是正)을 위한 어떠한 형태의 개입도 미국은 불허했다. 중국에서 정치적 자유를 요구한 시위와 그것을 폭력적으로 해산시킨 중국 정부 사이에서 빚어진 천안문 사태(1989. 6. 4)는 미국이나 EU 및 일본 등 국제사회의 비난을 받았다. 미국은 중국에 대한 무기 금수조치와 더불어 고위급 접촉을 중지했고, EU는 중국에 대한 차관을 동결시키면서 미국과 비슷한 조치를 내렸고, 일본도 중국과의 경제협력을 중단했으며, G-7 국가들의 경제정상회의는 중국의 무력진압을 비난하기도 했으나, 증대되는 중국의 정치적·지전략적 비중을 무시하거나 인도주의적 개입을 감행할 수는 없었다.[12] 분리 독립을 실현하기 위하여 투쟁하는 티베트(Tibet), 위구르(Uighur) 주민들의 대중국 정부 투쟁과정에서 빈번하게 발생하는 인권침해 사례 역시 비난 성명 정도의 대상만 될 뿐이다. 러시아로부터 분리 독립을 원하는 체첸인들이 펼치는 저항과 자살테러 행위에 대처하는 러시아 정부의 인권침해 행위 역시 외부의 실질적인 인권개입(人權介入) 자체를 거부하고 있다. 이와 같이, 미국, 중국, 러시아 등 강대국에 대한 외부의 직접적인 인도주의적 개입은 사실상 불가능한 상태이다.

강국들의 정치·전략적 이해관계로 얽혀 있는 국가 내의 인권침해 역시 외부 인권개입을 거의 불가능하게 만들고 있다. 실로, 아직도 정치범 수용소를 운용하면서 즉결 처분을 일삼고 일반 주민들의 이전과 모든 자유를 박탈하고 있는 김일성, 김정일, 김정은 3대 독재 통치하의 북한의 인권 상황은

12) *세계정치론*, pp. 617-8.

그 정도와 심도 면에서 세계 최악의 상태이다. 북한 정부의 인권침해와 유린 상황이 이러함에도 불구하고 중국과 러시아 등 주변국의 정치·전략적 이해가 얽혀 있는 한반도와 동북아 지역의 특성상, 미국 정부와 국회는 직접 개입의 가능성을 고려하지 않은 채 북한인권법(North Korean Human Rights Act, 2004. 10월 발효, 2006년과 2017년까지 유효·통과) 정도를 제정하고 국회 청문회를 개최하면서 탈북자의 인권보호를 위한 조치 정도만 취하고 있는 실정이다. 현재의 북한 정권을 붕괴시켜야 해결될 북한의 인권 상황을 개선하기 위하여 단독으로 개입할 필요와 가능성 자체를 미국은 받아들이지 않고 있다. 소말리아 사태(1992~1995) 개입에서 상처를 받고 개입 효용성에 대한 의구심을 가진 미국은, 이라크전쟁(2003~2011)과 아프가니스탄전쟁(2001~2014)에서 이라크의 후세인 정부를 붕괴시키고 아프가니스탄의 탈레반 정부를 제거한 후에도 이라크 내 종족 간의 지속적인 유혈 충돌과 2014년 말에 미군 철수를 앞두고 탈레반과 진행할 평화회담 합의 직후 그들 세력이 미군 공군기지를 공격하는 행태 그리고 미국이 옹립하고 있는 하미드 카르자이(Hamid Karzai, 아프가니스탄 과도정부 대통령 2001~2004, 아프가니스탄 대통령 2004~) 정부의 무능력과 부패로 인한 사태 정상화의 어려움을 경험하면서, 인권보호를 위한 대외(對外) 군사력 사용을 포함한 직접 개입의 효용성에 대한 회의는 물론 미국인의 안전조차 보장하기 어렵다는 인식을 갖게 되었다.[13] 중국이나 러시아 역시 미국이 인권문제를 들고 나오면서 자국들에게 시비를 걸고 세계 여기저기에 개입하는 것을 못마땅하게 생각하고 있다. 그리하여 미국은 10만 명의 사망자와 100만 명 이상의 난민을 발생시킨 시리아 내전(2011~)의 해법에서도 현 아사드

13) "탈레반, 평화회담 합의 직후 美공군기지 공격", *조선일보*, 2013. 6. 20. 이 공격으로 미군 4명이 사망했고, 카르자이 아프가니스탄 대통령은 탈레반과의 협상 자체를 반대하면서 미국과의 안보회담을 중단했다. 미국은 2014년 말까지 미군을 철수시키고 2016년까지 9,800명의 미군만 주둔시킨다는 계획을 세우고 있다. "Repubilcans question U.S. prisoner swap with Taliban", June 1, 2014, *Reuters.com*.

(Bashar al-Assad, 1965~, 시리아 대통령 2000. 7~) 시리아 정부를 지원하는 러시아와 견해를 달리하고 있으며, 시리아 정부군이 반군들에 대해서 생화학무기를 사용했다는 증거에도 불구하고 직접 개입을 삼가고 있다.[14)] 인권문제(Human Rights Issue)에 근거한 당위적(當爲的) 보편성(普遍性)이 이해관계를 중시하는 정책적(政策的) 개별성(個別性)을 초월하기 어려운 것이 국제정치의 현실인 셈이다.

명분(名分)보다 실리(實利)를 중시하는 국제사회의 특성 역시 인권안보와 인도적 개입을 어렵게 만들고 있다. 이집트에서 소요사태가 심화되자, 이집트 군부가 선거를 통해서 당선된(2012. 6. 25. 대통령 당선) 모하마드 무르시(Mohamed Morsy, 60) 대통령의 권한을 박탈하고 가택 연금 시킨 후에 새로운 대통령(Adly Mansour, Constitutional Court Chief Judge)을 임명하는(2013. 7. 4. 대통령 취임선서) 사태가 발생했다. 이에 대해서 미국 오바마 행정부는, "무르시 대통령의 과오는 과오이고, 쿠데타는 쿠데타다"라는 미국 언론의 일반적인 논조에도 불구하고, "현 사태에 깊은 우려를 표한다"라는 성명만을 발표함으로써 이집트 군부의 조치를 사실상 묵인하는 태도를 취했다. 민주주의라는 명분을 내세워 이집트 군부와 갈등관계가 조성될 경우에 중동과 아프리카 지역의 대테러 교두보의 한 축을 잃을 가능성이 높다는 미국 행정부의 현실적 타산(打算)이 명분적 당위(當爲)를 앞지른 결과였

14) G-8 정상회의에 참석한 미국 오바마 대통령과 러시아 푸틴 대통령은 양국간 핵확산 방지를 위한 포괄적 협정을 체결했다. 그러나 양 정상은 시리아 평화협상은 동의했으나, 아사드 시리아 대통령의 거취문제에 대해서는 충돌했다. 미국 대통령은 아사드의 퇴진을 주장했으나, 푸틴 러시아 대통령은 그를 지지했다. "눈싸움에서 밀릴 순 없지… 오바마 · 푸틴, 시리아 해법 놓고 충돌", *조선일보*, 2013. 6. 19; 2011년부터 2년여에 걸쳐 진행된 내전에서 9만 3천 명의 사망자와 250만 명이 넘는 난민이 발생했다고 유엔이 밝혔다. *CNN World News*, June 15, 2013. 특히, 시리아 내전에 이슬람 무장단체인 헤즈볼라(Hezbollah)가 시리아 정부 편에 개입하고, 알카에다(al-Qaeda)가 반군 편에 참여했다는 정황과 시리아 기독교도들이 이슬람 원리주의를 주장하는 반군보다 시리아 정부를 지지하는 상황이 미국이나 영국의 반군에 대한 무기지원을 넘는 적극적인 시리아 내전 개입을 저해하고 있는 실정이다. *CNN International,* April 30, June 1, 2013.

다.[15] 중국 역시 언론매체(環球時報)를 통한 이집트 사태 논평에서 "민주주의가 만능은 아니며 경제발전과 평등 달성이 선행되어야 한다"라고 말함으로써 중국 체제에 대한 외부의 비판을 희석시키고 이집트 사태의 현실성을 수용하기도 했다.[16] 이집트 사태에 대한 미국과 중국의 입장이나 시리아 내전에 관한 러시아의 알 아사드 정권 지지는 명분(名分)보다 개별 국가들의 실리(實利)가 인도주의적 인권에 우선한다는 국제관계의 현실을 보여준다. 이것은 인권안보와 인도적 개입을 어렵게 만드는 요인이다.

다. 인도주의 개입과 안보외교

국제사회의 현실여건이 좋든 나쁘든 또는 현실화될 가능성이 높든 낮든, 인본주의에 입각한 인권의 보호나 신장(伸張)을 위한 인도주의 개입은 안보외교의 주요한 하나의 주제(主題)이다. 인간의 천부적 존엄성 존중과 인권보호 및 신장은 훼손되어서는 안 되는 지존(至尊)의 가치이기 때문이다. 아무리 어렵더라도 안보외교는 인권을 현실적으로 보장할 방책(方策)과 방안(方案)을 모색해내야 하는 이유가 바로 여기에 있다. 인간이 인간답게 삶을 영유하고 마감하는 것은 모든 인간 사회의 책임이요 타협을 불허하는 명제인 한 그렇다.

인권의 존엄성과 기본권은 여러 가지 현시적(顯示的)·묵시적(默示的) 장애를 극복해야 보장될 수 있는 관념적이며 실천적인 개념이다. 개인별·조직별·집단적으로 근원적 변화와 개선(改善) 및 개조(改造) 의지와 행동은

---

15) "'이집트 쿠데타' 사실상 묵인한 美, 명분보단 實利로 움직여", *조선일보*, 2013. 7. 6; 국내법상 쿠데타 원조 금지 조항이 있음에도 불구하고, 미국은 이집트에 F-16 전투기 4대를 예정대로 지원하기로 결정하여 이집트 군부의 무르시 축출은 쿠데타가 아니라는 입장을 행동으로 밝혔다. "美, '이집트에 F-16 전투기 4대 예정대로 지원'", *조선일보*, 2013. 7. 13.

16) *KBS Radio News*, 2013. 7. 7. 17:00.

물론 국가적·지역적·세계적 차원의 개입 및 정책 의지를 필요로 하는 현실개념이다. 인간 개인이나 집단 등의 혁명적인 변화와 헌신적인 개입이 인권을 제대로 보장할 수 있다는 뜻이다.

먼저 개인은 종교적, 이념적, 정치적, 사회적 아집(我執)에 근거한 편견과 그에서 비롯된 배타적 행동을 떨쳐버려야 한다. 종교적 집착에서 비롯된 자학(自虐) 및 잔학(殘虐) 행위는 종교적 테러리즘의 이름으로 인간 존재와 권리를 파괴하고, 이념적 배타성은 이념적 목표 달성을 위한 수단의 정당성을 부정하면서 다른 의견을 가진 개인의 인간 존엄성이나 기본권을 하찮게 취급하여 비인도적 온갖 만행을 저지른다. 또 지나친 정치적 권력욕(權力慾)은 인본주의에 배치되는 폭력과 폭거 등을 통하여 인간성을 말살하는 독재를 자행하며, 기타 여러 가지 사회적 기준에 근거한 편견이나 증오(憎惡) 역시 다른 사회구성원의 자유와 권리를 침해하기 때문이다. 여러 가지 분야와 차원에서 자기 본위로 정의된 시공간적 위치에서 개인의 집착이나 편견 그리고 그에 근거한 파괴적인 행위는 인간 존재와 권리 및 자유를 부정하거나 유린하는 근원적 이유가 된다. 그러므로 이것은 인간의 존엄성이나 기본권을 보장하기 위해서 원초적(原初的)으로 극복해야 할 기본적 장애(障碍)이다.

개인으로 구성된 조직 역시 성향(性向)과 지향(指向)하는 바에 따라 인권침해나 유린의 요소가 된다. 전 세계적으로 조직된 인권단체 등은 인권보호나 신장을 위한 활동과 노력을 기울인다. 그러나 역사적으로, 미국의 KKK(Ku Klux Klan)나 과거 나치 독일에 대한 향수를 바탕으로 조직된 독일의 신나치주의 조직, 러시아의 반외국인 조직(Skin Head 등)과 현재 일본의 국수주의 정신을 바탕으로 한 조직이나 정당 등은 자국민이나 외국인들의 개인적 권리와 자유를 침해하는 조직들이다. 종교적 원리주의를 바탕으로 한 조직들 역시 타협과 공존을 배격함으로써 인권침해를 마다하지 않는 성향을 띠고 있다. 이슬람 원리주의에 입각한 국가를 건설해야 한다는 목적을 달성하기 위하여 이슬람권 곳곳에서 소요사태를 주관하거나 활용하는 이슬람 원리주의자들은 성전(聖戰: Jihad)이라는 이름으로 자살, 타살 등의 형태로 자신은 물론 타인의 인권을 무시하는 행위를 거침없이 자행하고 있다. 2014년 4월 현재 내전과 소요사태를 겪고 있는 시리아, 이집트, 말리 등에도 이슬람 원리주의자(Islam Brotherhood 등)는 물론 테러를 일삼는 헤즈볼라, 알카에다와 과거 이스라엘과 평화공존을 위한 평화협정을 체결했던(1979) 이집트 사다트(Mohamed Anwar al-Sadat, 1918~1981) 전 대통령을 암살한 테러 단체도 참여하여 사태 해결을 더욱 어렵게 만들면서 더욱 많은 희생을 자아내고 있다.[17] 이와 같이, 인종적 증오와 종교적 원색주의에 바탕을 둔 조직들은 개인적·집단적 테러 행위를 자신들이 수립한 목표달성의 한 수단으로 활용하는 것을 망설이지 않아 인권을 침해 및 유린하고 있다. 이것 또한 인본주의에 근거한 목적을 달성하기 위해 안보외교가 극복해야 할 장애이다.

인간이 구성한 정치집단의 하나로 정형화되어 국제정치 단위로 자리를 잡은 국가는 자국민의 인권을 보호해야 하는 책임을 수행하기보다 인권침해의 주체가 된 정치집단이 된 경우가 흔하게 있어 왔다. 국가는 국내법의 강제력을 행사하는 집단이기 때문에, 국가의 성향이나 지향하는 가치에 따라 인권을 보호할 수도 있고 침해할 수도 있는 양면성을 지니고 있다. 이슬람 원리주의를 표방하는 국가에서는 기독교나 기타 종교를 가진 사람들은 살 수가 없을 정도로 집단적 편견의 희생 대상이 될 것이며, 독재 권력을 행사하는 정부가 대변하는 국가의 국민들은 인간의 기본적인 권리나 자유조차도 보장받지 못하는 것은 뻔한 이치이다. 독재 국가들은 과거 미국 남북전쟁(1861~1865) 당시 링컨(Abraham Lincoln, 1809~1865) 대통령이 행한 연설(Gettysburg Address, 1863. 11. 19)에서 간결하고 적절하게 표현한 '민주주의'라는 글자를 앞세워 독재를 자행하고 있다.[18] 이른바, '국가(國家)

---

17) "무르시 지지세력 '오늘은 순교자의 날, 聖戰 시작'", "親 무르시 세력 '反 쿠데타 100만명 시위 동참하라'", *조선일보*, 2013. 7. 11.

18) 미국의 링컨 대통령(Abraham Lincoln, 1809~1865, 재임 1861~1865)은 미국 남북

민주주의', '인민(人民) 민주주의', '무당(無黨) 민주주의', '교도(敎導) 민주주의' 등이 바로 그것들이다. 이는 국민을 위한다는 명분을 합리화하기 위하여 민주주의라는 말을 사용하면서 앞에 조건을 내건 '얍삽한' 술수를 부린 독재 정권들이다. 국가라는 정치집단을 대변하는 독재 정부들의 출현 자체를 저지하고 그 국가들의 대내외적 인권침해 행위와 테러 행위를 어떻게 현실적으로 보장하고 차단할 것인가 하는 점이 인권 안보외교가 해결해야 할 과제이다.

인간의 존엄성 및 인권보장, 인권신장을 목표로 한 안보외교는 이와 같이 인간 개인과 조직 및 집단이 지녔거나 보여준 장애(障碍)를 극복하고 주어진 목표를 달성해야 하기 때문에, 거의 모든 방책(方策)과 수단(手段)의 동원을 필요로 한다. 그러나 당위적(當爲的)으로 의문이 제기될 수 없는 이러한 인권 안보외교 목표의 구현을 위해서 현실적으로 효용성 있는 책략(策略)의 수립이나 도구(道具)의 채택은 결코 쉽지 않다. 쉽지 않은 성격의 책략 및 도구를 수립하고 찾아서 인권을 보장해야 하는 인권 안보외교 역시 결코 안이한 성격은 아니다.

실제(實際)가 이러함에도 불구하고, 인권 안보외교는 소홀히 하거나 중단할 수 없는 주제임에 두 말할 여지가 없다. 개인이나 집단적 차원에서, 인간이 행하는 모든 활동의 궁극적 목적은 인간의 존엄성이 존중되고 인간의 기본권이 보장되는 데 집중되어야 하는 점에 이견(異見)이 없는 한 그렇다. 개인적·집합적 차원에서 빚어지는 갖가지 인권침해나 유린 사태를 규범이나

전쟁(1981~1985)에서 남북이 총력을 투입한 결전(게티즈버그 전투, 1863. 7. 1~3)에서 전몰한 장병들의 영혼을 위령하는 식전에서, 장병들이 목숨을 바친 이유는 '모든 사람은 평등하다'는 미국 건국이념을 구현하기 위해서라는 점을 지적하면서 남은 모두 역시 "국민의, 국민에 의한, 국민을 위한 정부는 지상에서 소멸되지 않는다(government of the people, by the people, for the people, shall not perish from the earth)"라는 신념에 더욱 헌신해야 한다고 역설했다. 2~3분간의 연설이었지만 오늘날 구현해야 할 민주주의를 가장 간결하게 표현한 명연설이었다. "게티즈버그 연설, Gettysburg Address, 1863. 11. 19)", *naver.com*.

법적인 조치와 적극적인 인성 교육을 통하여 어느 정도 막거나 완화시킬 수 있다면, 안보외교는 정치집단으로 자리 잡은 국가 내외(內外)와 국가 간 관계에서 빚어지는 인권침해와 유린 사태를 중단시키고 해소시켜 인간을 공포나 박해 그리고 궁핍으로부터 자유스럽게 해야 할 소명(召命)을 부여받고 있는 셈이다.

인도주의적 개입을 전제로 한 안보외교는 먼저 독재 국가(獨裁國家)의 출현과 지속을 막아야 한다. 이것은 지난(至難)한 과제이다. 역사적으로나 현실적으로 그렇다. 과거 수많은 독재 정부로 대변되는 국가가 계속 출현했다는 사실이 이를 말해준다. 근대의 나치 독일, 무솔리니가 이끄는 파시스트 이탈리아, 군국주의 일본 등의 출현을 막지 못했고, 현대의 시리아, 북한 등의 국가가 존재하는 한 그렇다. 히틀러가 이끌던 독일 나치당은 1차 세계대전의 결과로 강요된 굴욕적인 평화와 그 이후의 세계 경제공황으로 빚어진 참담한 삶에 시달린 독일 국민들을 '아리안 족의 생활권(生活圈: Lebensraum) 확보'라는 기치를 내세워 선동함으로써 독재적 권력을 구축했다. '로마의 영광을 재현(再現)'하겠다는 구호를 내세운 무솔리니 역시 이상한 경례 방식과 몸짓으로 이탈리아 국민을 선동하여 독재 정부를 수립했으며, 일본 군국주의자들은 일본 중심의 '대동아공영권(大東亞共榮圈)' 건설이라는 주장을 앞세워 독재 권력을 장악했다. 시리아나 북한 역시 자국을 필요로 했거나 하고 있는 후원 국가들의 지원에 힘입어 아직도 자국민의 인권침해나 유린(蹂躪)을 자행하고 있다. 과거 소련의 지원과 후원으로 정부를 수립한 시리아는 내전 상태(2011년 3월 이후)에서 러시아, 이란, 헤즈볼라(Hezbollah) 등 단체의 지원을 받아 반정부 세력을 무자비하게 살상하면서(10만 명) 180만 명의 난민을 양산하고 680만 명의 자국민을 기아상태로 몰아넣었다.[19] 과거 소련의 지지로 정부를 수립한 북한 김일성 정권은 소련의 지원과

19) "시리아 內戰 사망 10萬 육박…르완다 이후 최악 난민사태", *조선일보*, 2013. 7. 18. 2011년 3월부터 지속된 시리아 내전에서 매달 5,000명이 목숨을 잃고, 2013년에 이

중공의 후원으로 한반도 적화를 목적으로 전쟁(1950~1953)까지 일으키고, 3대에 걸친 권력 세습으로 독재 권력을 행사해 오면서 북한 주민의 인권보호는커녕 생존까지 위협하면서 중국, 러시아, 미국 간의 현실정치적 대립관계를 적절하게 활용하여 핵과 미사일을 앞세워 아직도 체제를 유지하고 존재를 과시하려 하고 있다. 과거 나치 독일, 무솔리니 이탈리아, 군국주의 일본의 독재체제는 전쟁을 일으킨 그들을 패배시킴으로써 종식시킬 수 있었지만, 현재 관련국들과 현실정치적으로 얽혀 있는 시리아, 북한 등의 독재 정부와 그들이 자행하는 인권침해 및 유린 사태는 전쟁수행보다 더 복합적인 대책과 수단을 필요로 한다. 인간의 존엄성이나 인권보장을 위한 안보외교가 그 대책과 수단을 찾아야 한다.

과거 역사가 그 효용성을 입증해주었거나 현재와 미래에 전개될 수 있는 인권보호를 위한 직접 및 간접 개입의 안보외교의 대책과 수단을 상정하여 이론적으로 분석해 보는 것도 필요할 것이다. 물론 이러한 직간접 대책과 수단은 강권정치(强權政治)에 근거한 국가적·국제적 현실을 초월해야 한다는 어려움이 있으나, 인본주의(人本主義)에 입각한 제대로의 인간 모습 유지와 생활보장이라는 당위성(當爲性)이 이를 요구하고 있다.

인권안보를 위해서 먼저 제한적·전면적 군사력 사용을 동반한 직접 개입을 들 수 있다. 유태인을 집단학살한 나치 독일이나 중일전쟁(1937~1945) 중 남경대학살(南京大虐殺, 1937)을 자행한 군국주의 일본의 인간 파괴행위는 그들이 일으킨 2차 세계대전에서 그들을 패망시킴으로써 종결시킬 수 있었다. 독가스를 사용하여 쿠르드족을 살해했고 정치적 반대세력을 고문하거나 임의로 제거하면서 서방 인질들을 인간방패로 활용했고, 쿠웨이트를 점

르러 매일 6,000명이 시리아 밖으로 빠져나가는 지경에 이르렀으며, 680만 명이 기아 선상에서 헤매고 있다. 180만 명의 시리아 난민은 터키에 41만, 레바논에 61만, 요르단에 48만, 이라크에 16만, 이집트에 9만, 북아프리카에 1만 4천 명이 산재되어 있어 중동 지역의 상황을 더욱 악화시키고 있다.

령한 후 쿠웨이트 국민에게 반인륜적인 잔인한 행위를 자행했던 이라크의 독재 정권은 걸프전(1991)과 이라크전(2003~2011)을 통하여 후세인을 제거함으로써 마감되었다. 제한적이거나 전면적인 군사력을 운용한 전쟁은 독재 정권과 그들이 자행한 인간 파괴행위나 인권침해 및 유린 행위를 종식시킨 효과적인 대책과 수단이었다. 무작위(無作爲) 테러 행위를 자행하여 인간 존재를 부정하고 인권을 유린한 조직적인 테러 행위(9·11 테러: 2001. 9. 11) 등은 아프가니스탄전쟁(2001~2014)을 수행하고 오사마 빈 라덴(Osama Bin Laden, 1957~2011)을 비롯한 알카에다 지도자들을 물리적으로 제거함으로써 재발(再發)을 막을 수 있었다. 국가나 테러조직들이 자행하는 인간 파멸과 인권침해 행위는 전쟁이나 테러집단 지도부를 물리적으로 제거하거나 궁극적으로는 조직의 강제 해체를 통하여 중단시킬 수 있다. 따라서 군사력 사용을 통한 직접 개입은 인권안보의 주요한 대책과 수단이다.

그러나 시리아나 북한의 조직적 인간 말살 행위나 세계 각지에서 자행되는 자살폭탄테러나 타살행위 등으로 빚어지는 인간 파괴, 인권침해 및 유린 행위는 끊이지 않고 있다. 강대국의 직접 개입, 종교적인 편집(偏執)에 근거한 아집(我執), 종교화된 정치집단에 대한 맹목적 굴종(屈從) 등은 전쟁이나 군사적 개입으로 제거될 수 없는 인간 파괴나 인권침해의 근원(根源)이다. 최근의 시리아내전을 보면, 강대국 러시아의 지원, 테러조직(Hezbollah, Hamas 등)의 후원과 참여로 힘을 얻은 시리아 아사드 정권은 반정부군뿐 아니라 그들에게 호의적인 자국민에게도 무자비한 공격을 멈추지 않았으며, 이슬람 원리주의에 근거한 다양한 세력들의 연합체인 반정부군을 무조건 전폭적으로 지원하기도 어려운 서방국가들의 어정쩡한 태도가 인명 피해와 난민들의 숫자를 증가시켰다. 전면적 군사력 사용 후의 이라크와 아프가니스탄 내에서도 종교적·종족적 갈등으로 폭탄테러가 끊이지 않고 있으며, 여성의 인권증진 및 교육 강화와 사회 참여 확대에 대한 노골적인 저항이 잦아들지 않고 있다. 동북아 지역의 강대국 간 이해관계를 교묘하게 활용하면서 '주체사상(主體思想)'이라는 희한한 이념체계를 바탕으로 국가를 통치해 온 북한의 김일성, 김정일, 김정은 독재 정권은 '공산사회주의 정립', '강성대국 건설'이라는 국가적 목표를 내세워 핵과 미사일을 개발하여 한국 및 관심 주변국들을 협박하면서 주민들을 통제하는 체제를 유지해 왔다. 김정은은 '백두혈통(白頭血統)의 옹립'과 이를 위한 '충성(忠誠)혈통의 확립'이라는 미명하에 잔인한 공개 처형과 냉혹한 감시체제를 유지하면서 공포정치를 자행하고 있다.[20] 이 과정에서 북한 주민들의 생존권이나 인권은 자의적으로 무시되어 왔으며, 일상생활은 초근목피(草根木皮)로 연명하는 수준에 머무르게 되었고, 탈북자(脫北者)라는 희한한 북한주민이 발생하게 되었다. 북한은 2006년 10월의 1차 핵실험으로 유엔 안전보장이사회의 제재(United Nations Security Council Resulution 1718: 북한의 핵, 대량살상무기, 미사일 관련 계획을 지원하는 국가들의 금융자산, 경제적 지원 동결)를 받았으며, 그 이후에도 계속되는 북한의 2차 핵실험(2009. 6)에 대한 제재(UNSCR

20) 김일성은 한국전쟁(6 · 25전쟁) 직후 1953년부터 남노당을 숙청하고 박헌영을 미제의 간첩이라는 죄목으로 처형했다(1955). 1956년에는 자신의 독주를 견제하려는 중국 연안파와 소련파들을 전쟁수행 실패의 책임과 종파(宗派)를 조성했다는 죄목으로 숙청했다. 중국 모택동의 반발을 고려하여 연안파들은 정치범 수용소에 수감하여 스스로 죽도록 조치했으며, 갑산파 역시 1967년에 제거하여 김일성 독재 체제를 확립했다. 김일성의 뒤를 이은 김정일은 김일성보다 한술 더 떠서 자신의 비위를 거스르는 언행을 한 사람이나 제거해야 할 인물들의 목록을 만들어 잔인하게 공개 처형했으며, 이를 자신의 독재 정권을 강화하는 데 자의적으로 활용했다. 그 뒤를 이은 김정은은 더욱 잔인한 공개처형을 감행하여 자신의 권력기반을 강화하려 했으며, 특히 자신의 후견인이었던 장성택조차 기관총과 화염방사기를 동원하여 처형함으로써 폭군으로시의 독재자 모습을 연출했다. "北 정보실세 류경, 작년초 서울 다녀간 뒤 총살당해", *조선일보*, 2012. 7. 28; "고위급 숙청 X파일 만든 김정일, 간부들에 '읽어라'", "숙청 X파일 쓰다 죽은 리제강은 장성택의 오랜 정치 라이벌", *조선일보*, 2012. 11. 27; "리설주 추문 화난 김정은, 은하수악단 기관총, 화염방사기로 잔혹처형…김정일 능가 폭군", *Chosun.com*, 2013. 12. 12; "北. 장성택 처형…12일 특별 군사재판 후 사형 집행", *Chosun.com*, 2013. 12. 13. 김일성의 사위로 40년 간 권력을 행사했던 장성택의 죄목은 8가지로서 반당 · 반혁명적 종파행위, 최고사령관 명령불복, 사법검찰 인민보안기관 당적지도 약화, 경제지도기관 역할 방해, 자원 헐값 매각, 부정부패, 여성들과 부당한 관계, 마약 및 외화탕진 도박 등이다.

1874), 미사일 발사(2012. 12)에 대한 제재(UNSCR 2087, 2013. 1), 3차 핵실험(2013. 2. 12)에 대한 또 하나의 제재(UNSCR 2094, 2013. 3. 8)를 받았다. 이러한 유엔 안보리 제재는 북한에 대한 핵 및 미사일 개발 계획과 관련된 금융·경제 지원과 북한으로의 무기 반출입 자체를 봉쇄하는 내용을 담고 있다.[21] 국제사회에서 보여준 북한의 '막무가내(莫無可奈)'식 도발행위와 북한 내에서의 인권유린 행위는 북한이라는 국가 자체를 소멸시키거나 아예 정체를 바꾸어 종결시키는 것이 가장 신속하고 효과적인 대책일 것이다. 그러나 주변 강대국들의 이해가 얽혀 있는 북한 문제는 이 대책을 거부하고 있는 셈이다. 종교·이념·정치적인 편견과 집착 그리고 그에서 비롯된 인간 경시 및 도구화 경향이, 인간·인권의 상해(傷害) 및 침해(侵害) 행위가 사라지지 않는 이유이다.

이와 같이 강대국들의 이해가 얽혀 있고 그들 간의 강권정치(强權政治)적 연관을 차단하기 어려운 지역의 국가들이나 종교적, 종족적, 이념적 신념 차이에서 비롯된 종파(宗派)나 정파(政派)들의 첨예한 대립관계에서 비롯된 대내적인 인간 파괴 및 인권침해 사례는 안보외교라도 쉽게 종식시키기 어려운 범주이다. 회담이나 협의로 인간 및 인권 파괴행위를 자행하는 정권을 제거하거나 바꾸기가 매우 어렵기 때문이다.

인권안보를 위해서 안보외교는 군사 외적(extra-military)인 간접 대책과 수단을 운용할 수 있다. 인간이나 인권 존중을 확보하기 위해서 세계 여론의 압박, 국제 인권단체의 활동, 관련 인권 수호 강대국의 경제적 원조액 조

21) 이러한 유엔 안보리의 제재에 근거하여 미사일 부품을 싣고 쿠바에서 파나마 운하를 거쳐 북한으로 향하던 북한 선박 청천강 호가 파나마 정부에 의해 적발되어 선박 내 무기는 유엔 전문가에 의해서 검색·조사받고 있으며, 북한 선원 35명은 파나마 사법 당국이 조사하고 있다. "파나마, 미사일 부품 실은 北 선박 적발", *조선일보*, 2013. 7. 17; "미사일 部品 실은 北 선박, 지난 달 김격식(인민군 총참모장)과 쿠바에 있었다", *조선일보*, 2013. 7. 18; "北 화물선, 작년에도 쿠바 다녀가 '무기 커넥션' 의혹", *조선일보*, 2013. 7. 19; "파나마 적발된 北 선박서 미그 21-機 2대도 발견", *조선일보*, 2013. 7. 23.

정이나 봉쇄, 형식적인 외교관계의 단절이나 변화 등으로 가시화되는 군사 외적인 대책과 수단이 인권증진을 위해서 동원될 수 있는 범주에 속한다. 전 지구 어느 지역에서 발생될 수 있는 인간 및 인권 파괴나 침해 사례는 대중 매체나 인터넷 SNS 체계에 의해서 즉시 전파되기 때문에 그에 대한 여론 조성과 조성된 여론의 압력은 과거 어느 때보다도 신속하고 강력해진 것은 사실이다. 그러나 이렇게 조성된 여론의 직접적 효과는 인권침해를 자행한 독재 국가나 테러집단 등의 수용성 여부와 정도에 따라 그저 여론으로 그칠 수 있다는 데 문제가 있다. 인권을 무시하고 유린한 독재 국가나 집단이 현실적인 필요가 있을 경우에는 여론이 효과를 거둘 수 있지만 그렇지 않고 이를 무시할 경우에는 현실적으로 아무런 의미가 없을 수 있다. 국제 인권단체의 활동 역시 조성된 여론의 효과와 거의 비슷한 경우가 많다. 인권 탄압국으로 매년 등재가 되어도 중동과 아프리카 지역 국가들이나 북한의 인권 상황은 개선되지 않고 있으며, 미국 국회가 2004년에 통과시켜 2017년까지 유효한 북한인권법(North Korean Human Rights Act)도 북한 내 인권 상황을 개선시킬 수 없는 한계를 노출했다. 과거 군국주의 일본에 대한 경제 봉쇄망(ABCD Line)이 일본의 중일전쟁(1937~1945)을 중단시키거나 잔학행위를 막지 못하고 태평양전쟁(1941~1945)으로 확전시킨 것과 마찬가지로, 경제적 지원의 조정이나 봉쇄 등으로 특정 국가나 조직의 인권유린 행위를 완전히 차단할 수는 없다. 외교관계의 변화나 단절 등의 외교적 조치도 인권 상황개선을 위한 국가 간 대책과 조치로 운용될 수 있으나, 그 효과 역시 역사적으로나 현실적으로 미미한 정도이다. 인권 개선을 위해서 동원될 수 있는 안보외교 수단인 세계 여론의 압박, 국제 인권단체의 활동, 경제적인 제재, 외교관계의 단절이나 조정 등 군사 외적인 인권안보 대책과 수단은 이와 같이 실용 효과가 거의 무시할 정도이거나 미미한 것이 통상이다.

강권정치(強權政治)적 국제정치 현실 역시 인권안보를 위해서 동원할 수 있는 간접적인 대책과 수단의 효용성을 저하시키는 가장 큰 요인이 되어 왔다. 강대국들의 영향권이나 영향력의 확보 및 확장을 위해서 대상 국가 내에서의 인권 상황은 크게 고려되지 않아 왔기 때문이다. 과거 미국의 중남미 국가들에 대한 정책이 그러한 성격을 띠었고, 현재 시리아나 북한에 대한 러시아와 중국의 정책이 그러한 성격을 떨쳐버리지 못하고 있다. 실로 지난(至難)한 난관(難關)이 아닐 수 없다.

실제적 국제정치 현실이 이러했고 이러함에도 불구하고, 안보외교는 간헐적(間歇的)인 직접 개입, 지속적(持續的)인 간접 개입을 통하여 인간을 존중하고 인권을 보장하는 인간 및 인권 안보 조치와 노력을 전개해야 한다. 이제 인간은 신분제도나 노예제도를 없앤 것처럼 인간 파괴 및 인권유린 행위를 근절해야 하며, 안보외교 역시 주어진 몫을 다해야 할 때가 도래했다. 이는 인간이 공포와 궁핍으로부터 자유로울 때까지 추구해야 할 목표이며 따라서 안보외교의 항상적(恒常的) 과제이다.

4. 국제환경 개선 및 지구환경 보호와 안보외교

가. 국제환경과 지구환경

나. 국제환경 개선과 지구환경 보호 논리와 실제

다. 국제환경 개선 및 지구환경 보호를 위한 안보외교

4. 국제환경 개선 및 지구환경 보호와 안보외교

가. 국제환경과 지구환경

국제환경이 인위적(人爲的) 생활(生活)환경이라면, 지구환경은 자연적(自然的) 주거(住居)환경이라고 볼 수 있다. 국제환경은 주로 국가 간 관계에서 정의될 수 있는 상대적 개념인 반면, 지구환경은 인위적인 국경이나 경계와는 무관한 독립적 개념이다. 물론, 테러리즘, 마약, 무기 밀매 등과 같이 그 영역이 국경이나 인위적인 구획(區劃)을 초월하여 행해지는 생활환경도 상정할 수 있으나, 이를 바로 잡는 대책이나 수단은 국가 혹은 국가군(國家群)이 주체가 되어 수립·동원되는 국내법, 국제법, 군사력, 기타 강제력이 되기 때문에 인위적인 법이나 강제수단만으로 통제하기 어려운 지구환경과는 다른 국제환경으로 볼 수 있다. 여기에서는 인간들의 인위적인 행위로 빚어지는 국가 간 혹은 범국가 사회환경을 국제환경, 지구 안팎이나 우주의 자연 논리에 의해서 생성되는 자연환경을 지구환경이라고 정의한다.

인간이 형성한 국가와 기타 정치집단이 조성했기 때문에 변화시킬 수도 있는 국제환경은 몇 가지 특징적 요소를 머금고 있다.

먼저, 인간 집단이 가변적인 것만큼 국제환경 역시 가변성(可變性)을 지니고 있다. 인간 개개인은 이성(理性)과 감성(感性)을 동시에 지니고 있는 개체이다. 이런 이유로 시시때때로 이 두 본성(本性)이 충돌하기도 하고, 이성적 판단(判斷)이나 감성적 호오(好惡)가 무상(無常)한 조합을 이루기도 하는데 그 과정의 최종 조합(組合)으로 나타난 행동도 항상적(恒常的)이지 않다. 따라서 개인들이 모여 형성한 집단은 비례적이진 않지만 개별적 무상(無常)과 집단적으로 생성된 또 다른 차원의 가변적 특성을 내포한 변덕(變德)을 드러낸다. 인간이 형성한 정치집단인 국가 역시 크게 다를 바 없다. 국가는 정권을 담당한 정치세력들에 의해서 막연하게나마 정의된 '국가이익(national interests)'이라는 기준으로 관심이 집중되어 일관성(一貫性)있는 성격을 띠기도 한다. 그러나 이것 역시 분야별 중점과 시간과 공간의 요구에 따라 차이를 보이면서 현실화되기 때문에, 국가와 기타 정치집단들이 빚어내는 국제환경은 활동 주체인 국가를 비롯한 정치집단이 지닌 것에 버금갈 정도의 가변성을 지니고 있다. 국가 간 호오(好惡)나 우적(友敵)의 개념조차도 가변적일 수 있다는 말이다.

국가(國家) 혹은 국가군(國家群) 간 관계의 가변성(可變性)은 이들 간 관계 개선(改善)의 가능성과 개악(改惡)의 위험성을 동시에 열어 놓는다. 국가 간, 국가군 간 관계의 가변성은 국제관계의 역사에도 기록되어 있다. 영국과의 전쟁을 통하여 영국의 식민통치를 단절하고 독립을 쟁취한 미국은, 1823년에 몬로 닥트린(the Monroe Doctrine, 1823)을 선포할 정도로 아메리카 대륙에서의 위치가 견고해졌다. 그러자 미국의 국가적 위상(位相)을 영국이 인정했고, 그후에는 국제사회에서 양차 세계대전을 비롯한 거의 모든 국제분쟁에서 상호 동조(同調)하면서 동맹국 관계를 유지해 오고 있다. 전후 미국과 소련이 주축이 된 냉전(冷戰) 질서에서도 영국은 항상 미국과 공조를 유지했고, 걸프전(the Gulf War, 1991), 아프가니스탄전쟁(2001~2014), 이라크전쟁(2003~2011) 등에서도 동맹군으로서 같이 전투를 수행했다. 특히, 영국과 아르헨티나 간 포클랜드전쟁(1982)에서 미국은 남아메리카의 우호국인 아르헨티나와 전통적 동맹국인 영국 간의 분쟁을 조정하려 했으나 그 노력이 성공을 거두지 못하자, 과감하게 영국의 편에 서서 전투 수행에 필요한 지원을 아끼지 않는 굳건한 동맹관계를 행동으로 입증했다. 전통적으로, 영국의 대유럽 정책은 세력균형 정책(Balance of Power Policy)으로서, 프랑스가 대륙을 석권하려 들면 러시아와 프러시아 편에 가담하고 독일이 대륙 내 패권을 장악하려 들면 대독일 연합세력에 가담하는 등 유럽 대륙이 어느 한 패권국에 의해서 주도되는 상황전개를 방지함으로써 영국이 누리는 유럽 대륙 밖에서의 패권적 지위를 유지하려 했다. 이러한 국가 간 관계의 가변성은 1972년에 미국이 중국과 국교를 수립하면서, 공산권의 제1일국인 소련의 대미국 위상 약화를 도모하는 방법으로 제2인자인 중국과 관계를 정상화하는, 다른 말로 미국식 이이제이(以夷制夷) 정책에서도 적용되었으며, 그것을 주도한 미국의 닉슨 대통령(Richard M. Nixon, 1913~1994, 37대 미국 대통령, 재임 1969~1974)은 "국제사회에서 영원한 적도 영원한 우방도 없다"라는 자신이 가진 국제정치 개념의 현실논리를 적용했다.[1] 이와 같이, 국가군(群)이 빚어내는 국제환경은 가변적이고, 그 가변성은 개선(改善)과 개악(改惡)의 개연성(蓋然性)을 동시에 열어놓고 있다.

국제환경의 가변성은 국제정치 사회에서의 단위체로 존재하는 국가가 어느 시간과 공간에서 정의한 국가이익의 보호와 증진이라는 실리위주(實利爲主)의 판단에 의해서 추구되고 합리화(合理化)되어 왔다. 이념적으로나 종교적인 기준에 집착하여 자해행위(自害行爲)를 자초하거나 가상의 적(敵)을 상정하여 정권의 국내적 안정을 도모함으로써 스스로를 해롭게 하는 오늘의 북한 및 몇몇 이슬람권 국가들이나, 종파·종족 간 갈등으로 인한 지도력 부재나 국가이익에 대한 인식부족에서 비롯된 혼란에서 벗어나지 못한 아프리카 국가들의 경우가 있긴 하지만, 국가의 운영을 담당한 정권은 그들이 정의한 국가이익을 보호하고 증진시키기 위한 국가 행위를 주도하는 것이 통상이다. 따라서 국가는 다른 국가들과 협력하고 교류를 확대하여 자국의

1) Thomas G. Patterson, et. al., *American Foreign Policy: A History*, pp. 568-80.

이익을 증진시키려 한다. 이러한 의미에서 국가들이 배타적인 자국 이익도모나 절대적인 안전보장 자체가 불가능하다는 현실 인식을 지니고 있다면, 그 국가들이 형성한 국제환경은 본연적으로 대립적이기보다는 협조적이고, 상충적이기보다는 상호보완적인 성격을 띠는 것이 당연하다. 이러한 차원에서 본다면, 국제환경의 가변성 자체도 국가적 실리추구를 목적으로 한 방편이고 그것 자체가 국제환경을 협조적이고 보완적으로 만드는 주요한 요인이 되어 왔다.

종교적 독선이나 이념적 독단이 있거나 정파적 안정 도모를 추구하는 정권이 대변하는 국가들이 아닌 보편적 실리추구를 지향하는 국가들이 형성하는 국제환경의 본연적 모습은, 비교적 안정적이고 상호보완적이며 대립적이기보다는 협조적인 양태(樣態)를 지니고 있다고 보는 것이 무방하다. 이러한 의미에서 보면, 안보외교는 가변성을 국제환경의 본 모습을 회복하는 촉매로 활용하여 보다 안정적이고 보완적으로 복원(復原)·지속(持續)시키는 데 필요한 몫을 담당해야 한다.

자연적인 주거환경으로서 지구환경은 인위적인 국제환경과는 달리 기간면에서 그렇게 가변적이지 않다. 그러나 장기간에 걸쳐 진행되어 한 번 변화된 환경은 그만큼 인간이 살아가는 데 지속적인 영향을 미친다. 인간이 일상생활의 편이와 편안함을 추구하면서 자연을 훼손함으로써 발생하는 환경파괴와 지구온난화, 그리고 그에서 비롯된 지구 생태계의 변화는 인간이 추구해 온 간헐적·순간적 편이성은 증진시킬지는 모르나 인간 생활 자체를 더욱 불편하게 만들면서 궁극적으로는 인간의 생존 자체를 위협하는 결과를 안겨줄 수 있다. 따라서 지구 자체의 생체(生體)주기에 의한 지구환경 변화에 인간 활동이 더해져 비롯된 환경 변질은, 단기적으로는 인간 생존이나 생활에 덜 위협적인 것으로 보이나 장기적 차원에서는 인간의 생존 및 생활을 근본적으로 바꾸거나 멈추게 되는 결과를 가져다 줄 수 있다. 이러한 이유로, 지구환경 변화를 더욱 촉진하거나 악화시킬 수 있는 인위적인 환경

파괴행위를 어떻게 규제하느냐 하는 문제 역시 안보외교가 담당할 과제 중 하나이다.

나. 국제환경 개선과 지구환경 보호 논리와 실제

정치집단 간 상호관계 상황의 복합으로 현실화된 국제환경은 1648년의 베스트팔렌 조약 이후에 국제사회에서 가장 강력한 행위자로 등장한 국가들이 주도적으로 조성해 왔다. 국가들은 이들 관계에서 완전히 제거할 수 없는 갈등과 대립이 평시(平時)가 수용할 수 있는 수준과 범위를 넘어 전면적 충돌이나 전쟁으로 악화되지 않도록 어떻게 조정·관리할 수 있느냐 하는 데에 이론적·현실적 노력을 기울여 왔다. 이러한 국가들의 노력은, 이 국가들의 기본 속성이 파괴적이지 않는 한, 우리가 사는 오늘이나 우리가 살 내일에도 부단히 지속될 것으로 보인다. 국가 간 전면적 충돌이나 전쟁의 원인을 인간 본성, 국가의 내부구조, 국가 간 사회의 무정부적 속성에 기인하여 전쟁을 완전하게 제거하기 어렵다는 비관론에도 불구하고, 국제환경을 보다 안정적으로 개선하려는 개념적·구체적 노력은 지금까지 지속되어 왔고 앞으로도 그러할 것이라는 의미이다.

국제환경을 안정적으로 유지하려는 시도는 법적(法的) 영역에서 비롯되었다. 유럽에서 독일을 중심으로 신교도와 구교도 간에 치른 30년전쟁(1618~1648) 후 체결된 베스트팔렌 조약은 전쟁을 조약이나 국제법(Hugo Grotius, 1583~1645, laid foundation for international law)으로 제약하여 방지하고자 하는 의도를 담고 구체화됐다. 그러나 전쟁으로 인한 피해와 잔악함이 기억 속에서 희미한 추억으로 된 후에 전쟁은 다시 일상적인 국제사회의 한 관계 상황으로 다시 등장했다. 특히, 프랑스 혁명(1789) 사상으로 무장된 프랑스 군과 유럽 전 국가들 사이에서 치러진 나폴레옹전쟁(1792~1815)은 21개국이 참전하여 수많은 전투를 벌이면서 많은 조약을 체결했지만 전투행위는 지속되었고, 결국 나폴레옹을 대서양 고도(孤島: St. Helena)로 귀양 보내고(1815) 나서야 중단되었다.[2] 나폴레옹전쟁을 분석한 독일의 군사이론가(Carl von Clausewitz, 1780~1831)는 그의 명저 『전쟁론』(Vom Kriege, 1832)에서 전쟁을 정치의 수단으로 보았으며, 상대의 전투 의지를 박탈하고 영토를 점령해야만 전쟁으로 정치적 목적을 달성할 수 있다는 절대전(absolute war) 개념을 정립하였다. 이를 근거로 프러시아는 오스트리아(보오전쟁, 1866) 및 프랑스(보불전쟁, 1870~1871)와 전쟁을 수행하여 독일 공국에 대한 양국의 영향력을 제거하고 독일을 통일하는 정치적 목적을 달성했다. 이러한 개념에 근거하여 독일은 1차 세계대전을 일으켰으며, 그에 맞서 싸운 유럽 국가들이나 후에 참전한 미국 역시 독일과 총력전(總力戰)을 수행해야만 했다.[3] 전쟁으로 인하여 엄청난 인적·물적 피해를 입은 유럽 국가들은, "전쟁을 없애려고 전쟁에 참여한다"라는 명분을 내세워 자국민을 설득하여 전쟁에 참가한 미국의 윌슨 대통령(Woodrow Wilson, 1856~1924, 미국 28대 대통령)이 제안한 비밀외교의 폐지와 국제평화기구의 수립을 받아들였다. 이는 국제법에 근거한 국제기구를 설립하여 전쟁을 제거하고자 한 또 하나의 노력이었다. 이렇게 창설된 국제연맹(League of Nations)은 이를 제안한 미국이 상원의 인준거부로 불참한 데다, 국제법이나 국제규약을 강제할 실질적인 능력을 갖추지 못한 자체의 문제로 독일의 국가사회주의 나치즘, 일본의 군국주의, 이탈리아의 모험주의를 근간으로 한 2차 세계대전을 막지 못한 채 막을 내렸다. 그러나 국제연맹(國際聯盟)은 국제정치의 현실을 인정하여 거부권(拒否權)을 가진 5대 강국(미국, 소련, 영국, 프랑스, 중국)의 지위를 인정한 국제연합(國際聯合, United Nations)의 전신(前身)으로서 그 행적(行蹟)은 남겨 놓았다. 이와 같이, 국제법이나 그에 근거한 국제기구를 통해서 전쟁을 제거하고자 하는 노력은 국제환경을 평화

2) 육군사관학교 전사학과, *세계전쟁사*, pp. 555-6.
3) *위의 책*, pp. 189-254.

적으로 개선하려는 시도의 하나로 지금도 남아 있다.

국제환경을 덜 폭력적으로 개선하려는 두 번째 노력은 지역적이든 세계적이든 패권국(覇權國)의 출현을 막거나 그들을 견제할 수 있는 세력균형(勢力均衡)을 유지하는 것이 국제환경을 안정적으로 유지할 수 있는 현실적인 방책이라는 입장에서 구체화되었다. 현실주의(realism)라고 이름 붙은 이 국제정치 이론은 당위적인 국제법이나 국제기구를 통하여 국제질서가 평화적으로 정착되지 못한 1차 세계대전 이후의 현실을 분석하여 체계화되었다. 현실주의 논리(E. H. Carr와 Hans J. Morgenthau가 제시한 논리; 고전적 현실주의: classical realism)는 개별 국가는 안전보장을 내세워 권력을 추구하고 공격적인 행동을 취하며 때로는 오판(誤判)을 하기 때문에, 그들로 구성된 국제사회는 무정부적(無政府的)이고 무권위적(無權威的)이라고 판단했다. 그러한 이유로 세력균형이나 선의적인 패자(覇者)에 의해서 조성된 권력적 권위가 국제질서를 비교적 안정적으로 유지할 수 있다는 이론을 전개했다. 현실주의는 신고전현실주의(neoclassical realism, 권력이 선을 추구할 수 있다는 견지에서 ethical realism이라고 불리기도 함), 신현실주의(neoclassical realism: Kenneth N. Waltz, John Mearsheimer 등이 대변함)로 변신을 추구하면서 오늘에 이르고 있다. 이 이론에 비추어 보면, 백가쟁명(百家爭鳴)식의 중국 춘추·전국시대(春秋戰國時代, 기원전 770~476; 기원전 475~221)의 제후국(諸侯國) 간 질서보다는 팍스로마나(Pax Romana)로 불리는 로마시대(기원전 8세기~기원후 395)의 유럽 질서가 더 안정적이었다고 볼 수 있다. 그 이후로 팍스브리타니카(Pax Britannica), 냉전적 평화(Pax Bipolar), 미국중심평화(Pax Americana) 등으로 손쉽게 불린 국제질서하에서의 국제환경이 비교적 안정을 유지했다는 분석도 가능하다. "국가 간 협력은 아무리 많은 협력으로도 막을 수 없는 안보 경쟁의 지배적 논리에 제약을 받는다"라는 한 신현실주의자(John Mearsheimer)의 견해는 세력균형이나 선의의 패권국이 뒷받침하는 국제질서의 현실적 안정성과 효용성을 정당화시키고 있는지 모른다.[4] 이와 같이, 바람직한 국제환경의 유지나 개선은 국제법(international law)이나 그에 근거한 국제기구(international organization)보다는 권력(power)이나 세력균형(balance of power)에 의해서 수립된 국가군(國家群) 간 권위(authority)나 상호견제(mutual restraint)로 가능하다는 현실주의(realism) 이론이 전개되어 왔다.

"평화란 다분히 정치집단 간 경쟁에서 폭력적 양상(樣相)의 장기적(長期的)인 연기(延期)에 불과하다(Peace has hitherto appeared to be the more or less lasting suspension of violent modes of rivalry between political units)"라고 규정한 한 프랑스 정치사회학자(Raymond Aron, 1905~1983)는 전쟁과 평화의 변증법적 연관을 논하면서 현실주의 논리를 더욱 깊게 설파했다.[5] 그는 국제사회에서의 평화는 평형(equilibrium), 패권(hegemony), 제국(empire)에 의해서 유지되며, 심리적 차원에서 보면, '힘에 의한 평화(peace by power)', '무기력에 의한 평화(peace by impotence)', '만족에 의한 평화(peace by satisfaction)'로 분류되고, 실질적으로 '패권국이 보장하는 평화(peace by hegemon)', '제국이 가져다 준 평화(peace by empire)', 그리고 '세력균형이 안겨준 평화(peace by balance of power)'로 구체화된다고 보았다.[6] 적대적 국가군(國家群) 간 관계에서 존재할 수 있는 '불안한 평화(warlike peace: peace by terror)'도 '억제(抑制: deterrence), 설득(說得: persuasion), 전복(顚覆: subversion)' 등의 행위(action)에 의해서 지탱되며, 이러한 행위의 효용성 여부와 수준에 따라서 평화와 전쟁의 상태가 전환되어 현실화되거나 평화 역시 잠정적으로 정착된다는 입장을 개진했다.[7] 이러

4) 존 베일리스, "국제안보와 지구안보", 하영선 외 번역, *세계정치론*(을유문화사, 2012), pp. 297-313; 직접 인용문은 p. 301-2에 인용된 내용을 재인용.

5) Raymond Aron, *Peace and War: A Theory of International Relations*, trans. from the French by Richard Howard and Annette Baker Fox, abridged by Rémy Inglis Hall(Garden City, NY: Anchor Books), pp. 133-57; 인용문은 p. 134.

6) *Peace and War*, pp. 135-45.

7) *Peace and War*, pp. 150-7.

한 분석은 힘(power), 힘의 균형(balance of power) 및 공포(terror), 공포의 균형(balance of terror)이 무정부적인 국제사회환경을 그나마 평화적으로 유지하게 만들어 왔고, 만들 수 있다는 현실주의 논리를 더욱 진하게 만든 셈이다.

전쟁을 억제하거나 필요시 전쟁을 수행하여 평화를 다시 회복해야 하는 군사 분야의 국제환경 개선책, 즉 평화유지 이론은 더욱 직설적(直說的)으로 전개되어 왔다. 중국 춘추 · 전국시대 병가(兵家)의 원조인 손무(孫武, 기원전 6세기경)는 그의 병서 『손자(孫子)』에서 평화와 전쟁의 관계를 단절적으로 보지 않았다. 그는 전쟁을 막으면 평화 그렇지 못하면 전쟁이라는 입장을 취했으며, 전쟁을 막는 방책으로 전쟁 자체를 도모하지 못하도록 하는 벌모(伐謀)와 상대 우방국을 차단하는 벌교(伐交)를 들었고, 그것이 불가능해서 어쩔 수 없이 전쟁을 수행할 경우에는 벌병(伐兵)을 위주로 하고, 공성(攻城)은 가장 피해야 한다고 주장했다. 이러한 이론적 바탕 위에 속전속결(速戰速決)을 전쟁수행의 진수(眞髓)로 보았다(兵聞拙速). 로마의 한 전사연구자(Publius Favius Vegetius Renatus, 360~400)는 전쟁과 평화의 상관성을 인정하고 "평화를 원하거든 전쟁을 대비하라(Si vis pacem, para bellum: If you wish for peace, prepare for war)"라는 격언을 남겼다. 영국의 전사학자(B. H. Liddell Hart, 1895~1970)도 "평화를 원하면 전쟁을 이해하라(If you want peace, understand war)"라는 말로 자신의 전사 연구를 요약했다.[8] 이 전쟁 연구자들과 더불어, 실제 전쟁을 치른 베트남의 한 전쟁지도자(보 구엔 지압: Vo Nguyen Giap; 보응우옌잡: 武元甲, 1911. 8. 25~2013. 10. 4)는 프랑스(1945~1954), 미국(1964~1973), 중국(1979) 등 전투력 면에서 월등하게 우세한 상대와 전투를 수행하면서 '적이 원하는 시간, 장소, 방법으로 싸우지 않는 전략(3不)'을 채택했다. 월등하게 우세한

8) 온창일, *전쟁론*(서울: 집문당, 2008), pp. 9-12; 253-6.

전투력을 보유한 상대와 그가 원하는 시간, 장소, 방법으로 싸우면 패배(敗北)가 명명백백(明明白白)했기 때문이다. 보 구엔 지압은 전쟁에 이기기 위하여 여러 개의 전선(前線: front)을 설정하고 싸웠다. 반전 여론 조성 전선, 전투의지 분쇄 전선, 전쟁의지 박탈 전선, 연합전선 분리 전선 등이 그것이었다. 특히 미국과의 전쟁에서 상대 전투원의 전투의지를 꺾기 위하여 상대가 싸우려 할 때는 철수하고, 상대가 휴식과 수면을 취할 수 없도록 교란했으며, 상대가 피로해지면 타격하는 전투방식을 택했다. 그리고 휴전(1968년 구정)을 약속하고도 지키지 않고 전면 공격을 감행했으며, 세계의 반전 여론을 자극하기 위하여 병원 지하에 군 지휘시설을 설치하고 그곳을 미군이 폭격하도록 유도하여 미군 폭격으로 사망한 환자들의 사진을 언론 매체를 통해서 공개했고 포로 학대를 공개하고, 월남 정부의 부패상을 과장하여 미국 정부의 전쟁수행 명분과 미국민의 전쟁의지를 제거하려 했다. 그리고 미국과 휴전하고 미군을 철수하도록 하였으며(1973), 미국 의회가 월남전의 월남화에 필요한 지원을 거부한 직후, 월맹 정규군을 동원하여 월남을 패망시켰다(1975. 4. 30). 전쟁을 승리로 마감한 후 그는 "전쟁의지가 평화를 지킨다"라는 격언을 남겼다.[9] 이와 같이, 전쟁을 연구하거나 수행한 전략 이론가들은 전쟁을 억제하거나 이기는 전쟁을 수행해야 평화를 보장할 수 있다는 입장에서 국제환경 개선책을 제시했다.

다분히 당위적(當爲的: normative)이고 가치 지향적(value oriented)인 자유주의(自由主義: liberalism) 및 구성주의(構成主義: constructivism) 이론도 자유의 신장을 보장하는 정치체제 수립과 인간사회 인식의 변화 및 그에 근거한 체제의 확립이 국제환경을 평화적으로 유지할 수 있다는 입장을 개진했다. 자유주의는 자유민주주의, 자유자본주의, 자유무역 등이 정치집단인 국가 내외의 환경을 평화적으로 유지시킬 수 있으며, 그들 간 호혜성(互惠

9) "'20세기 최고의 명장' 보 구엔 지압, 역사 속으로", *중앙일보*, 2013. 10. 7; "베트남 전쟁", *naver.com*.

性)을 증진시키고 호의적인 국제 체제의 구축을 가능하게 한다는 이론을 내놓았다. 구성주의 역시 인간 자체나 인간 사회에 대한 인식 변화는 사회체제를 변화시킬 수 있고, 그로써 노예제도의 폐지, 민주주의의 등장과 발전, 공식·비공식 국제 조직의 역할 증대를 가져왔다고 보았으며, 국제환경의 평화적인 정착이 모든 정치·비정치 조직에게 호혜적(互惠的)이라는 인식 혹은 인식 변화가 그러한 국제환경을 구축(構築)할 수 있다는 논리를 전개했다.[10] 그러나 1989년 냉전 종식을 승리로 간주한 자유주의는 9·11 테러(2001. 9. 11)로 빚어진 새로운 도전에 직면했다. 그리고 그와 연관되어 드러난 종교·종족·문명 간 갈등과 그에서 비롯된 무차별 폭력행사가 가져다 준 국제환경 및 세계환경을 어떻게 개선해야 할 것인가 하는 과제를 안게 되었다. 구성주의 역시 노예제도가 없고 색깔과 모양은 다르지만 민주주의 제도가 정착되었으며, 각종 국제조직들이 평화적인 국제사회를 구성하기 위하여 활동하고 있는 현실에서도 과거부터 존재해 온 종족·국가 간 영토분쟁, 종교·체제 간 이념 논쟁, 더 나아가 문명 간 이질적 갈등의 해소를 위해서 어떠한 인식 변화와 체제의 구축이 필요한가를 제시해야 할 숙제를 갖게 되었다. 다른 이론이나 견해들과 마찬가지로, 자유주의나 구성주의도 평화스런 국제환경이나 세계환경 구축을 위하여 당위적인 해결책보다는 현실적인 방책을 내놓아야 될 처지인 것이다.

개별적이든 집단적이든 인간이 살아가는 데, 사회환경인 국제환경의 평화적인 방향으로의 개선 못지않게, 자연환경인 지구환경의 생태적인 보호 역시 필수적이다. 인간이나 인간 집단이 살아가는 환경의 모태(母胎)가 지구가 제공하는 생태(生胎)인 자연환경이며, 파괴된 자연환경이 때로는 국가 내 분열과 국가 간 충돌의 원인이 되어 사회환경도 바람직스럽게 보장되지 않기 때문이다. 의식주(衣食注)의 호오(好惡)와 연관된 자연환경의 인위적인 변화

10) 하영선 외 번역, *세계정치론*, pp. 131-49; 196-217.

는 인간 개인, 집단 간의 불화와 국가로 대변되는 정치집단 간 충돌의 원인이 되어 호혜적인 국제환경(國際環境) 조성을 어렵게 한다는 의미이다.

지구환경을 보호하려는 노력은 자원(資源) 보존과 바람직하지 않은 환경(環境) 변화 방지 및 지연에 중점을 두어 왔다. 지상이나 지하에 담겨 있는 지구 자원은 무한정 존재한다고 볼 수 없으며, 상당한 기간이 지나면 복원될 수 있는 자원도 있지만 한 번 소모되면 복원되기 어려운 것도 있다. 따라서 복원될 수 있는 자원은 소모와 복원이 동시에 진행될 수 있는 인위적인 노력이 필요하며, 복원이 어려운 자원은 소모를 줄이면서 대체자원 개발 노력을 동시에 진행하여 자원 고갈에 따른 생활의 불편이 국제분쟁의 원인이 되는 것을 방지해야만 한다. 인간이 살아가는 환경은 '신선한 물과 깨끗한 대기, 안정된 기후'를 인간에게 제공할 수 있도록 보존되어야 함은 두말할 나위가 없다.11) 이를 위해서 개인이나 개인들이 조직한 정치집단은 '전 지구적으로 생각하고, 지방적으로 행동하여' 환경을 보존하고 바람직하지 않은 방향으로의 변화를 중지 혹은 지연시켜야 할 책무를 다해야 한다. 그러나 지구적, 다시 말하여, 탈국제정치적 사안(事案)의 해결책은 190여 개 국가로 구성된 국제정치체제에 의존해야만 하고, 정치·경제·사회·문화적 성향(性向)과 전개(展開) 정도와 수준이 각기 다른 개별 국가들을 구속력 있게 규제하기가 결코 쉽지 않은 현실적인 장애(障碍)를 극복한 후에 모색될 수 있는 성질의 것이다. 현실이 이러함에도 불구하고, 국제법 및 국제기구의 합의나 국제협약에 기초한 지구환경관리체계(global environment governance system)를 구축하여 세계정부 역할을 수행하도록 위임하는 노력은 인간안보 차원에서 그 필요성을 부정할 수는 없다.

기왕의 국제정치학에서 자연환경은 고정된 상황요소 혹은 국력의 구성요소로 취급되어 왔으나, 1960년대부터 하나의 주요한 사안(事案)으로 등장하

11) 하영선 외 번역, *세계정치론*, pp. 435-53; 인용구는 p. 436.

게 되었다. 그러나 1970년대의 경기침체, 1980년대의 신냉전적 대립과 동구권 붕괴 등의 소요 속에서 환경문제는 크게 부각되지 않았다. 탈냉전적 국제질서가 태동됨에 따라 1992년에 리우데자네이루에서 국제연합 환경개발회의가 개최되어 기후 변화와 생물의 다양성에 맞는 지속 가능한 개발을 추진하자는 합의가 도출됐다. 이러한 국가 간 합의에 따라 2002년에 요하네스버그에서 지속 가능한 개발에 관한 세계정상회의(World Summit on Sustainable Development, WSSD)가 개최되었다. 이 회의에서 아프리카 대륙의 빈곤 퇴치, 깨끗한 물, 위생, 농업개선 문제들이 논의되었고, 문제 해결을 위한 국제협력을 강화해 나가기로 합의했다. 과학의 발달로 오존층이 손상되자 배출가스를 규제할 필요성을 인식했으며, 지구온난화에 따른 기후 변화로 지구 생태계가 본래의 모습에서 변형된다는 점도 상식화되었다. 특히, 산업 개발로 인한 삼림의 훼손과 오염물질의 배출은 이제 어느 한 국가나 대륙의 문제가 아니라는 점도 드러났다. 지진(地震)과 해일(海溢)이나 부적절한 관리로 인한 원전사고(1986년 체르노빌 원자력발전소 폭발 사고, 2011년 지진과 해일로 인한 후쿠시마 원전사고)는 오염된 공기와 냉각수 유출이라는 재앙을 불러와 공기와 해양을 오염시키는 결과를 가져왔다. 오염된 배출가스는 대기 오염의 주원인이 되고 스모그로 인한 각종 질환의 원인이 되고 있어, 이의 규제를 위해서도 회의(Copenhagen Agreement, 2009)에서 배출가스를 줄여 나가기로 합의했다(코펜하겐 합의서는 2015년 재검토). 이처럼 자연환경 문제는 인위적 사회환경과 마찬가지로 인간, 국가, 국제안보를 위해서 반드시 다루어야 할 주요 사안이 되었다.[12)]

이제, 인위적인 국경을 초월하여 자행되고 있는 폭력의 무차별 사용과 테러 행위 그리고 마약, 무기거래 등과 더불어 자연환경과 연관된 오염, 비정상적인 기후 변화, 심해, 우주공간, 양극 지방의 무분별한 개발 등은 인간

12) *세계정치론*, pp. 435-53.

개인이나 정치집단인 국가를 포함한 인간 집단의 안전보장을 위해서 결코 도외시할 수 없는 안보문제가 되었으며, 따라서 안보외교의 한 과제로 등장했다.

다. 국제환경 개선 및 지구환경 보호를 위한 안보외교

인간이나 인간 집단이 살아가는 사회환경인 국제환경의 평화상태 유지 및 개선이나 자연환경인 지구환경의 최적 상태 보존과 보호를 위해서는, 그 속에서 살아가는 인간이나 인간 집단의 혁명적인 인식 변화 및 행동의 구체화(具體化)가 필수적이다. 독존(獨存)이나 아전인수(我田引水) 격인 사고나 판단에 근거한 행동을 초월하여, 공존(共存)과 자타호혜(自他互惠)적인 사고·판단·행동이 필요하다. 그리고 독점(獨占)이나 배타적(排他的)인 활동보다는 공유(共有)나 호혜적(互惠的)인 인식과 그에 근거한 활동이 필요하다. 적자생존(適者生存)의 강자 논리보다 강약공존(强弱共存)의 당위적 논리가 우선(優先)되어야 한다. 그러나 태생적으로 자기중심적이고 이기적일 수밖에 없는 인간 및 인간 집단의 인식 변화는 결코 수월하지 않다. 그렇기 때문에 다분히 보편적(普遍的)이고 때로는 이타적(利他的)이어야 하는 방향으로의 인식변화와 행동추구는 혁명적인 조치와 노력을 필요로 하고 있다. 안보외교가 이러한 노력과 조치를 현재화하고 그에 따라서 인간이나 인간 집단의 인식을 혁명적으로 변화시킬 수 있을지 의문스러우나, 국제환경 개선이나 지구환경 보호는 결코 방기(放棄)하거나 포기(抛棄)할 수 없는 안보외교의 한 과제가 아닐 수 없다.

국제환경을 평온히 유지하거나 평화적으로 개선하기 위해서 정치집단인 국가 간 관계와 그들이 구성하고 있는 국제사회의 기질 및 국가 내외에 존재하는 종족 간 관계, 범국가적으로 존재하고 있는 이념 간 관계와 종교 간 관계 그리고 역사적으로 전개되어 온 문명 간 관계의 기본적인 성격과 성향

등이 지금까지 존재해 왔던 것과는 다르게 정착되어야 한다. 매우 어려운 작업이다. 불가능한 작업일지도 모른다. 사실이 이러함에도 불구하고, 안보외교는 인간 개인 그리고 집단의 궁극적인 안보를 위해서 기존의 성격과 성향을 바람직한 상태로 새롭게 정착시키는 노력을 게을리할 수 없다.

국가 간 관계는 대립과 갈등에서 공존과 협조로 그 주류(主流)를 바꾸어야 한다. 각 국가들은 상충(相衝)의 가능성만큼 상조(相助)의 개연성(蓋然性) 역시 높은 상태로 존재한다. 국가군(國家群)은 영토, 영해, 영공 등과 같은 자국 영역의 확보와 다른 국가들과의 관계에서 영향력의 확대를 목적으로 한 각축을 벌여온 것이 사실이고, 앞으로도 그럴 것이라는 점은 부인할 수 없다. 그러나 개별 국가별 천연 및 생산 자원의 다소(多少)와 인적 자원의 양적・질적 수준의 차이에서 비롯된 노동 임금의 격차는 국가 간 경제적 상부상조(相扶相助)나 상호보완(相互補完)으로 해결 가능하며, 사회・문화적인 개별성이나 독창성은 지적 분야에서의 변증법적 승화(昇華)를 통해 새로운 양상으로 다양성을 증진시킬 수 있는 협조적 관계를 구축할 수 있다. 국가 및 국가군 간 이러한 상충・상조의 개연성은 개별 국가들을 잠정적으로 대변하고 있는 정부나 정치인들의 역사 및 사회 인식과 국민의식에 따라 대립 혹은 협조 관계의 구축으로 현실화된다. 어느 시점에서의 정부나 정치인들의 역사 및 사회 인식과 그들이 조성한 국민정서에 따라 대립 혹은 협조를 기저(基底)로 한 국가 간 관계가 형성된다는 뜻이다. 개인과 마찬가지로 한 국가를 대변하는 정부도 과거를 돌아보면서 새로운 방향을 알고(溫故知新), 잘못을 바로 잡은 후에 선을 행하며(改過遷善), 서로 다른 입장을 접어 두고 공동의 이익을 추구하는(求同存異)의 지혜를 갖추어 국가 간 관계를 대립과 갈등보다는 공존과 협조를 기조(基調)로 하는 선린(善隣)관계로 정착시켜 평화적이고 호혜적인 국제관계를 구축할 필요가 있다.

이러한 측면에서, 2014년 현재 제2차 세계대전을 일으킨 당사국으로서 주변 여러 국가와 국민들에게 바람직하지 않은 행위를 자행하고 결코 지울 수 없는 상처를 안겨준 독일과 일본은 대조적인 국가 행태를 보여주고 있다.

나치 독일과 군국주의 일본은 '아리안 족의 생활권(lebensraum)의 확충'과 '대동아공영권(大東亞共榮圈)의 구축'이라는 배타적 자국 중심의 정치적 목표를 달성하기 위하여 침공과 침략을 저질렀다. 다른 국가들은 그에 맞서 대적함으로써 세계 각국은 2차 세계대전을 치러야만 했다. 독일과 일본은 야금야금 현상을 변경시켜 가며 자국들의 세력권을 확보하기 위하여 전쟁을 수단으로 활용했으며, 그 과정에서 사건을 조작하고 이를 빌미로 전쟁을 시작했다. 독일은 폴란드를 공격하기 위하여 자국의 SS 부대원에게 폴란드군 복장을 입혀 동프러시아의 한 방송국을 습격하도록 조작했다. 일본 역시 청일전쟁(1894~1895)과 러일전쟁(1904~1905)을 일으켜 조선에서의 청국과 러시아 세력을 구축하고 조선을 병합(1910)한 후, 1931년에 만주사변(滿洲事變: 奉川事變, 柳條溝사건)을 조작하여 만주국(滿洲國)을 세우고(1932), 1937년에는 지나사변(支那事變, 盧溝橋사건)을 다시 조작하여 중일전쟁(1937~1945)을 일으켰으며, 진주만을 기습공격하여(1941) 미국과 전쟁에 돌입함으로써 태평양전쟁(1941~1945)의 원인을 스스로 제공했다.[13] 아전인수(我田引水)격인 전쟁을 수행하는 과정에서도 이 두 나라는 반인륜적 범죄행위(crime against humanity)를 스스럼없이 자행했다. 나치 독일은 600만 명에 이르는 유태인을 죽이거나(Holocaust: Final Solution) 생체실험 대상으로 삼았으며, 군국주의 일본 역시 남경(南京)에서 무고한 중국인을 학살하고(南京大虐殺, 1937. 12~1938. 1, 30만 명 학살), 생체실험(731부대)도 거리낌 없이 실시했다. 그리고 이 두 나라는 전쟁 과정이나 점령 시에도 무자비한 보복을 감행하여 현지주민들을 사살했다.[14]

나치 독일과 군국주의 일본이 전쟁 중에 저지른 반인륜적인 범죄행위에 대해서 이들 정부를 계승한 전후 독일과 일본 정부의 태도는 사뭇 대조적이

13) 육군사관학교 전사학과, *세계전쟁사*, pp. 257-81; 393-401.

14) "남경(南京)대학살", "홀로코스트(Holocaust)", *naver.com*.

고, 그에 따른 두 국가의 대외적 위상과 관계는 다르게 투영(投影)되고 있다.

과거 나치 독일이 저지른 만행에 대해서 진지하게 사과하고 유럽연합(EU) 내 지도적 위상과 그에 맞는 대외관계를 구축한 독일과 달리, 일본은 과거의 침략 행위를 미화하고 군국주의 일본의 만행을 부정하면서 지역 내 갈등을 고조시키는 언행(言行)을 하고 있다. 전후 일본 정부도 일제의 과거 침략(侵略)행위와 만행(蠻行)을 부정만하지는 않았다. 1993년에 고노 요헤이(河野洋平) 관방장관은 과거 일본군에 의해서 위안소를 조직적으로 설치・운영된 점을 사과하는 고노 담화(談話)를 발표하고 일본군 위안부들에게 사과와 반성을 올린다고 말했었다. 1995년 8월 15일, 일본 무라야마 도미이치(村山富市)도 일본의 식민지배와 그로 인한 손해와 고통을 끼친 역사를 받아들이고 반성(反省)과 사죄(謝罪)의 뜻을 표한다고 발표했다.[15] 그러나 2012년 12월 26일에 발족된 아베 신조(安倍晋三) 자민당과 공명당 연립내각에서 총리가 된 아베는 내각 출범 1주년인 2013년 12월 26일에 2차 세계대전 A급 전범(戰犯)이 합사된 도쿄 야스쿠니(靖國) 신사를 참배하고(고이즈미 준이치로 총리, 2006년 8월 15일 참배) 중국 위협을 거론하며 평화헌법을 개정하거나 재해석함으로써, 일본의 집단자위권(集團自衛權) 행사를 공식화하여 군비를 강화하려는 정책의지를 표명하면서 자신을 "군국주의자(軍國主義者)로 불러라"라는 언사를 서슴지 않고 있다.[16] 이에 더하여, 일본은 한국령

15) "고노 담화(河野 談話)", "무라야마 담화(村山 談話)", *naver.com.*

16) "아베 본색: '날 군국주의자로 불러라'…美서 중국 위협론 거론하며 집단적 자위권 필요성 주장", *조선일보,* 2013. 9. 27; "'軍國의 심징' 참배…아베, 신을 넘다", "韓 '개탄과 분노' 中 '완전한 陽奉陰違'", *조선일보,* 2013. 12. 27; "아베 '中・日 충돌가능…1차대전 전 英・獨과 비슷'", *조선일보,* 2014. 1. 24. 이러한 아베 내각의 행보에 대해서 일본 내 반대 의견이 없지 않으나, 일본의 과거 침략 행위나 만행 그리고 중국의 위협을 앞세워 집단자위권을 주장하는 아베 내각의 입지는 상당한 일본인들의 지지를 받고 있는 것으로 보인다. 아베는 NHK나 아사히 신문 등 언론 매체를 장악하려는 의도를 구체화하고 있다. "NHK 無力化시킨 아베 이젠 아시히新聞 흔들기: '아베 정권 타도가 社是인 신문'", *조선일보,* 2014. 2. 7. 무라야마 전 총리에 이어 하토야마 유키오(鳩山由紀夫) 전 총리도 아베의 행보를 비판하고 있다. "아베 과거사 발언이 東北亞 갈등 심화시켜 日정부 한반도 통일 위해 뭘 할지 고민해야", *조선일보,* 2014. 2. 20.

독도(獨島)를 자국 영토라 하고, 조어도(釣魚島; 중국 명 댜오위다오: 釣魚島; 타이완 명 댜오이타이: 釣魚臺; 일본 명 센카쿠 열도: 尖角列島)를 국유화하며, 남쿠릴 열도(South Kurile Islands) 4개 섬(러시아 명: 이투루프, 쿠나시르, 시코탄, 하보마이 군도; 일본 명: 에도호루, 구나시리, 시코탄, 하보마이 제도)의 영유권을 주장하고 있다.[17] 이와 같이 일본은 과거 군국주의 시절의 침략과 만행을 인정하지 않고, 1차 세계대전에서 독일이 점유하고 있던 도서를 포함한 태평양 지역에 있는 많은 무인도를 점령한 것도 부족하여 한국령 독도를 자국 영토라고 주장하고 있다. 또 중국과 러시아 등과도 영토분쟁을 벌임으로써 동아시아 지역의 국가군(國家群) 간 공존과 협조를 증진시키기는커녕 대립과 갈등을 심화시키고 있다.

일본과는 대조적으로, 독일은 과거의 침략 행위와 반인륜적인 만행을 솔직하게 인정하고 진솔하게 사죄함으로써 유럽은 물론 세계적으로도 신뢰받는 국가로서의 위상을 유지하고 있다. 빌리 브란트 독일 총리(Willy Brandt, 1913~1992, 서독 총리, 재임 1969~1974)는 1970년 12월 7일, 폴란드 수도 바르샤바에서 바르샤바 봉기(1944년 나치점령 바르샤바 반 나치봉기 운동) 기념탑에 헌화를 하던 도중 보슬비에 젖은 콘크리트 바닥에 무릎을 꿇었다. 나치 독일에 의해서 학살된 폴란드인과 폴란드 유태인들의 영령을

주(駐)독일 중국 대사(스밍더: 史明德)는 독일 신문과의 인터뷰에서 "독일 총리가 홀로코스트(Holocaust) 추모비에 헌화하는 대신 아돌프 히틀러의 벙커를 방문했다고 생각해보라"라는 말로 아베의 야스쿠니 신사참배를 비난했다. "시진핑, 드디어 中·日 역사전쟁에 직접 참전", *조선일보*, 2014. 2. 25; "日위안부로 끌려갔던 네덜란드 여성 '강제동원 인정 않는 日 가증스러워,'" *동아일보*, 2. 27. 호주에 거주하는 얀 루프 오헤른(1923. 1. 18~) 여사의 이야기는 1994년에 그의 사위 네드 랜더가 만든 영화 〈50년의 침묵〉으로 세상에 알려졌다. "'난 결코 죽지 않아요, 아베 총리가 사과할 때까진': 호주 위안부 소녀상 건립 나선 얀 루프 오헤른 할머니", *조선일보*, 2014. 3. 14.

17) "센카쿠열도(일본명)/댜오위다오(중국명) 분쟁", "남쿠릴 열도(북방도서) 분쟁", *naver.com*. 일본 내 우익단체들의 행동은 군국주의 일본이 저지른 과거의 반인륜적인 만행은 물론 나치 독일의 잔학행위까지도 부인하고, 일본 내 주변국, 특히 한국에 대한 혐오를 부추기고 있다. "도서관엔 '안네의 일기' 연쇄 테러…'유태인 학살은 날조' 주장", "서점엔 呆韓論·惡韓論이 베스트셀러…혐한 서적 매대까지", *조선일보*, 2014. 2. 22.

기리며 독일이 저지른 잔학행위에 대해 사죄하는 의미였다. 겨울 눈비에 젖은 콘크리트는 차가웠지만 브란트 서독 수상의 참회는 뜨거웠다. 언론 인터뷰에서 그는 "인간이 말로써 표현할 수 없을 때 할 수 있는 행동을 했을 뿐이다"라고 말했지만, 언론은 "무릎을 꿇은 것은 한 사람이었지만 일어선 것은 독일 전체였다"라고 화평(和評)했다.[18] 이러한 독일 정부와 지도자의 태도는 한결같아서, 2009년 폴란드 그단스크(Gdansk)에서 개최된 2차 세계대전 발발 70주년 기념식에서 앙겔라 메르켈 독일 총리(Angela Dorothea Kasner Merkel, 1954~, 재임 2005~)가 두 번째로 무릎을 꿇었다. 메르켈 총리는 이후에도 부헨발트·다하우 강제수용소(Buchenwald Concentration Camp, 1937년 나치가 바이마르 교외에 세운 강제수용소로 너도밤나무 숲이라는 순진한 이름으로 위장된 이곳에서 고문 및 생체실험 등 자행)를 방문하여 "나치 범죄의 책임은 영원하다"라며 사과했다. 이러한 독일 정부의 사죄는 행동으로 구체화되어 독일 정부와 기업들은 전범 피해자는 물론 외국인 강제노역자들에게도 보상하고, 프랑스 및 폴란드와 더불어 역사교과서를 공동 편찬하고 비극의 역사가 다시 되풀이되지 않도록 후세들에게 교육하고 있다. 그리고 메르켈 총리는 "일반적으로 모든 국가는 20세기에 일어난 소름끼치는 사건에 대한 자신들의 역할에 정직하게 책임을 져야 한다"라는 입장을 천명한 대변인 성명을 통해 일본 아베 수상과 우익 정치인들의 언행을 간접적으로 비판했다.[19] 이러한 독일 정부 지도자들의 진정한 과거사 사죄는 독일의 대외적 위상과 역할을 보다 높은 차원으로 고양시켜 오늘날 독일의 국제적 비중을 더욱 무겁게 만들었다. 특히, 독일과 이스라엘 수교 50주년을 기념하기 위하여 16명의 각료와 함께 이스라엘을 방문한 메르

18) "빌리 브란트(Willy Brandt, 1913~1992): 무릎을 꿇은 총리", *naver.com*의 내용에서 재인용.

19) "앙겔라 메르켈", "부헨발트 강제 수용소", *naver.com*; "메르켈의 대변인 '과거사 정직하게 책임져야' 아베 비판", *중앙일보*, 2014. 1. 1.

켈 독일 총리는 이스라엘 대통령(Simon Peres)으로부터 '명예시민 매달'을 받았고, 수여식에서 "이스라엘이 팔레스타인과 평화관계를 구축하기 바란다"라는 '중후한' 메시지도 전달할 수 있었다.[20]

이와 같이 과거 반인륜적인 침략과 잔학행위를 자행한 현재 국가들의 과거사 인식과 죄악행위 인정 그리고 사죄행위는 국지적·국제적 차원의 국제환경을 대립과 갈등에서 이해와 협조로 바꾸는 데 필요한 조건이다.

국가·국가군(國家群) 간 환경을 협조적 성격으로 바꾸기 위해서는 불량(不良)국가들의 존재와 그들의 불량한 행위를 어떻게 대처하고 양호한 것으로 바꾸어야 하는가도 중요한 문제이다. 통상 불량국가란 내부적으로 자체 국민들의 인권을 무시하고 인간을 파괴하는 국가적인 테러 행위를 마다하지 않으며, 외부적으로는 비합리적·비협조적인 행위는 물론 파괴적이거나 위협적인 공갈도 서슴지 않는다. 그리하여 그 국가를 마주하고 있는 다른 국가와 국지적·세계적 차원의 국가 간 관계를 혼란시키는 국가이다. 과거에도 불량국가들이 출몰했고, 지금도 존재하고 있으며, 앞으로도 그들이 출현하지 않을 가능성이 있다고 말할 수 없는 것이 사실이다. 국제환경을 개선하기 위해서는 이 불량국가들의 불량스런 대내외적 국가 행위를 어떻게 근절(根絶)시켜 그들이 국가 간 평화를 혼란시키지 않고 고양시키는 국제사회의 일원이 되게 하는가 하는 문제는 안보외교의 숙제이다.

불량한 행태(行態)를 행적(行蹟)으로 남긴 국가는 다양하다. 유태인을 내부의 적으로 만들어 그들을 집단적으로 학살하고 아리안 족의 생활영역이 좁다고 주장하며 생활권(Lebensraum) 확장(擴張)론을 펼치면서 결속한 내부의 광기 어린 기세를 외부로 지향시켜 침략을 감행한 나치 독일, 과거 로마의 영광을 재현해야 한다며 핏대를 세우고 비밀결사조직을 활용하여 내부의

20) "홀로코스트 거듭 사죄한 독일 총리에 '이스라엘 명예시민 메달'", *조선일보*, 2014. 2. 27; "94세 나치 경비원도 법정에… 獨, 이렇게까지 '과거史 반성': 아우슈비츠 경비원 30명 명단 확보…조만간 12명 기소", *조선일보*, 2014. 3. 20.

정적(政敵)을 제거하면서 독재 정부를 수립하여 주변국을 침략한 무솔리니의 파시스트 이탈리아, 자국 중심의 대동아공영권(大東亞共榮圈) 형성이라는 미명하에 천황의 권위를 활용하여 내부를 결속시키고 주변국을 침략하며 결국 미국과 전쟁을 일으킨 군국주의 일본 등은 불량국가의 전형(典型)이었다. 이렇게 군사력을 동원한 무력침공(武力侵攻)을 감행하여 세계대전을 일으킨 노골적(露骨的)인 불량국가와 더불어, 오늘의 불량국가는 여러 가지 방법과 수단으로 지역적 · 지구적 차원의 국가 및 국가군 간 환경을 교란시키고 있다. 소말리아와 같이 인간 말살과 인권유린 행위를 자행하면서 내부적으로 종족 간 권력투쟁을 일상화하고 외부적으로 해적(海賊)질을 일삼는 국가가 있는가 하면, 과거 후세인 정권하의 이라크처럼 종교적으로 반대파(시아파)를 탄압하고 쿠르드 족을 학살하면서 혁명기의 이란을 공격하여 이란의 석유지대를 장악하고 유프라테스 강과 티그리스 강 하구 이란측 연안(沿岸)을 차지하여 수로(水路)를 확보하려고 전쟁(이란 · 이라크전쟁, 1980~1988)을 일으켰으나 별다른 소득이 없이 끝나자 경제적 손실과 실추된 정치적 권위를 만회하기 위하여 쿠웨이트를 점령(1990)하여 또 다른 전쟁(걸프전, 1991)의 원인을 제공한 국가도 있었다.[21] 내부 군사독재 정권을 보장하기 위한 수단으로 외부 침공을 감행하여 포클랜드전쟁(1982)의 원인을 제공한 아르헨티나도 있었고, 2001년에 9 · 11 테러를 감행한 알카에다 조직의 근거지로 그 테러조직에게 훈련장소를 제공한 탈레반 정부의 아프가니스탄과 같이 파괴적인 활동을 조장 · 보장하는 국가도 있었다. 최근에는 국내 독재 정권을 유지하면서 그에 대항하는 반정부 세력과 내전상태(2011~)에 돌입하여 자국민을 살상하여 국제적인(러시아 제외) 비난 대상이 된 시리아가 불량국가로 등장해 있다. 이와 같이, 불량국가의 실제는 범시대적, 범공간적으로 다양하게 나타나 있다.

---

21) 육군사관학교 전사학과, *세계전쟁사*, pp. 504-46.

그러나 불행하게도, 불량국가의 전형(典型)은 한반도 내 북한이 행적(行蹟)으로 보여주어 왔다.

북한은 최악의 인권유린(人權蹂躪) 국가로 그 '명성(名聲)'을 유지하고 있다. 한국전쟁(6・25전쟁, 1950~1953) 후반에 박헌영을 비롯한 남노당(南勞黨) 당원들을 미제(美帝)의 간첩으로 몰아 잔인하게 처형했고, 1956년에는 김일성 권위에 도전한 '8월 종파 사건'을 계기로 연안파와 소련파를 그 해 말까지 제거했다. 스탈린 사망과 격하운동 등으로 지원세력이 사라진 소련파는 처형으로 완전하게 제거되었으나, 중국 연안파는 모택동(毛澤東)과 팽덕회(彭德懷)가 살아 있어 한국전쟁의 책임을 물어 권력구조에서 배척되었으며 정치범 수용소에서 자연적으로 소멸하도록 조치되었다. 이로써 김일성(金日成)은 1956년 말에 독재체제를 완결하고, 그 후 3대에 걸쳐서 현재까지 존재하고 있는 '김 씨 왕조'의 초석을 다졌다.[22] 1994년에 김일성의 뒤를 이은 김정일(金正日)은 고위급 간부 숙청 X파일을 만들게 하여 간부들에게 읽히기도 하고, 필요시에 숙청・처형하기를 반복했으며, 자신의 권위를 '손상'시키거나 '의중'과 다른 의견을 제시하는 간부들은 잔인하게 처형하는 것을 서슴지 않았다.[23] 2011년에 김정일을 계승한 김정은은 처형 수준과 정도 면에서 김정일보다 한 수 위이다. 김정일의 기쁨조였던 은하수관현악단원들을 기관총으로 처형하고 화염방사기로 사후(死後) 흔적을 없애 버렸다거나, 그 이후 자신의 후견인 노릇을 했던 장성택과 그 추종자들을 총살

---

22) "8월 종파 사건", *naver.com*.

23) 화폐개혁의 부작용과 혼란이 일자 이를 주도한 박남기를 남한의 간첩으로 몰아 처형하고, 김정일 수행 측근 정하철이 김정일의 지시를 앉은 자세로 전달했다는 이유로 숙청했으며, 유혈 처형을 주도한 채문덕은 김일성 동상 보수에 무관심했다는 이유로 처형하기도 했다. "고위급 숙청 X파일 만든 김정일, 간부들에 '읽어라'", "숙청 X파일 쓰다 죽은 리제강은 장성택의 오랜 정치 라이벌", *조선일보*, 2012. 11. 27; "北 정보실세 류경, 작년초 서울 다녀간 뒤 총살당해", *조선일보*, 2012. 7. 28. 류경은 조건없는 남북정상회담을 건의했다가 99발의 기관총 처형을 당했다. 미국의 케리(John Kerry) 국무장관은 MSNBC와의 인터뷰에서 북한이 122mm 대공화기를 처형에 사용했다고 확인했다. "케리 '北 122mm 대공화기로 사람 제거하고…'", *YTN*, *KBS*, 2014. 2. 27.

형에 처하고 일족들은 청진의 수용소에 수용했다는 사실과 보도는, 1년 동안(2013. 2~2014. 1) 고문 등 9개 분야에서 조사한 유엔 北인권조사위원회가 김정은의 장성택 일가 숙청은 대량학살에 해당한다는 결론을 도출하고 김정은을 국제(國際)재판소(국제형사재판소 특별재판소)에 회부해야 한다는 주장을 내놓게 만들었다. 그리고 이 위원회는 북한이 자국민을 보호할 의지가 없고 인권 상황을 개선하지 않을 경우 유엔이 R2P(Responsibility to Protect) 원칙을 발동하여 개입해야 한다는 입장을 개진했다.24) 이와 같이 김일성, 김정일, 김정은으로 이어지는 '김 씨 독재 정권' 아래 북한의 잔혹한 숙청 및 처형의 행적은 북한이 인간의 존엄성과 천부적인 인권을 얼마나 짓밟고 무시했는가를 실증적으로 보여주었다.

북한의 대외적 위협과 공갈의 수준 역시 가관(可觀)이다. 한국전쟁(6·25 전쟁, 1950~1953) 개시 전 1949년 3월에 김일성이 모스크바를 방문하여 당시 소련 수상 스탈린(Joseph Stalin, 1879~1953)을 면담했을 때, 스탈린이 남한에 미군이 주둔하고 있다는 이유를 들어 김일성의 남침 건의를 받아들이지 않은 점과 전쟁수행 중에 중공이 미국의 핵사용 위협하에 휴전을 서두르는 모습을 관찰한 김일성은, 핵무기의 가공한 위력이 두 지원국들의 '망설임'과 '서두름'의 원인이었다고 판단하고 전후에 북한의 핵개발에 박차를 가했다. 1950년대 중반부터 핵개발을 시작한 북한은 1980년대에 이르러 상당한 결실을 맺었다. 그러나 1980년대 말 동구권이 무너지고 뒤이어 소련이 러시아로 변하면서 북한의 지원국이었던 러시아와 중국이 '타도의 대상이 된 한국'과 국교를 정상화(러시아: 당시 소련, 1990; 중국, 1992)하자, 북한은 "우리 식 대로 살자"라는 구호 아래 핵과 미사일 개발을 서둘러 나갔다.

---

24) "김정은의 장성택 一家 숙청, 대량학살에 해당", "國際재판소에 김정은 회부해야", *조선일보*, 2014. 2. 13. 현재도 김정은은 자신의 권력기반인 군 간부들의 승진, 강등, 복권 등을 자의적으로 시행하여 그들의 위치를 항상 불안하게 만들어 자신의 권위에 도전할 엄두를 내지 못하도록 하고 있다. "김정은, 軍간부 계급 들었다놨다…", *동아일보*, 2014. 2. 6.

1989년에 미국 정찰위성이 영변 원자로 플루토늄 재처리 시설을 확인하고 사찰을 요구하자, 북한은 이를 거부하고 1993년 핵확산금지조약(NPT)을 탈퇴하여 양국 간 위기가 고조되었다. 북한은 위기의 해소책으로 1994년에 미국과 '제네바 합의(Agreed Framework between the United States of America and the Democratic People's Republic of Korea, 1994. 10. 21)'라는 외교적 합의에 동의하여, 미국으로부터 중유를 공급받고 경수로 건설을 핵개발 대안으로 받아들이면서 한국의 비핵화와 한미연합훈련(Team Spirit)의 중단 약속 등의 '전과(戰果)'를 획득하는 쾌거를 거두기도 했다.[25] 그러나 2003년 북한은 이 합의마저 파기하고 핵과 미사일 개발을 서둘러 이른바 '강성대국 건설'이라는 국가적 목표를 달성하여 내부의 정치적 불안을 해소하고 탈냉전적 질서하에서 체제의 안정을 보장받고 유지할 외부의 지원을 '대폭적으로' 확보하려 했다. 냉전적(冷戰的) 파괴수단으로 내부를 단속하고 외부를 위협하여 탈냉전기(脫冷戰期)의 생존과 체제의 존립에 필요한 지원을 '뜯어내려' 한 북한의 셈법이었다. 수요(需要)와 소비(消費)만 있고 공급(供給)과 생산(生産)이 거의 없는 북한 체제의 특성상 어쩔 수 없는 선택이었을지 모를 일이다. 북한은 이러한 묘산(廟算)과 정책적 판단에 근거하여 북한 주민의 생활수준 향상과는 상관없는 핵과 미사일 개발을 멈추지 않았다.

그러나 개발된 핵무기는 북한의 묘산(廟算) 및 기대(期待)를 충족시키지 못했다. 다른 국가들을 공갈하고 위협할 수단으로 개발한 핵무기의 실전 배치를 위한 실험과 핵을 운반할 수단인 미사일의 개발 및 시험발사는 북한의 고립을 심화시켰다. 그리고 핵개발에 투입되는 막대한 자금은 북한 주민의 생활수준을 하향(下向) 고착시켜 북한 어린이들의 만성 영양부족과 발육을

25) 온창일, "핵과 미사일 문제를 앞세운 북한의 정책과 전략", KIMS, *Stragegy 21, Vol. 3, No. 1*(Summer 2000), pp. 180-204; "대량파괴무기의 정치적 효용", 국제관계 연구회 편, *동아시아 국제관계와 한국*, 제2권(서울: 을유문화사, 2003), pp. 246-74.

저해하는 결과를 빚어냈다. 2006년 10월에 북한이 1차 핵실험을 하자, 유엔 안전보장이사회는 대북한 제재결의안(UNSCR: United Nations Security Council Resolution, 1718)을 통과시켜 북한의 핵, 대량살상무기, 탄도 미사일을 금지하고, 북한과 관련된 프로그램을 지원하는 국가들의 자금과 금융자산 및 경제지원을 동결하는 조치를 취했다. 이러한 유엔의 조치에도 아랑곳 없이 2009년에 북한이 2차 핵실험을 실시하자, 유엔 안보리는 다시 대북 제재 결의안(1874호)을 채택하여 북한의 무기 수입 및 수출을 통제하고, 화물을 검색하며, 금융·경제제재를 강화했다. 2012년 12월에 북한이 미사일을 시험발사하자, 유엔 안보리는 또다시 대북 제재안(2087호)을 만장일치로 가결하여 북한의 핵·미사일 개발을 위한 거의 모든 물품조달 통로를 봉쇄하는 '전략물자수출통제제도(catch all)' 방식을 채택했다. 강도가 높아진 유엔 대북 제재 결의안에도 불구하고, 북한은 2013년 2월 12일에 다시 3차 핵실험을 실시했다. 이에 유엔 안보리는 대북 제재 결의안 2094호(2013. 3. 8)를 만장일치로 채택하여 의심선박검색, 항공기 제재, 불법 활동 못하도록 북한 외교관 감시, 보석·고급 승용차 등 사치품 수출금지, 자산 동결, 북한 요원 및 단체의 여행금지 대상 확대 등의 이행조치를 90일 안에 안보리에 보고하는 강제적 조치를 취했다. 그리고 북한에게 추가 도발에 대한 중대조치 시행을 경고하면서 6자 회담 복귀를 촉구했다.[26] 북한이 핵과 미사일을 개발하여 자국의 대외적 위상을 높이고 한국과 주변 및 세계 국가들을 협박하여 체제 보장과 유지에 필요한 지원을 확보하려는 시도는 효과를 거두지

26) "유엔 안보리 새 결의안 무엇이 달라졌나", *조선일보*, 2013. 3. 7; 북한 외교관의 불법 활동 중에는 위조달러를 사용한다. "北대사관 한 곳이 바꿔친 위조 달러 한해 3,000만 달러", 동유럽 A국 주재 북한 외교관의 수퍼노트 세탁 5계명: ① 1,900달러 미만으로 바꾼다(2,000달러 이상 바꾸다 적발되면 현장 체포); ② 한 지역에 1주일 이상 머물지 않는다; ③ 카지노 칩으로 바꾼다(5,000달러 상당 바꾼 후 일부 쓰고 나머지 현금화); ④ 마피아와도 협조한다(40~50% 할인 가격이지만 뭉칫돈 환전 가능); ⑤ 김 씨 일가 진상품 구입 시 가짜, 진짜 달러를 3대 7로 섞어 사용한다. 2011년 귀순한 전 북한 외교관의 진술 내용. *조선일보*, 2013. 3. 14.

못했다. 더구나 북한을 지원해 온 바 있고 유사시 북한의 잠재적인 우방이 될 수 있는 중국과 러시아마저도 북한의 핵 무장을 반대하고 유엔제재안을 지지하는 결과를 자초하고 말았다.[27] 북한의 묘산(廟算)과 판단(判斷)이 엉뚱한 결산(決算)을 빚어낸 셈이다.

북한의 대한국(對韓國) 공갈, 위협, 습격, 공격 행위는 종류와 수준 면에서 실로 장관(壯觀)을 이루어 왔다. 상정할 수 있는 모든 종류와 수준을 거의 망라하고 있다는 뜻이다. 한국전쟁이 휴전으로 종결되어 승자와 패자(敗子) 대신 두 승자(勝者)를 출현시킨 채 마감되자, 승자 중 하나가 된 김일성은 1950년대에 내부 독재체제를 수립하는 데 심혈을 기울이면서 '10만 감축론'을 주장하고 대남 평화공세를 펼쳤다. 종파(宗派)들을 제거하고 독재권력을 장악한 김일성은 1961년에 소련 및 중국과 우호 조약을 체결한 후에 재남침(再南侵)을 준비하면서, 1965년에 중국에게 대남침(對南侵) 공조를 타진했는데 중국이 이를 거부하자 1966년부터 대남 독자 도발을 실시했다.[28] 1966년부터 1969년까지 북한은 '2차 한국전쟁(6·25전쟁)'이라고 부를 정도로 많은 휴전선 전투, 침투, 무력충돌을 일으켜 한국의 대내외적 권위(權威)를 실추시키고 내부 봉기(蜂起)를 유도하는 도발을 감행했다. 1968년 1월 21일 박정희 대통령을 암살하기 위한 청와대 습격사건, 1968년 1월 23일 미 해군 USS Pueblo호 납치사건, 1968년 10월 30일 울진·삼척 침투사건 등이 대표적인 도발 사건들이었다.[29] 그러나 박정희 대통령

---

27) "시진핑 '城門에서 불나면 연못 물고기도 禍입어'", 시진핑 한반도 비핵화와 평화 강조, *조선일보*, 2014. 2. 22.

28) "김일성 '더 늙기 전에 한번 더 南쪽과 겨뤄보고 싶다': 中 외교문서에서 드러난 '北의 제2 한국전쟁 준비'". 1965년 중국을 방문한 김일성은 제2의 남침 요청을 했으나 중국이 거부했다고 해제된 중국의 기밀문서(No. 106-01480-07)에서 밝히고 있으며, 1975년에 김일성의 중국 방문 때도 이러한 김일성의 요구와 중국의 부정적 반응이 있었다고 중국인민대학 청샤오허(成曉河) 교수가 공개했다. *조선일보*, 2013. 1. 24., "1·21 사태", *naver.com*.

29) "김일성, 박정희 산업화 인정…그래서 죽이려 했다 北 내가 죽었으면 발빼했을 것…천안함도 마찬가지", *조선일보*, 2013. 1. 19. 1·21 사태 유일한 생존자인 김신조의 증언.

암살은 실패했고, 한국에서의 봉기는 일어나지 않았으며, 강원도 평창 이승복 어린이의 "나는 공산당이 싫어요"라는 '훈계'만을 수확으로 거두었다(1968. 12. 9). 이에 북한은 '민족끼리'라는 명분을 앞세워 1972년에 7·4 남북공동성명을 발표했으나, 대남 침투 땅굴도 파기 시작하는 화전(和戰) 양면 대남 전략을 구사하면서 1975년에 다시 중국에게 대남 침공 공동보조를 타진하기도 했다. 이후부터 북한은 '서울 불바다'를 위협하면서도 인도적인 사안을 다른 문제와 연계하여 쌀과 비료 등을 제공받기도 했다. 그러나 1983년에 미얀마 아웅산 묘소를 폭발하고, 1987년에 대한항공 여객기(KAL 858)를 폭파하여 점점 격상되는 한국의 대외적 위상을 떨어뜨리고 1988년에는 한국이 개최할 올림픽을 방해하여 한국의 대외 공신력을 실추시키는 테러 행위를 마다하지 않았다.[30] '햇볕 정책'이라는 이름으로 북한에 대해서 관대했던 김대중 정부 시절에도 제1, 2차 연평(延坪)해전(1999, 2002)과 같은 도발을 하면서, 그 사이에 6·15 공동선언(2000. 6. 15)도 발표하는 행위도 서슴지 않았다. 김정은 후계 내정(2009. 2) 후에는 도발 정도가 다양하고도 과감하게 심화되어 대청(大靑)해전(2009), 천안함 폭침(2010. 3. 26), 연평도 포격(2010. 11. 23)을 자행했으며, 사이버 공격, GPS 교란 등도 감행했다.[31] 그리고 북한이 제안하여 2014년 2월 14일에 개최된 남북 고위급 접촉에서 북한은 한미군사훈련과 이산가족 상봉을 연계하지 않기로 하고 2월 25일까지 행사를 진행시키면서도 동해상으로 미사일을 발사함으로써 '고질적인' 양면 정책과 전술, 즉 평화적인 몸짓과 위협 및 공갈을 병행하는 대남정책과 전술을 구사(驅使)하고 있다.[32] 한국전쟁 이후 북한이 모

30) 미얀마 아웅산 묘소 폭발사건에서 한국 정부의 부총리 등 장관급 7명을 포함한 수행원 15명이 사망했다. *동아일보*, 1983. 10. 9; KAL기 폭파로 115명이 사망하고, 1988년 2월 10일 유엔 안보리는 북한의 테러 행위를 규탄했다. "KAL기 폭파사건", *naver.com.*

31) 김정은 "용맹한 사이버 전사 있으면 어떤 제재도 뚫어", *조선일보*, 2013. 4. 8.

32) 김정은, "3重 체제위협 벗어나려 일단 南과 관계 개선: 1. 정치적 이유: 對北심리전 막으려 '상호비방중단' 약속 받아, 2. 경제적 이유: 금강산 관광재개 등으로 경제난 돌파, 3. 외교적 이유: 남북 대화를 지렛대로 中과 관계 회복 노려", *조선일보*, 2014. 2. 17.

든 평화적 · 폭력적, 직접적 · 간접적 수단을 동원하여 한반도 내외를 불문하고 한국에 대해서 새로운 전쟁(顚覆戰)을 수행해왔다는 점을 상기하면, 시공간적(時空間的) 여건과 북한 자체의 내재적(內在的) 상황 변화에 따라 얼마든지 대남 정책과 전략의 면면(面面) 및 그것을 현실화하기 위한 수단의 양상(樣相)이 다양할 수 있다는 점이 확실해진다.[33] 실로, 한국을 공존(共存)과 협상(協商)의 대상보다는 전복(顚覆)과 타도(打倒)의 대상으로 삼고 펼쳐온 북한의 대남 몸짓(gesture)은 다양한 모습으로 장관(壯觀)을 이루어왔고, 앞으로도 크게 다르지 않을 것이라는 예단(豫斷)을 가능하게 만든다.

이와 같이, 불량국가들의 존재와 그들이 펼치는 행태는 지역적 · 세계적 차원의 국가 혹은 국가 간 관계를 왜곡시켜 국제환경을 비정상적이며 덜 평화적으로 만드는 주요인이 되고 있다. 국제정치의 강권정치(强權政治)적 속성에 부가된 불량국가들의 존재와 행태는 국제환경을 더 바람직하게 개선하는 데 장애(障碍)로 간주되기 때문에, 그 요인들을 어떻게 완화 또는 해소시키느냐 하는 문제는 안보외교가 풀어야 할 가장 시급한 숙제이다.

국가 또는 국가군(國家群) 간 관계를 공존과 협조를 기반으로 한 성격으로 정착시키기 위하여 이를 저해하는 불량국가들의 행태를 바로잡아야 하는 안보외교는 그들이 동원하는 모든 방법과 수단을 다른 차원에서 활용할 수밖에 없다. 회유, 제재, 강제, 제거의 방법과 폭력적, 비폭력적, 평화적 수단을 망라하여 운용할 수밖에 없다는 말이다. 물론 과거 나치 독일의 만행과 잔혹한 행위를 스스로 부정하고 호혜적인 정책과 전략을 채택하는 현재 독

33) "제7장 새로운 전쟁: 전복전", 온창일, *한민족전쟁사*(서울: 지문당, 2013), pp. 1035-46; 1950년에 북한은 스탈린의 지시에 따라 '위장 평화'를 앞세워 한국군의 방어태세를 이완시킨 후에 전면 남침을 감행했으며, 1983년에도 한미 3자회담을 제의하고 미얀마(당시 버마) 아웅산 테러를 자행했다. 또 6 · 15 남북공동선언(2000) 후 2002년 한국이 월드컵 축구대회를 개최하는 가운데 2차 연평해전을 일으켰으며, 적십자 회담과 대청해전(2009), 김계관의 북미접촉과 천안함 폭침(2010), 추석 이산가족 상봉과 연평도 포격(2010), 남북관계 개선 시사 신년사와 3차 핵실험(2013) 등이 '위장 평화 공세 후 대남 도발'이라는 공식을 도출하도록 만들었다.

일과 같은 정치 리더십을 불량국가 스스로 구축하도록 하는 안보외교가 가장 바람직하겠으나, 그러한 결과는 외부의 압력이나 제재에 의해서만 구축될 수 있는 결과가 결코 아니다. 궁극적으로, 당사국(當事國) 국민의 온고지신(溫故知新) 의식과 그것을 승화시킬 수 있는 정치지도자들의 정책의지(政策意志)가 독일과 같은 상황을 구현할 수 있기 때문이다. 이런 의미에서, 불량국가들이 빚어내는 바람직하지 않은 국제환경 개선을 위한 안보외교는 불량국가와 국민들이 스스로 호혜적인 정치 리더십을 구축하도록 촉구하는 강온(强溫) 양면의 방법과 수단을 동원해야 할 것으로 보인다.

국제환경 개선을 위해서 안보외교가 채택할 수 있는 첫 번째 방법과 수단은 회유(懷柔)와 설득(說得)이다. 바람직하지 않는 행동을 자행하는 불량국가의 정치지도자들이 그러한 방향의 정책적 의지를 선의의 것으로 바꾸도록 유도하는 노력과 유인책을 강구해야 한다. 그러나 이러한 개별적·집단적 노력의 효용성은 그다지 크지 않은 것이 국제정치사의 기록이다. 제2차 세계대전 전에 영국을 비롯한 연합국이 나치 독일을 상대로 한 협상에서 보여주었듯이, 정책적으로 불량국가의 요구를 어느 정도 수용함으로써 불량성을 완화 혹은 제거하려는 의도에서 비롯된 유화정책(宥和政策: appeasement policy)도 2차 세계대전의 발발을 막지 못했다. 또 역사적으로 군비해제(軍備解制: disarmament)를 목표로 시도되었던 군비제한(軍備制限: arms limitation)이나 군비축소(軍備縮小: arms reduction) 회담, 현실적으로 불가능한 목표를 추구해 공격무기나 공격계획을 보유·수립하기보다 방어적인 전략태세를 강조하면서 보유 군비와 운용실태를 투명하게 밝힘으로써 안정된 전략적 균형을 유지하자는 의도에서 비롯된 군비통제(軍備統制: arms control) 개념 역시 현실보다는 이론적인 세계에서 회자(膾炙)되는 정도에 머물러 있는 것이 사실이다.[34] 양호한 국가이건 불량한 국가이건 간에, 국가의 안전보

34) 온창일, *전략론*(서울: 지문당, 2013), pp. 389-400.

장과 영향권 보존 및 확대와 연관된 안보 문제는 국가 간 협력과 협동을 무력화할 수 있는 비중을 지니고 있다. 그렇기 때문에, 특히 불량국가의 내외적 상태와 행동을 양호하게 바꾸기 위한 수단으로 동원할 수 있는 회유와 설득이 들어설 공간은 넓지 않은 것이 현실이다. 현실이 이러함에도 불구하고, 국제환경을 교란시키는 행위를 서슴지 않는 불량국가에 대한 안보외교의 시작은 회유와 설득에서 비롯되는 것이 정상적이다.

불량국가들의 행태를 바꾸어 국제환경을 보다 평화적으로 유지하기 위하여 안보외교가 동원할 수 있는 두 번째 단계의 방법과 수단은 제재(制裁: sanctions)와 강제(强制: enforcement) 개념에 입각한 성질의 것이다. 이러한 방법과 수단은 군사적·군사 외적인 것을 포괄하며, 그 운용도 직접적·간접적 방식을 망라할 수 있다. 군사 외적 제재를 통한 억제나 군사적인 제재가 뒷받침하지 않은 채 강제로 불량국가들의 불량스런 행동을 중단시키는 것은 사실상 한계가 있다. 나치 독일의 잠식(蠶食: piece-meal) 전술에 의한 현상변경 시도를 유화정책(宥和政策)으로 중단시키지 못한 것과 같이, 조작된 사건(柳條橋事件, 1931; 蘆溝橋事件, 1937)을 빌미로 만주를 침공하고 중일전쟁(1937~1945)을 일으킨 일본을 미국의 '불인정 정책(non-recognition policy)'이 막지 못했으며, 미국·영국·네덜란드·중국이 공동으로 펼친 경제적 봉쇄망(ABCD: American-British-Chinese-Dutch Line)도 일본의 진주만 기습이나 그로부터 시작된 태평양전쟁(1941~1945)을 막지 못한 역사적 사실이 억제나 군사 외적 봉쇄 수단만으로 뒷받침을 받는 강제조치의 실질적 효용성에 의문을 제기했다. 미군은 엄청난 인간 파멸 및 인권침해가 자행되고 있던 소말리아 내전에 유엔평화군의 이름으로 개입했으나(1992), 사살된 미군 병사 시신이 거리에서 끌려 다니는 참혹한 결과만을 빚어낸 채 철수해 버리고 말았다(1994). 인권보호라는 인도주의적 목표만을 내세운 군사적 개입도 별 효용성이 없었다. 그러나 쿠바 미사일 위기(1962)에서 미국이 쿠바를 해상봉쇄하고 검문검색을 강화하는 조치를 취하자 소련이 쿠바에 미사일 건설을 중단한 것과 같이, 군사행동을 통한 강제조치는 효과를 거둘 수 있었다. 한국 판문점의 공동경비구역에서 발생한 북한의 도끼 만행사건(1976)에서 한국과 미국은 전투태세를 강화했고, 미국은 F-4, F-111 1개 대대와 B-52폭격기를 한국에 출동시켰으며 항공모함 미드웨이 호를 한국 해역으로 항진시켜 김일성의 사과와 유감표명을 받아내고 공동경비구역을 분할(1976. 9)함으로써 사건을 의도한 대로 마무리 짓기도 했다.[35] 그러나 이와 같은 군사적 제재(制裁: sanctions)와 강제(强制: enforcement) 조치는 효과를 거두기도 하나, 언제나 효과적이라고 단정할 수는 없다.

제재와 강제라는 범주에서 도발적 국가의 행동을 자제시킨 이러한 사례에도 불구하고, 군사적·군사 외적 수단을 동원한 제재 혹은 강제책의 적용 자체가 어려운 사태도 있는 것이 현실이다. 북한 핵문제와 시리아 내전 사태가 바로 그렇다.

북한의 완전한 비핵화는 한반도 관련 주변국 중 어느 한 나라의 독단적인 제재와 강제로 이루어질 수 있는 문제는 아니다. 과거사이긴 하나, 북한은 과거 소련(러시아의 전신)의 적극적인 지원과 중공(中共: 현 中國)의 동지적(同志的) 후원하에 한국을 무력침공했고, 한국전쟁이 휴전으로 마무리되고 김일성이 독재 권력을 확립하고 난 후 북한과 상호원조조약을 체결했으며(1961), 북한과의 관계를 보편적인 관계로 전환한(친선선린협조 조약체결, 2000. 2. 9) 러시아와 달리 중국은 당시에 체결한 조약을 아직도 유지하고 있는 북한의 동맹국인 셈이다. 한국전쟁 중 북한의 존재가 사라질 위기에 봉착하자, 소련 스탈린 수상과의 약속과 권유에 따라 중공은 중국인민지원군(中國人民志願軍)이라는 이름으로 '항미원조(抗美援朝) 보가위국(保家衛國)'이라는 기치 아래 정규군을 한반도에 파병하여 미군을 주축으로 한 유엔군과 싸워 북한의 정치적 실체를 보전(保全)하는 데 지대한 기여를 했다.

---

35) 온창일, *안보외교론 I* (서울: 지문당, 2012), pp. 85-91. 위기시 안보외교에 관한 내용.

이렇게 보전된 북한은 자체 핵을 개발하여 실체와 체제를 보장하려 하고 있다. 이를 빌미로 일본은 '집단자위권(集團自衛權)'이라는 자작(自作) 권리를 내세워 이른바 '전쟁을 수행할 수 있는 보통 국가'를 만든다는 미명하에 북한 핵문제를 다루는 데 자국의 비중을 높이고 미국과의 동맹관계를 활용한 중국 견제까지 고려하고 있는 듯하다. 이러한 상황에서 미국은 북한 핵문제를 다루는 데 독자적인 제재나 강제가 사실상 불가능하고 바람직하지 않다는 판단하에 6자 회담이라는 틀 속에서 해결하려 하고 있다. 그 결과 북한을 제외한 한국과 미국, 중국, 러시아, 일본은 한반도의 비핵화에 합의한 상태까지 도달했으며, 북한이 핵실험이나 미사일 시험발사를 할 때마다 유엔 안전보장이사회 결의안을 통한 제재의 강도를 높여왔으나 아직도 완전한 북한의 비핵화는 요원(遙遠)한 상태에 머물러 있다. 따라서 군사 외적 제재의 효과를 그렇게 보장받지 못한 가운데 군사적 강제조치의 운용 자체를 사실상 거부하는 북한 핵문제는 불량국가의 불량한 상태나 행동을 제재만으로 바로잡기 어려우며, 강제조치 자체도 적용하기 어려운 난제이다.

시리아 내전(內戰, 2011~) 역시 제재와 강제만으로 해결될 문제는 아니다. 시리아 사태는 2011년에 튀니지와 이집트에서 촉발된 '재스민 혁명'에서 크게 영향을 받았다. 2011년 1월에 부자(父子) 아사드 정부(1970~)의 40여 년 장기집권에 대항하여 하산 아클레가 분신자살하면서 시위가 발생했다. 이에 북아프리카에서 촉발된 민주화 시위에 민감하게 반응한 알 아사드(Bashar al-Assad, 1965~, 재임 2000~; 부친인 하페즈 알 아사드(Hafez al-Assad, 1930~2000)의 사망으로 집권) 대통령은 제4기갑사단을 시위 진압 부대로 지명하고 자신의 동생(Maher al-Assad)에게 시위 진압 작전 지휘를 명령했다. 진압 부대는 주거 지역에 탱크 포탄을 발사하고, 민가를 습격하는 행위를 서슴지 않았다. 이러한 조치와 행위는 시리아 국민의 공분(公憤)을 불러일으켜 시위 발원지(Derra)를 넘어 전국적인 반정부 운동을 촉발시켰다. 반정부 운동 참가자들도 정부군에 맞서 무장을 했고, 이를 진압하려는 정부군도 무자비한 포격과 폭격을 가하고 생화학무기까지 사용하는 잔학 행위를 자행하였다. 그 결과 사망자만 14만 6천 명을 넘어섰으며(2014. 3. 15), 250만 명 이상의 피난민이 레바논, 터키, 이라크, 요르단 등지에서 처참한 생활을 하고 있다.[36] 시리아 사태가 내전 상태로 되자, 헤즈볼라(Hezbollah)는 아사드 정부 측에 가담했고, 알카에다(al-Qaeda)는 반군 측에 참가하였으며, 이슬람 국가 건설을 주장하는 조직(ISIS)이 반군 편을 들어 시리아 내 기독교 단체는 시리아 정부를 지지하게 됨으로써 시리아 사태는 매우 복잡한 성격과 양상을 드러내게 되었다. 더구나 터키와 사우디 등 수니파 국가들은 반군을 지원하고, 시아파 맹주격인 이란은 헤즈볼라와 더불어 정부군을 돕고 있어 시리아 내전은 중동 내 종파(宗派)전쟁의 성격을 지니기도 했다.[37] 이러한 상황에서 미국을 비롯한 서방국가들은 직접 개입을 꺼리면서 반군에게 경제적 지원과 소화기 정도만 지원했으나, 러시아는 서방국가들의 공습에 대비하여 시리아에 정교한 SAM 미사일을 공급하고 전차를 지원하면서 서방국가들의 개입 자체를 경고하기도 했다. 시리아 정부를 지지하는 러시아는 시리아 정부군의 화생무기 사용을 이유로 특히 미국과 NATO의 개입 가능성을 사전에 봉쇄하기 위하여 시리아 화생무기 폐기를 미국과 합의하고 이를 수용하도록 시리아를 설득하여 실행에 옮기게 하는 실질적 외교 성과를 거두기도 했다.[38] 이러한 가운데 반군 측은 조직 내부의 주도적 세력이 없어 한 목소리를 내지 못하고, 정부 측과 합의 도출도 실패했으며, 주변 관련 국가들은 실익(實益)이 없는 직접 개입을 꺼리고 있어 시리아 사태는 교착상태에 머물러 있는 실정이다. 견고한 지원을 제공하고 있는 러시아의 권유로 생화학무기 폐기에 동의한 시리아 정부와, 내부

36) "Crisis in Syria: Grim 3 Years' Anniversary", *CNN*, March 15, 2014.
37) "시리아 내전, 중동 전역 宗派전쟁으로 확산 조짐", *조선일보*, 2013. 8. 2.
38) "시리아 화학무기 실은 배 출항…폐기 작전 시작: 사린, 겨자가스 700t 폐기시설 갖춘 미 선박서 2~3개월 내 公海상서 처리", *조선일보*, 2014. 1. 9.

사정이 복잡한 반군, 개입의 명분과 실익이 없다고 판단하고 있는 주변 및 서방 국가의 태도 등은 불량국가의 하나로 간주되어 온 시리아 정권에 대한 제재 · 강제조치의 구현(具現) 자체를 어렵게 만들고 있고, 그 효용성을 사실상 거부하고 있는 셈이다.

이와 같이, 제재와 강제로 불량국가를 순화시키는 방법의 채택과 그에 적합한 수단의 운용 역시 국제환경을 개선하는 데 최선의 방책(方策)이라고 보기에는 실리(實利)와 강권정치(强權政治)적 성격을 띤 국제정치(國際政治) 현실이 그렇게 단순하지는 않다.

세 번째로, 국제환경을 개선하기 위하여 불량국가로 전락(轉落)시킨 정권을 제거하여 양호한 국가로 변질시키기 위하여 군사력을 직접 사용하는 방법도 있다. 현재는 과거 도시국가 시절의 그리스(기원전 5~4세기)나 제후국으로 분할되었던 중국의 춘추 · 전국시대(기원전 8~3세기)와 같이 국가 존재 자체를 소멸시키거나 생성시키기에는 국경이 비교적 고착되어 있다. 물론, 유고나 소련 연방의 붕괴과정에서 여러 개의 독립국가가 생성되었으나, 이것은 그럴만한 민족 · 종교 · 정치 · 문화적인 이유로 인한 분화 현상이었다. 따라서 국제환경 개선을 위한 방법은 불량국가를 통치하고 있는 불량정권의 제거와 새로운 정치 권위를 갖추도록 하는 조치를 의미한다. 테러를 자행한 알카에다 세력을 옹호하는 아프가니스탄의 탈레반 정권과 대량살상무기를 생산한다는 의구심을 갖게 하고 이라크 내 소수 민족인 쿠르드 족에게 화학무기를 사용할 정도로 무자비한 이라크의 후세인 정부를 제거하기 위한 미국과 영국 등의 군사개입이 이 범주에 속한다. 미국은 영국과 함께 2001년에 9 · 11테러를 감행한 알카에다 조직에게 은둔처와 훈련장소를 제공한 아프가니스탄을 공격하여(2001. 10. 7) 탈레반 정권을 붕괴시키고(2001. 12. 7) 과도정부를 수립했으나, 빈 라덴과 그의 조직 알카에다를 제거하지는 못했다. 그 후 미군은 계속된 작전 끝에 오사마 빈 라덴(Osama bin Laden, 1957~2011. 5. 2)을 사살했으나 탈레반과 알카에다 추종세력들의 항전(抗戰)과 종족 간의 유혈충돌을 완전히 근절시키지는 못한 채 2013년 6월 18일에 아프가니스탄 정부군에게 자체 치안 임무를 인계했다.[39] 그리고 미국은 2014년 말까지 아프가니스탄에서 미군을 철수시킬 계획으로 탈레반 등과 협상을 진행하고 있으나, 전쟁 전보다 혼란이 심화된 상태에서 탈레반 잔당들이 남아 있는 가운데 자칫 미군의 철수가 아프가니스탄을 다시 '탈리바니스탄(Talibanistan)'으로 되돌아가게 하지 않을까 하는 우려를 떨쳐 버리지 못하고 있다.[40] 또한 미국은 영국, 오스트레일리아와 함께 대량살상무기를 생산하고 있다는 정보에 따라 이라크를 공격(2003. 3. 20)하여 바그다드 중심가를 장악(4. 7)한 후 전쟁을 마무리한 다음(4. 14), 후세인 정권을 타도하고 후세인까지 생포(2003. 12. 13)하여 새로운 이라크 정부로 하여금 교수형(2006. 12. 30)까지 집행하도록 함으로써 이라크전쟁(2003~2011)을 마감했다. 이로써 이라크는 공식적으로 테러조직을 지원한다거나 대량살상무기를 생산·보유할 위험대상은 아닌 국가로 변질되었으나, 시리아를 비롯하여 이라크도 이슬람국가(ISIS)를 건설해야 한다는 이슬람 원리주의자와 그들을 지지하는 알카에다 등 이른바 '성전(聖戰)' 조직의 대상으로서 또 종족(아랍 및 쿠르드족 등) 및 종파(수니 및 시아파) 간 대립에 연원(淵源)을 둔 테러 행위와 대상에서 자유스럽지 못한 상태에 머물러

39) 당시 미군은 68,000명, 영국군은 8,065명, 독일군 4,400명, 이탈리아군 3,034명이 수둔하고 있었고, 아프가니스탄 정부군은 187,000명이었다. "News Stream", *CNN International*, June 18, 2013.

40) 1979년 12월 27일에 아프가니스탄 공산정권을 옹호하기 위하여 군사적 개입을 감행한 소련도 1989년 2월 15일, 아프가니스탄에서 주어진 목적을 달성하지 못하고 소련군을 완전히 철수시킨 바 있다(1만 5천여 명의 전사, 실종자와 5만 4천여 명의 부상자 피해). "소비에트 연방-아프가니스탄전쟁", *naver.com.* 미국은 2014년까지 미군이 알카에다에 대항하는 반 테러 활동을 지속하고 2015년 1월부터는 아프가니스탄 경찰과 치안부대를 지원하기로 했으며, 당사국이 파기하지 않으면 2024년까지 이 안보협정이 유효하다는 내용을 아프가니스탄 정부와 잠정 합의했다. *The World Street Journal*, Novemver 20, 2013; "Afghanistan, US reach draft security agreement", *Reuters.com*, Novermber 21, 2013; "땅굴 파고 벽 뚫어 탈옥하던 탈레반 이번엔 석방문서 조작해 당당히 탈출: 한 교도서 10년간 1,600명 탈옥", *조선일보*, 2014. 3. 4.

있다. 불량국가를 대변한 불량정권을 제거하고 다른 정부를 수립하도록 군사적 개입을 한 후에도 다른 종류와 형태의 바람직하지 않은 국가적 상태와 행태를 근절시키지는 못한 결과를 빚어냈다. 불량정권의 물리적 제거만이 국제관계를 개선시킬 수 있는 관계 상황을 호전시키는 데 능사가 아니라는 사실이 드러난 셈이다.

지금까지 국가군(國家群) 간 관계의 대립과 갈등 수위를 낮추기 위한 방편으로 운용될 수 있는 회유와 설득, 제재와 강제, 제거 등의 효용성과 한계는 국제사회환경을 개선시키는 데 다른 요인과 요소를 좀 더 심각하게 고려하고 그에 대한 안보외교 내외적 대처가 필요하다는 점을 제기했다. 국제사회의 기질(氣質)을 오해보다는 이해, 충돌보다는 협조로 바꾸기 위해서는 불량국가로 만든 불량정권(不良政權)의 회유, 설득, 제재, 강제, 제거의 방법보다 더 근본적인 요인과 요소를 찾아내어 범(凡)안보외교, 초(超)안보외교적 방책과 수단도 모색해야 한다. 불량국가로 만든 불량정권 제거만으로는 강권정치적(强權政治的) 국제정치 현실을 극복하기 어려우며 국제사회의 기질을 순화시키는 데 한계가 드러났고, 불량정권이 출현하여 불량국가로 등장한 그 국가 안팎에 계량화(計量化)하기 어려운 연원(淵源)이 자리 잡고 있을 수 있기 때문이다.

종족 혹은 민족 간 증오, 이념 간 반목, 종교 간 독선, 문명 간 충돌 등은 국가 혹은 국가군 간의 관계에서 대립과 갈등 수위를 높여 국제환경을 저해하는 원인이 된다. 유고슬라비아 연방의 해체 과정에서 나타난 민족 간 증오와 아프리카에서 기록된 종족 간의 투쟁은 '인종청소(人種淸掃: ethnic cleansing)'라는 '희한'한 단어를 출현시킬 정도로 비인간적인 현상을 빚어냈다. 또 여러 종교 혹은 같은 종교 내에서의 종파 간 독선적(獨善的)이고 배타적(排他的)인 교리는 인류 역사상 기록된 수많은 전쟁의 원인이 되어온 것이 사실이다. 이러한 인종, 민족, 종교 혹은 종파 간 증오와 독선은 현실정치적인 권력투쟁과 연관되어 더 지독한 참화(慘禍)를 인류에게 안겨주었다. 1917년 볼셰비키 혁명 이래 현실 정치권력과 연결된 공산사회주의 이념과 기존의 자유자본주의 이념이 가진 '구세주적(救世主的: messianic) 열정(熱情)'은 국지적인 열전(熱戰)을 포함한 냉전(冷戰: Cold War)이라는 명칭의 대립구조를 전 세계적으로 정착시켜 놓았다. 그리고 이것이 진영(陣營)의 결속과 영향권 확대라는 현실적 정책과 더불어 대립의 정도를 심화시키는 결과를 도출하기도 했다. 이외에도 동서(東西) 문명 · 기독교 · 유교 · 불교 · 회교 문화권의 상이(相異)한 가치관, 사생관 · 관습 · 관행에서 비롯된 충돌 역시 국제사회의 대립과 갈등의 수준을 높여 왔다. 국제사회의 기질을 오해와 충돌에서 이해와 협동으로 바꾸기 위해서는 이러한 정치 외적(政治 外的: extra-political) 증오, 반목, 독선, 충돌의 요인을 해소시킬 필요가 있다.

안보외교가 종족 또는 민족 간 증오(憎惡: ethnic hatred), 이념 간 반목(反睦: ideological antagonism), 종교 혹은 종파 간 독선(獨善; religious self-righteousness), 문명 혹은 문화 사이의 충돌(衝突: cultural confrontation)에서 비롯된 대립과 갈등 요인의 해소책을 모색하고 실천 방안을 강구하기란 결코 쉽지 않고 사실상 불가능할지도 모른다. 그러나 이러한 감정적 증오, 이념적 반목, 종교적 독선, 문화적 충돌이 국제환경을 불화(不和)하게 하여 국가 간 이해와 협동을 더욱 어렵게 만든 근원적 요인이라면, 국제정치 환경을 평화롭게 유지하여 국가 간 공생과 협력의 정도를 높이려는 목적을 지닌 안보외교가 이를 방치할 수는 없는 노릇이다. 현실적 요구가 이러함에도 불구하고, 내부 종족들 간의 잔혹한 살육전을 종식시켜 외부적인 '해적(海賊) 행위'를 국가 기간산업(基幹産業)으로 삼는 소말리아 사태에 대한 개입의 실패는 종족 또는 민족 간 증오와 살상을 중지시키기 위한 인권개입이 얼마나 실효(實效)를 거둘지 의문을 제기하였다. 궁극적으로는 세속적 정치권력을 장악하는 데 목적을 두고 있으면서도 '마치 세상을 구원할 수 있는 듯한' 목표를 제시하여 일반인을 호도(糊塗)하는 행위를 마다하지 않는 이념(理念: ideology) 간의 반목은 평시의 갈등, 위기시의 충돌과 전쟁까지 불사한다. 그렇기 때문에 안보외교의 궁극적인 수단으로 동원될 수 있는 전쟁으로 현재화(顯在化)될 수 있는 '폭력의 균형(balance of violence)'만이 반목의 정도만 완화시킬 수 있어서 기본적인 이념 간 반목을 완전히 제거하기는 곤란한 것이 현실이다. 종교 및 종파 간 독선에서 비롯된 혐오와 대립은 현실적 정치권력과 연관되어 국가 내 혹은 국가 간 협조적인 관계 수립을 저해하는 요인이 된다. 시리아 내전에서 주변국들의 종파 성격(이슬람교의 수니, 시아파)은 시리아 정부군과 반군의 대립을 격화시키고, 강권정치적 국제정치 성격에 따른 외부 강국의 개입을 자초하는 결과를 빚어내기도 한다. 문명 및 문화적 이질성에 근거한 미묘한 감성적(感性的) · 인지적(認知的) 불협화음과 상충 역시 국제환경의 평온과 평화를 유지시키는 데 장애요인이 되며, 이의 근원적 해소를 위해서는 안보외교 영역의 범위를 초월한 대책과 수단을 필요로 한다. 실로, 이러한 정치 · 군사 외적인 요인들이 국제환경을 손상시키는 문제는 안보외교가 해결할 난제(難題)임에 틀림없다.

현실적인 어려움에도 불구하고, 안보외교는 인내를 가지고 지속적인 소통과 접촉을 통하여 때로는 회유와 설득, 때로는 군사내외적 제재와 강제, 그리고 어쩔 수 없을 때는 폭력의 부분적 · 전면적 운용을 통한 전쟁까지 수단으로 동원하여 정치 · 군사 외적 요인이 평온하고 평화스러워야 할 국제환경을 해치는 가능성과 여지(餘地)를 제거해야 한다. 이를 위한 구체적인 방안과 수단은 사안(事案)에 따라 다양하게 상정할 수 있다. 동서로 갈라져 대립관계가 악화된 우크라이나에 러시아가 개입하여 러시아 흑해함대의 근거지(Sevastopol 군항)가 위치한 크림(Crimea)반도를 장악(2014. 3. 1)하자, 미국의 오바마(Barak H. Obama) 대통령이 러시아의 푸틴(Vladimir Putin) 대통령에게 전화를 걸어 러시아의 우크라이나 개입 중단을 촉구한 노력도 이러한 방안과 수단의 단초(端初)가 될 수 있다.[41] 아프리카의 작은 국가 보

41) "크림반도엔 러시아 국기만 나부껴…東西 두동강 난 우르라이나", "오바마, 푸틴과 90분간 통화…우크라이나 군사개입 중단 촉구", *조선일보*, 2014. 3. 3.

츠와나(Botswana)는 유엔이 북한인권보고서(2014. 2. 17)를 발표하여 북한의 인도적 범죄를 규탄하자, 북한과 모든 외교관계 단절을 선언하면서 "북한 정부는 국제사회의 일원으로서 국민의 인권을 존중할 책임이 있다"라고 말했다.[42] 보츠와나 공화국의 대북한 외교관계 단절과 같은 수단이 또 하나의 방안이 될 수 있다. 이와 더불어, 경제적 제재와 같은 군사 외적 조치, 군사적·군사 외적 강제, 그리고 필요시 군사력의 직접 운용을 통한 응징(膺懲) 등을 방안으로 들 수 있다.

그러나 세속적인 책임의식보다 종교적인 행사의식이 강하고 종교의 포교와 교리 수호를 위해서는 성전(聖戰: Jihad)까지 감수하며, 세속적인 국가 자체도 이슬람 국가이어야 한다고 제정일치(祭政一致)를 주장하는 이슬람 원리주의자(Islam fundamentalists)들과 그들로 인해서 더디어진 국가발전, 그 결과, 열악한 생활환경하에서의 삶보다 순교적(殉教的)인 임무로 미화(美化)된 테러지원자들을 차출하여 활용한 테러리즘은 사실상 국제환경을 심각하게 악화시키는 요인으로 등장한 지 오래이다. 테러리즘은 무작위적인 성격을 띠고 있어서 국제환경뿐만 아니라 인간 개개인의 생활환경을 악화시켜 개인안보까지 위협해 왔다. 테러와 테러리즘을 근절하기 위하여 테러집단의 근거지를 소탕하고 조직을 와해시키는 노력을 기울여도 테러를 자행하는 '프랜차이즈' 조직은 확산되고 있다. 또한 세속적인 정치권력과 연관을 맺고 있는 이러한 종교적 원색주의(religious fundamentalism)는 통상적인 안보외교에서 상정한 방법과 수단만으로는 순화(順化), 완화(緩和) 혹은 제거(除去)하기 아주 어려운 국제환경이 조성된 것이 현실이다. 따라서 실질적인 효용성 여부를 떠나 회유, 설득, 제재, 강제, 제거라는 조치에 더한 교육, 지원, 시범을 통하여 정치·종교 지도층의 종교 교리 집착보다 인간 중시(重視),

42) "아프리카 小國이 西方보다 먼저 北인권에 칼들다", *조선일보*, 2014. 2. 21. "'아프리카 難民보다 끔찍한 北 인권…침묵할 수 없었다': 北과 단교한 '아프리카 法治 1위국' 보츠와나…이안 카마 대통령 인터뷰", *조선일보*, 2014. 3. 14.

인권 존중(尊重) 의식을 강화시켜야 할 필요가 있다. 이와 같이, 오늘의 안보외교는 국제환경 개선을 위해서 부단한 교류와 소통 및 교육과 시범을 통하여 종교 및 이질적 문명, 문화 간의 간격을 좁혀 나가는 전 방위적 노력도 요구받고 있다.

그리하여, 오늘과 내일의 안보외교(安保外交: security diplomacy)는 사회환경으로서 국가 간 관계를 대립(對立)과 갈등(葛藤)에서 공존(共存)과 협조(協助)로, 국가군(國家群) 관계를 오해(誤解)와 충돌(衝突)에서 이해(理解)와 협동(協同)으로, 종족이나 민족 간 관계를 증오(憎惡)와 살상(殺傷)에서 호의(好意)와 상생(相生)으로, 이념 간 관계를 반목(反睦)과 질시(嫉視)에서 수용(受容)과 보완(補完)으로, 종교 간 관계를 맹신(盲信)과 독선(獨善)에서 포용(包容)과 호선(互善)으로, 문명 간 관계를 대칭(對稱)과 상충(相衝)에서 관용(寬容)과 호혜(互惠)로 바꾸는 데 필요한 포괄적인 대책, 대안 그리고 방법과 수단의 모색을 요구받고 있다.

인간과 인간이 만든 조직이 최적 상태로 살아가면서 지속되게 하는 데 필수(必須) 불가결(不可缺)한 자연환경인 지구환경 보호를 위하여 오늘과 내일의 안보외교 역시 '완수하기 힘든 임무(nearly impossible mission)'를 부여받고 있다.

인간의 생활수준 향상을 위해서 개발 대상이 된 자연환경은 인간 중심의 사고와 행동으로 때로는 훼손되어 오히려 최적 상태의 생존 및 생활을 보장하지 못할 경우가 있다. 인간 개개인의 생활수준 향상과 국력 증진을 위한 자연 및 인공적 개발은 식탁 위에 놓인 '빵과 치즈'의 양은 늘려 놓았으나, 그것보다 더 원천적으로 중요한 물과 공기를 오염시킨 '역산물(逆産物: counter-products)'을 가져왔으며, 식량 공급원의 최적 상태 보존에 '역행(逆行: counter-move)'하는 집단적 행위를 별 것 아니게 생각하는 분위기를 자아냈다. 그리하여, 사람이 숨 쉬는 공기와 마시는 물의 질을 저하시키고, 식량자원의 과다 소비와 섭취에 따른 개인적 · 집단적 건강 문제와 식량 부족에서 비롯된 개인적 · 집단적 생존(生存) 문제를 대두시켰다. '신선한 공기, 깨끗한 물, 적절한 식사'의 확보가 안보외교를 포함한 모든 인간 활동의 가장 중요한 목표가 된 셈이다.

지구환경을 제대로 보존 · 개발하여 인간의 생존 상태를 최적으로 보장하기 위한 방법과 수단의 모색(模索)은 국제환경을 개선하여 인간의 사회 활동을 최대한 자유롭게 누릴 수 있게 하는 배열과 조치의 도모(圖謀)보다 더 어려운 것이 사실이다. 국제환경을 개선하기 위해서 도입될 수 있는 회유, 설득, 제재, 강제, 제거 등의 방법 중에서 회유, 설득을 통한 상호 합의와 협조만이 운용 가능하고, 강권정치적(强權政治的) 속성을 강하게 지닌 국가 간 정치의 본질상 회유나 설득을 통한 합의나 협조를 도출하기도 어렵지만 그렇게 도출된 결과의 실천적 구체화(具體化)는 더 어렵기 때문이다. 그러나 이러한 본질적인 한계에도 불구하고 안보외교는 이 문제를 결코 도외시할 수는 없다. 인간이 천부적인 인권을 보장받고 사람답게 살 수 있게 보장해야 하는 방편(方便)이 국가이므로, 개인은 안보외교의 주체가 되는 국가의 존재를 수용하기 때문이다. 인내천(人乃天)이라는 동양의 천명사상(天命思想)이 이 점을 분명히 하고 있다.

인간이 살아가는 데 가장 필요한 요소는 '신선한 공기'이다. 사실상 오염된 공기는 인간의 생존 자체를 근본적으로 위협한다. 예를 들어, 2014년 2월 말에 중국의 베이징(北京)은 오염된 공기와 미세먼지로 인하여 일주일이나 '밤 같은 낮'이 지속되자 인적(人跡)이 사라져 '유령도시'로 변하고 말았다. 더구나 이러한 '스모그(smog: smoke+fog)'는 인위적 국경에 구애를 받지 않기 때문에, 편서풍을 타고 한반도 전체로 번져 한국 역시 '미세먼지' 주의보를 발령하고 외부 출입을 자제시키는 조치를 취했다. 또한 스모그는 햇볕을 차단하여 농작물의 성장을 막아 식량 조달에도 심각한 문제를 제기할 정도가 되었다. 화석 연료의 과다 사용과 경제발전의 재앙이라고 부르는 중국의 스모그로 인한 피해는 중국인들에게 '부패 척결'도 중요하지만 제대로 '숨 쉴 권리를 보장'하라는 요구를 내게 만들었다. 또 중국인들의 질병치료 비용을 증가시키고(연 108조 원) 외국 관광객 숫자를 14%나 감소시켰으며, 외출 시 방독면까지 착용해야 하는 부작용을 낳게 했다는 분석이 스모그의 심각성을 보여준다.[43] 이러한 문제는 중국과 한국만의 문제는 아니다. 미국과 캐나다 사이에서도 매연 분쟁이 발생했으며, 남태평양에서 핵실험을 자행한 프랑스와 오스트레일리아 및 뉴질랜드 사이에서도 비슷한 문제가 발생된 적이 있었다.[44] 오염된 공기 문제는 어떤 양국 간, 어느 지역만의 문제가 아니라 전 지구적인 문제이다. 개별 국가들의 개발을 위한 삼림(森林)의 지나친 훼손, 경제개발에 수반된 지나친 탄소 발생과 쾌적한 대기권 보존의 어려움 등은 전 지구적인 합의와 구체적인 조치를 필요로 하는 문제이다. 실로, 신선한 공기를 공급하고 인간의 안전한 삶을 보장하기 위해서 총체적 노력이 필요한 시점이 바로 오늘이다.

'깨끗한 물'의 확보와 공급 역시 중요한 일이다. 고대로부터 수원(水源)의 확보는 전쟁의 원인이 되기도 했으며, 앞으로 물 부족 현상이 국가 간 분쟁의 소지가 될 수 있다는 예측성 보도는 깨끗한 물이건 아니건 간에 물의 중요성을 지적하는 기록이요 판단이다. 경쟁적인 경제개발 정책의 집행으로 각국은 무분별한 물 사용과 지하수까지 끌어올려 쓰는 비자연적인 현상을 정착시켰다. 그 결과 지표면의 물은 오수(汚水)로 변한 경우가 많아졌고, 심지어 지하수까지 오염되는 결과가 초래되었다. 특히, 아프리카는 지표면의 삼림이 없어짐에 따라 물을 저장하거나 정화하는 기능이 사라져 극심한 식수난을 겪고 있다. 또 오염된 지하수를 음료수로 사용하여 온갖 수인성(水因性) 질병이 만연됨으로써 그렇지 않아도 종족 간 분쟁으로 겪는 고난과 식

43) "미세먼지가 쓴 공포의 시나리오…중국에 '核겨울' 오나", *조선일보*, 2014. 2. 27; "미세먼지 분통 터져도…中에 보상받기는 어려워", *조선일보*, 2014. 3. 3.
44) "미세먼지 분통 터져도…中에 보상받기는 어려워", *조선일보*, 2014. 3. 3.

량 부족에서 기인한 가난 속에 고달픈 생활을 영유하는 아프리카 일반인들의 고통은 더욱 가중되었다. 지표면의 오염된 물은 바다로 흘러가 해수(海水)를 오염시키고 지진이나 해일 등으로 파손된 원자력 발전소의 냉각수 또한 해수를 오염시켜, 해산물(海産物)을 통한 섭생을 어렵게 때로는 불가능하게 만들고 있다. 공기와 마찬가지로 지표면의 강(江) 역시 인위적인 국경과 무관하게 바다로 흘러 들어가기 때문에 여러 나라를 거쳐 바다에 이르는 강물(유럽의 다뉴브, 아프리카의 나일, 동남아의 메콩 강 등)의 오염을 줄이는 노력은 그 강들을 품고 있는 여러 나라들의 '양심적이고 이타적인' 협조를 필요로 하고 있다. 연해(沿海)의 정화를 통한 해양(海洋)의 오염을 방지하는 노력 역시 여러 나라의 '적극적이고 관심 어린' 협조가 필요하다. 이러한 필요를 충족시키기 위하여 안보외교는 제재나 강제가 아닌 방법으로 각국의 협조를 확보하여 '신사적인 합의'를 도출하는 역할을 수행해야 한다.

경제개발의 추진 과정 혹은 생활수준을 더욱 향상시키기 위한 산업 육성 과정에서 배출되는 탄소와 오염 물질은 지구온난화를 부추겨 급격한 기후와 기상의 변화와 그로 인한 지구 생태계의 비정상적인 변화를 안겨줄 수 있다. 미국 동북부의 한파와 폭설, 영국 등 유럽의 홍수 같이 여러 지역에서 예측할 수 없는 혹한(酷寒), 혹서(酷暑), 한발(旱魃) 등과 그로 인한 생태계 파괴 및 식량 부족과 각종 질병 및 전염병의 창궐(猖獗) 등은 '고달픈 인생살이'를 더욱 고달프게 만드는 원인이 되고 있다. 배출되는 탄소와 오염 물질의 양을 줄여 대기권의 상태를 건전하게 유지하는 데도 여러 국가의 협조와 합의가 전제되어야 한다.[45] 개발의 정도가 천차만별(千差萬別)이고 생활수준 향상 욕구가 다양한 여러 나라를 회유하고 설득하여 보편적인 기준에 맞는

45) 각국의 국내적 · 국제적 차원에서 '산림탄소상쇄(Forest carbon offset)' 개념에 의한 산림녹화 사업 같이, 나무가 매우 중요한 이산화탄소 흡수원이라는 점을 인식시켜 개발도상 국가들의 경제발전도 도모하고 탄소 배출량도 줄이는 사업을 전 세계적으로 확산시킬 필요가 있다. "'나무 심어 탄소배출권 따자' 기업, 지자체 동참", *조선일보*, 2014. 3. 5.

오염 물질의 배출량을 조절하기 위한 합의는 물론 협의 자체가 어렵지만, 안보외교가 이를 위한 노력을 게을리 할 수 없다.

핵에너지의 평화적 이용과 관리체계의 안정성을 확보하기 위한 안보외교의 역할 역시 매우 중요하다. 1986년에 벌어진 우크라이나 북부에 위치한 체르노빌의 원전사고는 사상 최악의 원전 참사로 20만 명 이상이 방사선에 피폭되었고, 25,000명이 숨졌으며, 당시 우크라이나 국토의 8%가 핵에 오염되었다는 통계를 기록으로 남겨 놓았다.[46] 일본의 후쿠시마 원전사고(2011)도 체르노빌 원전사고와 같은 7등급으로 그 피해 역시 대단하여 완전한 피해 복구를 위해서는 엄청난 예산과 수십 년에서 백 년까지의 기간이 소요될 것으로 내다보고 있다.[47] 원자력 발전소 자체의 결함에 의한 사고이건 지진이나 해일과 같은 천재지변(天災地變)으로 인한 사고이건 간에, 원전사고는 주변 토양과 지하수는 물론 해양 오염까지 일으키고 당장의 인명피해뿐 아니라 지속적인 인명손상과 변이(變異)를 초래하기 때문에, 원자력 에너지의 평화적 이용 방법 및 시설 등에 대한 국제적 합의와 공조 그리고 지도 감독이 필요하다. 이 또한 안보외교의 한 사안이다.

지상, 지하, 해양, 해저에서의 자원 개발 및 보존은 국가 내, 국가 간 혹은 국가군 간의 협의가 필요한 사안이다. 지상 및 지하의 자원은 국경(國境)이라는 둘레를 치고 이를 차지하고 있는 국가들의 재량에 의한 개발 및 보존이 가능한 대상이긴 하다. 그러나 이에 대한 절대 독점권(獨占權)의 지나친 배타적 행사로 지역 및 세계 경제질서에 바람직하지 않은 영향을 끼치는 경우를 상호 회피하는 것이 국가 간 호혜적인 관계유지에 도움이 된다는 인식을 가져야 한다. 영해나 공해의 해양 및 해저 자원 개발 및 보존이나 양극지대의 탐사 및 개발 등도 마찬가지이다. 막대한 석유가 매장되었다고 알려

46) "같은 슬라브族이 東西로 분단돼 800년 동안 러·유럽 지배받아: 우크라이나의 슬픈 역사", *조선일보*, 2014. 3. 1.

47) "후쿠시마 원전사고", *naver.com.*

진 남미 포클랜드(the Falklands Islands)의 영유권 문제는 영국과 아르헨티나의 전쟁 원인이 되기도 했고, 중국과 일본, 러시아와 일본이 영유권 분쟁을 일으키고 있는 열도(북방 4개 도서와 조어도 등) 역시 그 근방 해역에서의 해양과 해저 자원 문제가 분쟁의 근원적 배경을 이루고 있다. 그리고 공해(公海)의 해저 자원 개발은 기술 수준이 높은 국가들에게 유리한 기회가 많이 주어질 것은 사실이나 그에 대한 호혜적인 인식 역시 국제환경 개선에 도움을 줄 수 있다. 특히, 해양 자원인 어류의 남획은 자원의 재생(再生)을 저해하여 결국 자원 고갈을 가져오기 때문에 해양 자원의 획득 및 보존에 대한 국가 간 혹은 국제적 협의는 필수적이라고 본다. 이와 같이, 지상 · 지하 자원의 개발과 보존은 그 지역을 점유하고 있는 국가 내 정책적 · 전략적 판단에 근거한 호혜성(互惠性)을 지녀야 한다. 또 해양 자원은 영해와 공해를 불문하고 지구의 자연적 생태주기(生態週期)가 허용하는 재생 가능한 범위 내에서 개발하고, 그것에 근거하여 보존하는 국가 간 혹은 국제적 협의 및 합의가 필요하며, 해저 자원의 개발 및 보존 역시 해양 오염을 야기시키지 않고 지구의 생태를 고려하여 이행되어야 한다.

신선한 공기를 제공할 수 있는 대기권 환경, 깨끗한 물을 공급할 수 있는 대기권 · 지상 · 지하의 환경, 식량 자원 및 기타 지상 · 지하 · 해양 · 해저 자원의 개발과 보존 등 지구환경의 최적 상태로의 보존과 개선은 제재나 강제가 아닌 협의와 합의에 근거하여 국가 혹은 국가군(國家群) 간 진지한 개입(commitment)과 성실한 행동(action policy)에 의해서 현재화(顯在化)되어야 한다. 공기, 물, 자원 등은 국경, 인종, 이념, 종교, 문화 등 인간의 작위적(作爲的) 행위로 인한 결과적 현상이나 내용과 무관하게 그것들을 초월하여 존재하기 때문이다. 깨끗한 공기와 물의 확보 여부는 어느 한 국가의 역량이나 책임에 의해서 이루어지는 성질의 것이 아니고, 부존(賦存) 자원은 어느 한 국가에게 배타 독점적으로 개발할 수 있는 특권(特權)이 부여되어 있는 것도 아니기 때문이기도 하다. 깨끗한 공기와 물 그리고 자원의 적절한 개발과 보존은 인간이 인위적으로 만든 정치집단(政治集團)을 대변하고 있는 모든 국가의 책임이요, 모두에게 돌아갈 혜택이어야 하는 당위성(當爲性)을 누구도 부정하지 못하는 한 그렇다. 안보외교가 이 문제를 도외시할 수 없는 이유가 여기에 있다.

청정(淸淨)한 공기와 물의 공급이나 적절한 자원 개발과 보존은 인간 모두에게 부여된 소명(召命)이다. 이를 위해서 내부적 통제력과 강제력을 행사할 수 있는 국가는 탄소를 많이 배출하는 방식의 연료체계를 청정에너지나 재생 가능한 체계로 전환시켜 나가면서, 탄소를 배출한 만큼 재생시킬 수 있는 삼림(森林)의 보존(保存)과 녹화(綠化)를 제도화해야 한다. 그리고 국가 간 협의체를 구성하여 국가 간, 지역적 · 지구적 차원의 집합적 노력을 강화하는 조치를 구체화해야 한다. 여러 국가를 관통하는 국제하천(國際河川)의 관리를 위해서 정부 주도나 민간 전문가들로 구성된 협의체를 상설화하여 해양 오염을 줄이고, 해양 오염 방지를 위해서 세계적인 협의체를 상설화하여 장기적으로 해양 자원을 깨끗한 상태로 보존하고 유지해야 한다. 이러한 인위적 노력은 지구 생태계가 정화시킬 수 있는 수준을 인간이 이미 초과하여 공기, 물, 해양 등을 오염시키고 있기 때문에 이루어져야 한다. 국가군(國家群)들은 이미 안보를 위한 조직(쌍무적, 지역적, 집단적인 조약 및 기구)을 유지하고 있으며, 경제협력 증진을 위해서 경제협의체(APEC, G-8, G-20, WTO 등)를 상설화하고 있다. 안보나 경제협력을 위한 이러한 국제적 협의체의 상설(常設) 못지않게 공기, 물, 자원의 개발과 보존 등 지구환경에 관한 문제를 다룰 협의체의 상설화(常設化)가 필요하다.

인간 생존과 직결된 공기, 물, 자원 개발과 보존에 관한 문제를 다루는 국가 간 상설 협의체는 인간이 살아가는 자연환경인 지구환경의 최적 상태 보존뿐만 아니라 인간이 만든 정치집단인 국가들의 정치 · 군사적 혹은 정치 · 군사 외적인 문제를 다루는 기존의 안보, 경제, 문화 협의체들 내에서의 협의를 더욱 원만하게 진행하고 국제환경을 대립과 충돌보다는 합의와 협조로 바꿀 수 있는 촉매 역할을 기대해 볼 수 있다. 인간이 형성한 인위적인 집단인 국가들이 모여 인간 생존을 위한 기본적 문제를 논의한다는 것 자체가 인간의 사회적 욕구를 충족시키기 위한 다른 배열에서의 논의를 보다 수월하게 하는 연원(淵源)이 될 수도 있지 않을까. 생존본능(生存本能)에 근거한 보존욕구(保存欲求)를 충족시키기 위한 논의와 협의 그리고 합의 도출은 생활본능(生活本能)에서 비롯된 사회욕구(社會欲求)를 충족시키는 노력보다 더 근원적(根源的)으로 보이기 때문이다.

그리하여, 지구환경 보존을 위한 노력은 국제환경 개선을 위한 현실적인 안보외교 노력을 보완하면서 인간안보를 더욱 보장해주는 근원(根源)이 될 수 있다.

5. 대량살상무기 사용 및 확산 방지와 안보외교

가. 대량살상무기: 생화학무기와 핵무기 체계

나. 대량살상무기의 유용성과 역작용

다. 대량살상무기 사용 및 확산 금지와 폐기, 감축을 위한 안보외교

5. 대량살상무기 사용 및 확산 방지와 안보외교

가. 대량살상무기: 생화학무기와 핵무기 체계

생화학무기(生化學武器; CBW: chemical and biological weapons)와 핵무기 체계(核武器 体系: nuclear weapons system: nuclear warhead and delivery vehicles)를 대량살상무기(大量殺傷武器; WMD: weapons of mass destruction)라고 부른다. '단시간에 많은 사람을 희생시킬 수 있는 전략무기(핵폭탄 및 중·장거리 미사일과 탄저균, 독가스, 바이러스 살포무기와 같은 생화학무기)'로 지칭된 대량살상무기의 통제와 확산 방지는 안보외교가 담당하여 그 대책(對策)과 방안(方案)을 모색하고 이를 실천에 옮길 배열(配列)과 실천결과를 확인하고 바로잡을 기구(機構)까지 정착시켜야 하는 궁극적(窮極的: ultimate) 과제이다.[1] 이들 대량살상무기는 인간과 모든 생물체는 물론, 지구 자연환경과 국제사회환경을 복원(復原)이 불가능할 수준과 정도로 파괴할 수 있기 때문이다. 실로, 안보외교가 감당(勘當)해야 할 가장 심각한 사안(事案)이다.

생화학무기는 오래전부터 전투에 사용된 수단이다. 고대사(古代史)를 연구하는 한 이탈리아 사학자(시로 트레비사나토 프란시셀라)는 야토병(野兎病:

---

1) 대량살상무기의 정의에 대해서는 "대량살상무기", *naver.com* 참조.

툴라레미아)에 걸린 양들이 공수(攻守) 작전에서 세계 최초의 대량살상무기로 사용되었다는 주장을 발표했다(*Journal of Medical Hypotheses*). 기원전 2000년경에 발칸에서 소아시아로 이동하여 토착민을 정복하고 중부 소아시아를 지배한 히타이트(Hittite)족은 철제무기, 말, 2륜 전차를 포함한 신무기로 구성된 전력을 보유한 히타이트 제국을 수립했으며, 주변 국가들을 정복하여 기원전 14~13세기에는 소아시아를 지배하는 대제국을 건설했다. 이 과정에서 히타이트족은 야토병(野兎病)에 걸린 양들을 전장에서 활용함으로써 기록된 자료상으로는 최초의 '바이오무기(bio-weapon)'를 사용했다. 히타이트 제국이 약화되어 주변 종족(아르자와인)으로부터 공격을 받았을 때도 히타이트인들은 야토병에 걸린 양들을 아르자와 도시에 풀어 아르자와인들이 잡아먹도록 유도함으로써 그 도시에 전염병을 확산시켜, 아르자와인들의 히타이트 공격을 좌절시키기도 했다.[2] 20세기 이전까지의 전투에서도 싸우다 죽거나 풍토병으로 사망한 병사들의 시체를 적진에 던져 넣는 등의 생물학전(bio-war)을 수행했으며, 1346년 크리미아전쟁에서는 타타르(Tatar) 인들이 적의 성(城)을 공격할 때 흑사병(黑死病: the pest)으로 죽은 시체를 성안에 투척한 사례(史例)가 기록되어 있다.[3] 화학무기(chemical weapon) 역시 고대부터 인류가 사용해 온 전쟁수단이었다. 펠로폰네소스전쟁(the Peloponnesian War, 기원전 431~404) 중 스파르타 군은 송진과 유황을 포함한 생나무를 태워 질식가스를 사용하기도 했으며(기원전 428), 제1차 세계대전에서 독일군은 벨기에 2차 이프르 전투(the second Ypres Battle, 1915)에서 약 150톤의 염소가스를 집중적으로 살포하여 연합군 1만 5천 명을 살상하기도 했다. 이 외에도 1차 대전 중 참전국들의 화학무기 사용으로 10만

2) "伊사학자 '세계 최초 WMD는 전염병에 걸린 양'", 연합뉴스, 2007. 11. 27; "인류 최초의 생화학무기는?", *naver.com.*

3) "생화학무기의 역사…1346년 크리미아전쟁 땐 페스트 사망한 시체 투척", *문화일보*, 2013. 10. 30.

여 명이 사망하고 130여 만 명이 부상당한 것으로 추산되고 있다.[4] 이러한 화학무기는 최근에도 종종 사용되었는데, 이란·이라크전쟁(1980~1988), 후세인 이라크의 쿠르드족 살상(1988), 시리아 내전 독가스 공격(2013. 8. 21) 등이 그 사례(事例)이다.[5] 이와 같이, 빈국(貧國)의 핵무기(核武器)로 간주된 생화학무기는 세계 여러 나라들이 보유하고 있으며, 북한도 예외가 아니고, 테러조직 역시 이를 보유하려 하고 있다.[6]

대량살상무기로서 핵무기 체계는 더욱 가공할 파괴력을 지니고 있다. 핵무기 체계는 핵탄두와 운반수단으로 구성되어 있으며, 엄청난 파괴력과 대단한 목표 타격 정확도를 지니고 있다. 태평양전쟁(1941~1945) 말인 1945년 8월 6일과 9일, 일본의 히로시마와 나가사키에 투하된 원시적인 핵무기인 원자탄(15KT: TNT 15×10^3톤에 해당)도 도시 전체를 황폐화시킬 수 있었다. 오늘날 1MT(TNT $1\times10^3\times10^3$톤)급 핵탄두 하나는 일본에 투하된 원자탄의 66배에 해당하는 파괴력을 지니고 있으며, 미국과 러시아는 이러한 수준 이상(1-20MT급으로 다양한 탄두)의 핵탄두 3,346기(2011년 9월 기준, 미국: 1,790개; 러시아: 1,556개)를 보유하고 있다. 단순한 산술적 계산으로 미국과 러시아가 1MT급 핵탄두만 보유했다고 가정한다고 해도, 양국은

4) "펠로폰네소스전쟁(Peloponnesian War, BC 431~404)", 황보정우 편저, *세계사사전* (청아출판사, 2011), pp. 625-6; "생화학무기의 역사…1346년 크리미아전쟁 땐 페스트 사망한 시체 투척: 獨 1차대전 인공가스 사용 연합군 1만 5,000여 명 사상", *문화일보*, 2013. 10. 30; *세계전쟁사*, pp. 210-11.

5) "후세인 재판, 후세인의 7가지 혐의", *연합뉴스*, 2004. 7. 2; "시리아 정부, 독가스 공격으로 민간인 사망자 1,000명 넘어", *한국경제*, 2013. 8. 22.

6) 북한은 러시아(4만 톤), 미국(3만 톤)에 이어 세계 3번째로 많은 2,000~5,000톤에 이르는 화학무기를 보유하고 있는 것으로 추정하고 있다. 그리고 북한은 1997년 4월 29일에 발효된 화학무기금지협약(CWC: Chemical Weapons Convention; 정식명칭은 The Convention On the Prohibition of the Development, Production, and Stockpiling and Use of Chemical Weapons and on their Destruction)에 가입하지 않고 있다. 이 협약에 근거하여 화학무기금지기구(OPCW: Organization for the Prohibition of Chemical Weapons)가 설립되어 네달란드 헤이그에 본부를 두고 있다. "北, 세계 3위 '화학무기' 보유집단! 문제는 核뿐만이 아니다", "화학무기 금지협약(CWC)", "화학무기금지기구(OPCW)", *naver.com*.

223,666개의 히로시마를 없앨 수 있는 파괴력을 보유하고 있는 셈이다.[7] 사실, 미국과 러시아는 냉전적 대립관계를 청산하고 난 후부터 전략무기를 감축하기 위한 협상을 추진시켜 핵무기를 감축해왔다(START: Stra- tegic Arms Reduction Talks, I, 1991; START II, 1993; SORT: Stra- tegic Offensive-Arms Reduction Treaty, 2002). 미국과 러시아는 2010년에 신전략무기감축협정(New START)에 서명하여(2010. 4. 8) 2018년까지 실전배치 핵탄두 수를 1,550기로 제한하고, 탄두 발사수단도 800기(실전배치: 700기+미배치: 100기)로 감축하기로 합의했다. 이 협정은 비준 절차를 거쳐 2011년 2월 5일에 발효되었으며, 그 효력이 최소한 2021년까지 지속될 것으로 기대하고 있다.[8] 또한 미국이 양국의 핵탄두를 1,000~1,100기로 더욱 감축하자고 제안했으나, 러시아는 미국의 MD 강화 움직임과 시리아 사태, 우크라이나 사태 등에 대한 미국과의 갈등으로 그 제안에 대해서는 러시아 핵전력 효율성 저하를 용납하지 않겠다는 입장을 유지하고 있다.[9] 특히, 우크라이나 사태에 대해서 미국이 '군사적 대응도 배제하지 않겠다'는

7) 노벨 화학상(1954)과 노벨 평화상(1962)을 받은 라이너스 폴링(Linus Pauling, 1901~1994, Chemist, Biochemist, Peace Activist) 박사는 1950년대 말 세계 핵 파괴력을 32만 메가톤으로 추산하고, 2차 세계대전 중 사용한 TNT 폭파력을 6메가톤으로 보았다. 이 통계를 토대로 폴링 박사는 폭파력 기준으로 당시의 폭파력은 2차 세계대전을 하루에 하나씩 치른다면 약 146년 동안 싸울 수 있다는 의견을 개진했다. "Linus Pauling", *wikipedia, naver.com*; 미국과 러시아는 운반수단으로 대륙간 탄도 미사일(ICBM), 핵 잠수함 발사 미사일(SLBM), 장거리 폭격기 탑재 혹은 전함 발사 탄도 미사일(BLBM, SLCM) 등 정확한 발사수단도 보유하고 있어서 지구 어느 곳이나 핵 타격을 가할 수 있다. 온창일, *전략론*(서울: 집문당, 2011), pp. 161-3; "신전략무기감축협정", *naver.com.*

8) "Key Facts about the New START Treaty", Office of the Press Secretary, The White House, March 26, 2010; "New START", Wikipedia, *naver.com.*

9) Adam Entous and Julian Barnes, "U.S. to Propose New Phase In Nuclear-Arms Cuts", June 19, 2013, 이진수; "미국, 러시아에 '핵무기 3분의 1 감축' 제안", 2013. 6. 21. *naver.com*; "오바마 '핵군축 제안'에 푸틴은 '핵전력 강화'", *연합뉴스* 2013. 6. 20; "눈싸움에서 밀릴 순 없지…오바마·푸틴 시리아 해법 놓고 충돌", *조선일보* 2013. 6. 20.

전략태세를 내비치자 러시아는 이 사태에 대한 미국과 북대서양 조약기구(NATO)의 위협에 대해서 "이에 상응한 조치로 군축협정에 따른 사찰 활동을 중단할 수도 있다"라고 밝혀, 미국과 핵탄두를 감축하기로 한 협정(the New START Treaty, 2010)을 현실적으로 보장하기 위해 2011년 NATO와 군 시설을 상호 사찰하기로 한 협정을 '무력화(無力化)'시킬 수도 있다는 대응으로 맞서고 있다.[10] 그러나 전략핵무기(Strategic nuclear force)의 핵탄두(nuclear warhead) 1,000기 이상을 보유한 핵 초강대국 미국과 러시아가 현재까지 합의하고 수행한 핵무기 감축 노력으로 인한 핵탄두 수와 운반수단의 감소에도 불구하고, 핵무기의 파괴력과 운반수단의 정확도가 질적으로 강화된 핵무기 체계의 파괴력은 전 지구적인 재앙을 불러올 정도의 위력을 지니고 있고, 이러한 상태가 완화되거나 중단될 것이라는 보장은 그렇게 밝지 않다.

이와 같이, 생화학무기와 핵무기 체계로 구성된 가공(可恐)한 대량살상무기(大量殺傷武器: weapons of mass destuction)는 인류의 생존 자체를 의미없게 만들 정도의 잔혹성(殘酷性: cruelty)과 파괴성(破壞性: destructiveness)을 가지고 있기 때문에, 이의 사용은 물론 이의 확산방지는 절체절명(絶體絶命)의 명제(命題)이다. 특히, 불량국가와 불량조직들이 대량살상무기를 획득·보유·사용하는 것은 개인·조직·인류 전체에게 돌이킬 수 없는 재앙(災殃)이기 때문이다. 이렇게 절실한 현실적 요구가 이 사안을 안보외교가 담당해야 할 가장 심각한 과제로 만들고 있다.

나. 대량살상무기의 유용성과 역작용

대량살상무기로서 생화학무기나 핵무기 체계의 사용과 운용은 미미(微微)

---

10) "美 '군사적 대응 배제 않겠다', 러시아 '군축협정 폐기' 맞불", *조선일보*, 2014. 3. 10.

한 유용성(有用性)과 엄청난 역작용(逆作用)을 동시에 가지고 있다. 전투나 전쟁에서 승리하는 데 도움이 될 수 있으나 뒤따르는 역작용은 전투나 전쟁의 승패를 무의미하게 만들기에 충분하다. 인간 존재와 존엄성을 돌이킬 수 없는 수준으로 훼손시키기 때문이다. 이러한 의미에서, 대량살상무기는 가장 '비인간적(inhumane)' 파괴수단이라고 보아 마땅하다.

핵무기가 출현하기 훨씬 오래전부터 사용되어 오늘에 이르고 있는 생화학무기도 미미한 유용성과 엄청난 역작용을 동시에 기록해 왔다. 고대 히타이트 제국을 건설한 히타이트인들은 야토병(野兎病: 툴라레미아)에 걸린 양들을 공격과 방어 전투에 사용하여 자신들이 원하는 결과를 쟁취하긴 했으나, 페니키아 지역(레바논과 시리아 국경지대)을 비롯한 지역에 '히타이트 역병'을 불러와 결국 히타이트 제국도 국력이 쇠잔해져 서방에서 침입해 온 해양민족의 공격을 받아 패망의 길을 밟았다.[11] 송진과 유황을 태워 질식가스를 만들어 전투에서 활용한 스파르타 역시 아테네를 굴복시키기는 했으나 결국 그리스 북부의 마케도니아(Macedonia)에 흡수되었으며, 1차 세계대전 시 독가스로 연합군 병사들을 살상하여 국지적인 승리를 쟁취한 독일도 전쟁의 결과를 바꾸지는 못했다. 이란·이라크전쟁(1980~1988)과 자국 내 소수민족(Kurd)에게까지 독가스를 사용한(1988) 이라크 후세인은 쿠웨이트까지 병합했으나(1990), 결국 후세인 정권은 붕괴되고 자신마저 생포되어(2003) 처형(2006)되었으며, 아직까지도 이어지는 이라크 내의 혼란상태를 빚어낸 원인(源因)을 제공했다는 불명예까지 뒤집어써야 했다. 2005년 10월 26일에 러시아는 모스크바 '문화궁전' 극장에서 벌어진 체첸 반군의 인질극을 진압하기 위하여 펜타닐(헤로인보다 100배, 모르핀보다 200배 강한 진통효과) 성분의 마취가스를 사용하여 사건을 해결했으나, 사망한 인질 120명은 되살릴 수 없었다.[12] 시리아 정부 역시 내전에서 반군이 장악한 지역에 화

11) "히타이트", *세계사사전*, p. 682.

12) "북한, 2억 명 살상분 화학무기 보유 세계 3위", 정영식, *naver.com.*

학가스를 사용하여 민간인까지 살상했다는 비난을 받았으나 그로 인한 미국을 비롯한 서방국가들의 내전 개입을 차단하기 위하여 미국과 러시아가 합의한 시리아 생화학무기 폐기에 동의하고 해상폐기 작전(2014. 1)을 수용함으로써 명맥(命脈)을 유지하고 있다.[13] 이와 같이, 생화학무기 사용은 순간적인 목표의 달성 수단으로서 유용할지는 모르나, 해결이 거의 불가능한 장기적이고 치명적인 문제를 야기시키는 역작용을 불러온다.

핵무기 체계 역시 한정적인 유용성과 치명적인 역작용을 운용 결과로 보여주었고, 앞으로도 안겨 주리라는 점이 명약관화(明若觀火)하다. 전쟁수행에 동원될 수 있는 하나의 무기체계로 개발된 핵무기가 수단으로서의 전쟁(戰爭) 본질론(本質論)을 거부할 정도로 치명적 손상을 안겨주었고, 앞으로도 줄 수 있기 때문이다. '정치적 목적을 달성하기 위한 수단'으로 운용될 수 있는 전쟁이 아닌 전쟁(核戰爭)이 출현한 셈이다. 현실적으로 운용할 수 없는 전쟁 즉 관념세계(觀念世界)에 묶어두어야 할 전쟁이 나타난 것이다. 핵무기 체계는 2차 세계대전을 포함한 그 이전의 전쟁을 재래식(在來式: conventional)전쟁으로 일괄 분류하면서, 현대전(現代戰)을 아직도 정치적 수단으로 운용할 수 있는 현실전(現實戰)과 그렇게 할 수 없는 관념전(觀念戰)으로 이원화(二元化)시켰다.

한정적인 유용성을 충족시켜주며 2014년 현재까지 단 한 차례만 운용된 바 있는 핵무기 체계는 개발, 사용, 보유, 확산 면에서 고약한 난제(難題)를 안겨주어 왔다.

일본의 진주만 기습공격으로 태평양전쟁(1941~1945)이 발발하자, 미국은 영국과 캐나다의 협조를 받아 본격적으로 핵무기 개발(the Manhattan Project)을 추진했다. 이를 위해서 미국은 20억 달러(2014년 환산 260억 달러)를 투입했고, 최고 13만 명 이상의 인원이 참가했으며, 미국, 영국, 캐나

13) "시리아 화학무기 실은 배 출항…폐기 작전 시작", *조선일보*, 2014. 1. 9.

다의 30개 지점(sites)에서 연구와 생산이 진행되었다.[14] 이 계획은 미국 뉴멕시코(Alamogordo Bombing and Gunnery Range, New Mexico)에서의 성공적인 원자탄 실험으로 완성되었다. 당시 트루먼 미국 대통령과 포츠담회담(1945. 7. 17~8. 2)에 참석하고 있었던 국방장관(Henry L. Stimson)은 1945년 7월 16일 오후 7시 30분에 워싱턴으로부터 극비 전문(a top-secret telegram)을 받았다. "오늘 아침 실시했음. 분석은 아직 완료되지 않았으나 결과는 만족스럽고 이미 기대를 초월했음. 세부 사항 보고는 계속될 것임(Operated on this morning. Diagnosis not yet complete but results seem satisfactory and already exceed expectations. Details would follow.)"이라는 내용이었다. 과학자들은 TNT 5KT 정도의 위력을 기대했으나, 실험 결과 방출된 에너지는 TNT 15-20KT와 맞먹는 것으로 추정된다는 보고도 받았다. 그렇게 미국은 1945년 7월 16일 오전 5시 29분(실험장 현지시간, 베를린 시간으로는 오후 1시 29분)에 원자탄 실험이 성공을 거두어 세계 최초 핵무기 보유국이 되었다. 다음날(1945. 7. 17) 내용을 보고받은 영국 수상 처칠(Winston Churchill, 1874~1965)은 "스팀슨, 흑색화약이 뭐야? 전기가 뭐야? 무의미한 것이야. 이 원자탄은 하느님의 두 번째 진노(震怒)야(Stimson, What is gunpowder? What is electricity? Meaningless! This atomic bomb is the Second Coming in Wrath.)"라고 외쳤다. 1945년 7월 23일 또 하나의 전문이 도착했다. 전문은 "8월 1일과 3일 사이 작전 가능, 8월 4일과 5일은 작전 충분히 가능, 8월 10일 이전까지는 작전 완전 가능"이라는 내용을 담고 있었다. 보고를 받은 트루먼 미 대통령

14) 영국은 1939년부터 이러한 핵무기 개발을("Tube Alloys") 조심스럽게(modestly) 추진해오고 있었다. 원래 공식적인 암호명(code name)은 "Development of Substitute Materials"였으나, 이 계획의 미 육군 구성반의 암호명인 "Manhattan District"에 'District' 대신 'Project'를 삽입하여 "Manhattan Project"라 명명해서 사용했고 이것이 공식적인 암호명을 대신해서 사용되었다. 유럽 지역에서 이 계획에 참여한 인원들은 적인 독일군 후방 지역에서 핵물질, 연구보고서, 독일 과학자들을 모으기도 했다(Operation Alsos). "Manhattan Project", *Wikipedia, naver.com.*

은 "그게 바로 내가 원하는 것이야(That is just what I want.)"라고 기뻐하고, 참모들과의 숙의(熟議)를 거쳐 "7월 24일과 8월 10일 사이에 교토(Kyoto)와 도쿄(Tokyo)를 제외한 군사 목표에 사용하라"라는 지시를 하달했다.[15] 세계 최초(2014년 현재까지 최후)의 핵무기 사용 결정이었으며, 계획은 실행되었다.

독일 포츠담 회담에 참가했던 트루먼 대통령을 포함한 미국 대표단 모두는 일본에 원자탄을 투하해야 한다는 데 동의했다. 원자탄 투하 결정은 1910년 조선 병합, 1932년 만주국 수립, 1937년 중일전쟁, 그리고 1941년 12월 7일 아침 진주만을 기습공격하여 약 2시간 동안(7:50~9:45) 두 차례 공중공격을 실시함으로써 전함 7척을 포함한 18척의 함선을 격침 또는 대파, 188대의 항공기 폭파, 159대의 항공기를 파손 등 일요일 아침을 맞이한 3,581명을 죽거나 다치게(전사 2,403명)한 일본에 대한 감정적 보복 심리를 심저(心底)에 깔고 있었다. 일본 본토 상륙 작전에 약 25만 명의 예상 손실 방지라는 군사적 고려와, 신속한 일본의 항복이 소련의 일본 군정참여를 막아 소련이 유럽 오스트리아 군정(軍政)에서 보여준 행태(行態)를 반복하지 못하게 한다는 정치적 판단, 그리고 전후(戰後) 소련과의 관계에서 우세를 확보할 수 있다는 계산이 일본에 대한 원자탄 투하 결정을 뒷받침했다.[16]

두 개의 원자탄(a uranium bomb: 'Little Boy', a plutonium bomb: 'Fat Man')이 일본의 히로시마와 나가사키에 1945년 8월 6일과 9일에 차례로 투하됐다. 1945년 8월 9일, 소련은 재빨리 일본에 선전포고(宣戰布告)를 하고 병력을 한반도에 진주(進走)시켰다. 1945년 8월 10일, 일본은 라디

15) David McCullough, *Truman*(New York, London, Toronto, Sydney, Tokyo, Singapore: A Touchstone Book, 1992), pp. 430-7; 온창일, *안보외교론 I* (서울: 지문당, 2012), pp. 155-7.

16) David McCullough, *Truman*, pp. 437, 442, 444; Thomas G. Patterson, et. al. *American Foreign Policy: A History*(Lexington, Massachusetts, Toronto, Canada: D. C. Heath and Company, 1977), pp. 428-35; 온창일, *안보외교론 I*, pp. 157-8; *세계전쟁사*, pp. 398-401.

오를 통해 천황(天皇)의 위치가 보장된다면 '포츠담 선언(무조건 항복)'을 수용한다는 내용을 방송했다. 찬반 논의 후에, 일본 천황의 위치는 인정하되 연합군 총사령관의 지휘를 받는다는 조건하에 일본의 항복을 받아주기로 했다. 1945년 8월 15일(워싱턴 시간으로는 8월 14일)에 일본은 항복했고, 9월 2일에는 도쿄만(東京灣)에 정박한 미주리호 함상에서 그 대표단이 항복문서에 조인함으로써 태평양전쟁(1941~1945)이 끝났다.[17] 이렇듯 일본에 대한 두 발의 원자탄 투하 효과는 매우 신속했고 유용(有用)했다.[18]

일본에 투하된 두 발의 원자탄은 일본의 항복을 신속하게 강요한 효과를 거두었으나, 비인간적인 역작용도 가져왔다. 히로시마 원폭(原爆)으로 즉사(卽死)한 사망자는 7만 명에 이르고, 1950년까지 그에 따른 질환으로 사망한 사람까지 합하면 2십만 명이 사망했다고 추산됐다. 히로시마 시의 90% 이상의 건물이 파괴되어 폐허로 변하기도 했다. 나가사키 원폭 투하로는 3만 5천 명이 즉사, 1945년 말까지 총 8만 명이 사망하고, 나가사키 역시 폐허화되었다. 그 이후에도 암, 백혈병 등 후유증으로 사망한 사람도 결코 적지 않아서 일본에 투하된 원자탄은 전투 행위와 직접 연관이 없는 아녀자(兒女子)까지 무차별적으로 살상한 역작용(逆作用)을 기록했다.[19] 일본의 자업자득(自業自得) 행적(行績)에 바탕을 둔 인과응보(因果應報)라고는 하지만 일본에 대한 원자탄 투하는 분명 비인간적(非人間的)인 결과를 빚어냈다.

미국의 핵무기 개발과 개발된 핵무기를 사용함으로써 일본의 항복을 신속하게 받아낸 경험적 사실은 미국에 대항하여 전후 냉전(冷戰) 질서의 한 축을 담당한 소련은 물론 자유 진영 국가들까지 자극하여 핵무기 개발을 서두

17) *위의 책*; "제2차 세계대전과 일본의 항복", *naver.com.*

18) 저자의 학문적, 인간적 스승인 윌슨(Theodore A. Wilson, Author of *The First Summit* and the Co-editor of *Makers of American Foreign Policy*) 교수는 히로시마에 첫 번째 원자탄 투하는 필요했으나, 나가사키에 투하된 두 번째 원자탄은 성급했다는 입장을 개진했다. 그는 히로시마 원폭 투하 후에 약간 기다리는 시간이 필요했다고 보았다.

19) "히로시마와 나가사키 원자 폭탄 투하", *wikipedia, naver.com.*

르게 만들었다. 1945년 7월 24일 늦은 오후 포츠담 회의가 끝난 직후, 미국 트루먼 대통령은 통역과 함께 서 있던 소련 수상 스탈린에게 다가가서 "우리는 보통이 아닌 파괴력을 가진 새로운 무기를 가졌다(We have a new weapon of unusual destructive force.)"라고 말을 건넸다. 이에 스탈린은 "들어서 반갑습니다. 그것을 일본에게 잘 활용할 수 있기를 바랍니다"라고 대수롭지 않게 받아 넘겼다. 그러나 스탈린은 즉시 원자탄 개발 책임자에게 계획 추진에 박차를 가하라는 전문을 발송하도록 지시했다.[20] 결국 소련은 1949년에 핵실험에 성공했으며, 스탈린은 1950년에 모스크바를 방문한 김일성(3월 30일에서 4월 25일까지 체류)에게 소련의 원자탄 보유는 미국이 아시아에 간섭하지 말라는 분위기를 고조시키고 있다고 언급하면서 김일성의 대남 전면공격을 승인한 이유를 설명하기도 했다.[21] 뒤이어, 영국(1952), 프랑스(1960), 중국(1964)도 핵실험에 성공하여 핵보유국이 되었다. 그리하여 이 국가들은 1967년 1월 이전에 핵무기를 보유한 공식적인 핵보유 국가로 인정되었으며, 그 사실은 유엔 안전보장이사회 상임이사국 위치를 확고하게 만들었다.

일본에 대한 초보적인 핵무기인 원자탄 투하 때(1945)와는 다르게, 파괴력과 운반 및 투발수단의 정확성이 증진된 현재(2014)의 핵무기 체계는 어떠한 유용성도 정당화시키지 못할 정도의 비인간적인 역작용을 안겨줄 것이 분명함에도 불구하고, 인도와 파키스탄(1998), 이스라엘(비밀리 개발)도 핵무기를 보유했고, 심지어 북한(세 차례 실험: 2006. 10; 2009. 6; 2013. 2)까지도 핵 보유를 자처할 정도로 핵무기 체계는 확산되어 왔다.

---

20) David McCullough, *Truman*, pp. 442-3; 온창일, *안보외교론 I*, p. 156.

21) Report to Kim Il Sung's visit to the USSR, March 30~April 25, 1950, Prepared to the International Department of the CC of the All-Union Communist Party (Bolshevik), Archives of the President of Russia, quoted in Evgeniy P. Bajanov and Natalia Bajanova, *The Korean Conflict, 1950~1953: The Most Mysterious War of the 20th Century—Based on Soviet Secret Archives*(unpublished), pp. 1-6; 온창일, *한민족전쟁사*(서울: 지문당, 2013), p. 468.

다. 대량살상무기 사용 및 확산 금지와 폐기, 감축을 위한 안보외교

핵무기 체계와 생화학무기로 구성된 대량살상무기의 사용과 확산을 막고, 현재 각국이 보유하고 있는 생화학무기의 폐기와 핵무기를 감축해야 한다는 명제(命題)는 안보외교가 담당한 절실한 과제이다. 일시적으로 대량살상무기의 보유 및 사용이 효과 있다 하더라도 그에서 비롯되는 치명적인 역작용을 상쇄시키지 못하고, 그것을 통해 달성할 수 있는 어떠한 목표도 현실적으로 큰 의미를 부여받지 못하기 때문이다. 설사 대량살상무기를 보유함으로써 국가의 대외적 위상이나 외교적인 몸짓에 무게가 실린다 하더라도, 인간의 이성(理性)이 이성적(理性的)인 한 핵무기의 사용 자체가 사실상 불가능하고, 생화학무기의 사용은 인간 스스로 자기 존재를 부정하고 존엄성을 유린(蹂躪)하는 결과를 감수해야 하기 때문이기도 하다. 이러한 의미에서 대량살상무기의 사용 및 확산 금지와 궁극적으로 폐기(廢棄)를 목적으로 감축(減縮)해 나가는 문제는 안보외교의 가장 심각한 숙제이다.

고대로부터 보유 및 사용해 온 생화학무기는 사용은 물론 보유 자체를 막아야 할 살상무기이다. 그러나 생화학무기를 전장(戰場)에서 사용해 온 지 3,000여 년이 훨씬 지난 후에야 인간은 이러한 종류의 무기가 좋지 않다는 사실을 인식하기에 이르렀다. 생화학무기의 사용 효과는 미미한 반면 사용 결과는 심각한 후유증을 안겨준다는 사실을 뒤늦게 깨달은 것이다. 그러다 1997년 4월 29일에 화학무기의 개발, 생산, 저장 등에 관한 규제를 포괄한 화학무기금지협약(CWC: Chemical Weapons Convention, 정식 명칭은 The Convention on the Prohibition of the Development, Production, Stockpiling and Use of Chemical Weapons and on their Destruction)이 발효되었다.[22] 그리고 기존의 화학무기를 일정기간 내에 완전 폐기하고 화학무

22) 생물화학무기는 1899년 헤이그 평화회의의 '독가스금지선언', 1922년 '잠수함과 독가스에 관한 5국 조약', 1925년 '독가스 기타사용금지에 관한 의정서', 1972년 '세균독

기의 사용, 개발, 생산, 보유 및 이전 활동을 금지한 화학무기금지협약의 이행을 추진하고 감시하는 기관인 화학무기금지기구(OPCW: Organization for the Prohibition of Chemical Weapons)를 설립했다(본부: 네덜란드 헤이그). 이 기구에 세계 190개국이 가입했으나, 이스라엘, 이집트, 북한, 미얀마, 앙골라, 남수단은 가입하지 않고 있다. 화학무기량이 너무 방대하여 완전 폐기에 시간이 걸리는 미국, 러시아, 중국과 미가입 국가들의 화학무기는 아직 남아 있으나, OPCW는 1997년 창립 이후 세계 화학무기의 80% 이상을 제거하는 성과를 거두었으며, 2013년 9월 30일부터 시리아에 인원을 파견하여 화학무기 현장조사 및 생산시설 해체작업을 진행했다. 이러한 공로를 인정받아 OPCW는 2013년 노벨 평화상을 수상했으며, 시리아 화학무기는 2014년 1월에 선적되어 공해상에서 폐기를 시작했다.[23] 이는 인간 존재와 존엄성을 부인(否認)하는 한 종류의 살상무기가 사라져 가고 있는 좋은 징조이다.

완전하게 폐기되어야 할 대량살상무기의 다른 하나는 핵무기 체계이다. 그러나 국제정치 현실은 국가 간 정치가 강권정치적(强權政治的) 속성을 버리지 못하는 한 이러한 당위성(當爲性)보다 핵무기 체계 보유의 불가피성(不可避性)을 받아들이는 것 같아 보인다. 이상(理想)과 현실(現實)의 괴리가 국제환경에도 엄연히 존재하기 때문이다.

핵무기 체계의 유용성을 완전하게 떨쳐버리지 못하고 있는 실정(實情)이 국제정치의 현실이다. 비인도적(非人道的)인 후유증에도 불구하고 일본 히로시마(1945. 8. 6)와 나가사키(1945. 8. 9)에 투하된 두 발의 원자탄은 태평

소무기금지협약' 등에 의해서 사용이 금지되어 왔다. 그리고 이 내용들을 포함한 규제 내용들이 1993년 '화학무기금지협약'에 포함되어 1997년에 발효됐다. "생물화학무기", "화학무기 금지협약", *naver.com.*

23) "화학무기금지협약(CWC: Chemical Weapons Conventiion)", "화학무기금지기구(OPCW: Organization for the Prohibition of Chemical Weapons)", "화학무기금지기구(OPCW) 노벨상 수상", *naver.com*; "시리아 화학무기 실은 배 출항…폐기 작전 시작", *조선일보*, 2014. 1. 9.

양전쟁을 거의 순식간에 끝낼 수 있었다. 이 결과 미국은 소련의 일본 군정 참여를 차단했고, 나치 독일 패망 이후 유럽 오스트리아 군정에서 보여준 소련의 행태를 다시 볼 필요가 없었다. 또한 독립을 선포(1948. 5. 14)한 다음날 주변 아랍국의 연합공격을 '독립 축하 선물'로 받은 이스라엘은 1950년대 말 프랑스 기술을 도입하여 핵무기 개발에 착수하여, 2014년 현재 300여 개의 핵탄두와 이를 발사할 수 있는 수단(예리코 3호 ICBM: 사거리 11,500km, 1,000kg 핵탄두 장착 가능; 예리코 2호 MRBM: 사거리 1,300km, 1,000kg 핵탄두 장착 가능)도 보유했다고 알려져 있다.[24] 주변 이집트 등 주변 아랍국가들의 공격을 받으면서 국가의 실체를 유지해야만 했던 이스라엘은 '차후에 불리한 전쟁을 강요당하기보다 현재의 유리한 전쟁을 실시한다'는 '예방전쟁(preventive war)' 개념에 입각한 전쟁(6일전쟁, 1967)까지 실시하여 이집트와 요르단을 대이스라엘 전선에서 이탈시켜 가면서 국가를 보존해 왔기 때문에, 자체 핵무장이 필요했다고 판단했던 것이다. 그리하여 국방차관(1956~1965)으로 이스라엘의 핵개발을 주도한 이스라엘 대통령(Shimon Peres, 1923~, 재임 2007. 6~)은 "디모나(비밀 핵시설이 있는 이스라엘 남부 지역)에 무언가를 가지고 있다는 의심이 전쟁을 막았다면 성과"라며 이스라엘 핵개발이 자국 안보에 기여했다는 인식을 감추지 않았다.[25] 게다가 현재도 한반도, 크림반도 등 어느 지역에서 도발행위나 분쟁사태가 발생할 때, 미국이나 러시아 등이 자국의 핵추진 및 핵무장 함대를 파견하거나 그들이 참가한 실제 군사기동훈련을 실시하는 무력시위를 벌이는 상황이 전개되는 것을 보면, 아직 핵 군사력의 효용성이 소진(消

24) "이스라엘의 핵무기 개발", *wikipedia, naver.com;* 이스라엘은 자국의 핵무기나 핵 운반 수단의 현황에 대해서 공식적으로 시인도 부인도 하지 않고 있다. 특히, 이스라엘은 비밀리에 핵무기를 개발하고, '핵무기 개발'이라는 용어 대신 '핵무장 선택권(nuclear option)'이라는 용어를 사용했다.

25) "이스라엘 대통령 '핵보유가 전쟁 막았다'", 일본 아사히신문 인터뷰, *연합뉴스* 2014. 2. 6.

盡)되었거나 도외시(度外視)된다고 보기는 힘들 것 같다. 이와 같은 국제정치의 현실은 핵무기 체계에 대해 기존 핵무기의 완전한 폐기를 목표로 한 합리적인 감축과 그 확산을 금지하려는 안보외교의 노력을 제한하는 요소로 남아 있다.

핵무기 체계의 합리적인 감축과 확산 금지 시도는 1969년 6월 12일에 유엔총회에서 가결되어(찬성: 95, 반대: 4, 기권: 13) 1970년 3월 5일부터 발효된 핵확산금지조약(NPT: Nuclear non-Proliferation Treaty)으로 구체화되었다. 조약의 기본 조항은 핵무기 보유국(미국, 소련, 영국, 프랑스, 중국)은 핵무기 및 기폭장치와 그에 대한 관리를 3국에 양도하지 않으며, 미(未)핵보유국은 핵무기나 기폭장치를 제조 혹은 획득하지 않고, 국제원자력기구(IAEA: International Atomic Energy Agency)의 사찰과 안전조치를 받아들여야 한다는 내용을 담고 있다. 이 조약은 1차로 1995년에 유효기간이 만기되었으나, 핵보유국의 군축(軍縮) 노력 원칙을 채택하고 무기한 연장하기로 합의함으로써 핵확산금지조약은 계속 유효한 상태로 존속되고 있다.[26] 한국도 여기에 가입했으며(1975), 북한은 한때 가입했다가(1985) 탈퇴를 선언하고(1993) 탈퇴 선언을 IAEA에 제출한(1994) 후 2003년 이후부터 NPT를 탈퇴한 상태로 핵실험을 실시하면서(2006, 2009, 2013) 핵무기 보유에 집착하고 있다. 인도, 파키스탄, 이스라엘은 이미 핵무기를 보유하고 있는 국가로 기정사실화되어 있는데 이 국가들은 NPT에 가입하지 않고 있다. 이와 같이, 핵확산금지조약은 핵보유국의 군축(軍縮)을 촉진하고 미(未)핵보유국의 핵무기 개발을 억제(抑制)하는 규제적 근거이며, 국제원자력기구(IAEA)는 사찰·감독 등을 통하여 이를 집행하는 기관으로서 역할을 수행하고 있다.

이와 같이, 국제사회는 화학무기금지협약(CWC: Chemical Weapons Con-

26) "핵확산금지조약: Nuclear nonproliferation treaty", *naver.com.*

vention, 1997)과 화학무기금지기구(OPCW: Organization for the Prohibition of Chemical Weapons)로 생화학무기를 완전하게 폐기(廢棄)하려 하고, 핵확산금지조약(NPT: Nuclear non-Proliferation Treaty, 1970)과 국제원자력기구(IAEA: International Atomic Energy Agency)를 통하여 핵무기 체계의 축소(縮小)와 확산(擴散) 금지를 추진해 왔으며, 괄목할 만한 성과를 거두기도 했다.

시리아(Syria)의 화학무기 폐기와 이란(Iran)의 핵개발 포기는 대량살상무기의 폐기, 포기, 금지, 축소의 선례(善例)로 안보외교의 성과라 볼 수 있다.

시리아의 화학무기 폐기 합의와 이행으로 화학무기금지기구(OPCW)가 노벨 평화상(2013)을 수상했으나, 이러한 성과는 미국과 러시아 그리고 NATO 서방국가들의 외교적 노력이 결실을 거둔 결과였다. 서방국가들, 특히 미국은 시리아 내전에서 시리아 정부가 화학무기 등 대량살상무기를 사용할 경우에 군사개입도 고려한다는 입장을 천명해 왔다. 2013년 8월 21일에 시리아 정부군이 화학무기를 사용해 1,300여 명의 민간인 사망자가 발생한 후, 영국, 프랑스, 터키 등 NATO 회원국들이 군사개입을 촉구하고 미국이 시리아군에 대한 미사일 공격 준비를 서두르자, 시리아 정부는 유엔조사를 받겠다고 일단 사건 진화에 나섰다.[27] 상황이 이렇게 전개되자, 시리아의 유일한 후원국인 러시아는 "시리아가 화학무기를 포기하면 미국 등 서방국가들이 공격하지 않도록 중재하겠다"라는 입장을 표명했고, 시리아가 이를 받아들였다.[28] 러시아는 미국과 시리아 화학무기 폐기 협상을 진행시켰으며, 시리아도 화학무기금지협약(CWC)에 가입을 신청했고(2013. 9. 12), 미국과 러시아는 2013년 11월에 사찰을 시작해서 2014년 상반기에 화학무기 해체를 완료한다는 계획에 합의했다.[29] 러시아와 미국의 외교적

27) "美, 시리아에 미사일 공격준비: 시리아 '유엔조사 받겠다'", *조선일보*, 2013. 8. 26.
28) "시리아 '화학무기 포기'…협상 국면으로 급반전", *조선일보*, 2013. 9. 11; "시리아 화학무기 1,000t…이스라엘도 보유 추정", *조선일보*, 2013. 9. 12.

합의에 의해서 시리아 화학무기는 2014년 1월부터 해체되기 시작했다. 이로써, 러시아는 시리아에 대한 미국 및 NATO의 군사개입을 방지하여 시리아 후견국의 위치를 확고하게 다졌으며, 반군을 지원하는 데 마음이 선뜻 내키지 않았던 미국은 일단 고민을 접을 수 있었고, 시리아 아사드 정권은 안도의 한숨을 내쉬게 되었다. 그러나 시리아 내전(內戰) 사태의 완전한 해소는 또 다른 해결책을 요구하고 있다.

이란 핵문제도 강대국과 이란의 협상으로 타결(妥結)의 길로 들어섰다. 이란과 유엔 안전보장이사회 5개 상임이사국(미국, 러시아, 중국, 영국, 프랑스) 및 독일 등 6개국은 대(對)이란 제재완화를 조건으로 이란 핵개발을 억제하기로 합의했다(2013. 11. 24). 이 합의는 2002년에 이란 핵문제가 제기된 이래 10년 만에 이루어진 결과로 이란 핵문제 해결의 단초(端初)가 되었다.[30] 6개월의 유예기간을 설정한 잠정적 합의라서 그 기간 동안 얼마든지 돌발적인 변수가 발생할 수도 있지만, 6개국은 이란의 석유 금수(禁輸) 조치를 해제하고 이란은 우라늄 농축을 중단하기로 합의했다. 과거 북한처럼 이란이 눈속임수를 사용할까 하는 우려 속에 이란의 군사프로그램에 대한 유엔 안보리 제재는 유지하기로 했으나, 이란의 석유화학과 자동차 산업에 대한 제재는 중단됐다. 이 합의는 폐쇄적인 북한보다 훨씬 개방적인 이란이 유엔 안보리의 제재에 훨씬 강한 충격을 받았고 그것을 무시하고 핵개발을 지속하기에는 무리가 많다는 점을 인식한 결과라고 분석되었다. 이제 이란은 원활하게 석유를 수출할 수 있고, 해외에 동결된 42억 달러의 자산을 회수할 수 있게 되었다.[31] 이란이 "핵의 평화적 사용 목적을 위한 핵(우

---

29) "美 · 러 회담중…시리아, 화학무기금지협약 가입", 조선일보, 2013. 9. 14; "美 · 러, 시리아 로드맵 합의…공습 사실상 무산", *조선일보*, 2013. 9. 16; "시리아 화학무기 폐기 거부땐 공습…러도 동참", *조선일보*, 2013. 9. 17.

30) "이란核, 10년만에 협상 타결", *조선일보*, 2013. 11. 25.

31) "核불량국가서 이란은 빠지고…이제 남은 건 북한", "이란 핵 현상 합의문 주요 내용", *조선일보*, 2013. 11. 25.

라늄) 농축 권리는 인정받았다"라는 견해를 밝힌 데 대해서 미국은 "핵 농축 권리를 용인한 것은 아니다. 제재 수위는 바로 원상 복귀할 수 있다"라고 대응하는 등의 파열음도 들리기는 하지만, 주요 강대국과 이란의 합의는 핵확산 금지를 지향하는 국제사회의 한 이정표(里程標)가 되었다.[32)]

미국을 비롯한 유엔 안보리 상임이사국 및 독일과 이란이 핵개발을 억제하기로 한 합의에 도달한 데는 이스라엘의 드러나지 않은 '숨은 공로'가 큰 몫을 담당했다. 예방전쟁 개념의 6일전쟁 등 전쟁까지도 수단으로 동원하여 국가 생존(生存: national survival)을 보장해 온 이스라엘은, 자국이나 유태인들에게 해악을 끼쳤거나 끼칠 인물 및 조직이나 행위를 용납하지 않았다. 이스라엘은 전 세계를 뒤져 과거 유태인 학살이라는 반인간적인 범죄를 저지른 인물들을 찾아내어 이스라엘 법정에 세우거나 제거하고, 이스라엘과 유태인들에게 테러를 감행하는 조직들에 대해서는 응징(膺懲)과 보복(報復)을 망설이지 않았으며, 주변 아랍 국가들의 예상되는 대량살상무기 개발 자체를 사전에 차단하는 행위도 마다하지 않았다. 이러한 이유로 이스라엘은 핵무장은 물론 화학무기도 보유하고 있는 것으로 판단되며, NPT나 CWC 체제에도 가입하지 않고 있다. 이스라엘은 정보기관(Mossad)의 조직원(암살조: Kidon)을 이용하여 1973년에 뮌헨 올림픽에서 이스라엘 팀에 테러를 가한 '검은 9월단' 핵심 지도자(하마스 핵심 간부: 마흐무드 알 마부)를 2010년 1월 19일에 두바이 호텔방에서 암살했으며, 이집트와 이란의 핵과학자 등도 표적살해 대상의 예외가 아니었다.[33)] 특히, 2010년에서 2012년 초까지 2년 동안 4명의 이란 핵과학자들이 암살(마수드 알리 모하마디, 마

---

32) "核불량국가서 이란은 빠지고…이제 남은 건 북한", "레드라인 넘은 北…케리(미국무장관) '이란과 북한은 다르다'", *조선일보*, 2013. 11. 25.

33) "이스라엘 모사드(Mossad)", "두바이 암살, 그리고 모사드", *naver.com*. 1949년 창설된 모사드의 공식 명칭은 정보·특수 작전기구(Mossad Le'aliyah Bet)로 이스라엘 총리실 직속기구다. 국내 정보를 담당한 신베트(Shin Bet), 군 정보국인 아만(Aman)과 함께 이스라엘 3대 정보기관 중 하나이다.

지드 샤리아, 2010; 다리우시 레자에이, 2011; 무스타파 아흐마디 로샨, 2012. 1. 11)되었고, 무인 비행기 기술자까지 제거되었다(2011).[34] 이란은 이스라엘과 미국 정보기관의 소행이라는 심증(心證)은 가지고 있으나 물증(物證)이 없는 상태에서 강력한 주장을 할 수는 없는 노릇이었다. 한 이스라엘 인사는 "암살은 전쟁의 대처 수단일 뿐 아니라 공격에 앞서 이란이 핵시설을 재건하지 못하도록 하려는 사전 조치의 성격도 있다"라고 말한 내용이 신문을 통해서 알려지기도 했다.[35] 소련제 무기를 사들이는 이집트로부터 '장차 불리한 전쟁을 강요당하는 것'보다 '현재 이스라엘에 유리한 전쟁'을 수행하자는 개념인 예방전쟁(6일전쟁, 1967)까지 수단으로 동원한 이스라엘이기 때문에, 이스라엘의 안보에 치명적일 수 있는 이란의 핵무장을 저지하기 위하여 이란 핵과학자를 암살할 수 있다는 개연성(蓋然性)은 얼마든지 유추할 수 있다. 또한 이스라엘은 북한의 지원하에 건설 중인 시리아 핵시설을 공습해서 파괴했고(2007. 9), 전폭기를 시리아 라타키아 항구 부근의 러시아 제 SA-125 미사일 기지를 공격(2013. 10)하여 무력화시켰다.[36] 이러한 이스라엘의 행위는 이란이 건설하고자 하는 핵시설은 이스라엘의 폭격 표적이 된다는 것을 거의 명확하게 해주고 있다. 이스라엘의 '과거 행적(行蹟)'과 앞으로 또 그럴 것이라는 '미래 개연성(蓋然性)'은 강대국이 이란으로부터 '핵개발 억제'에 동의하도록 유도하는 데 큰 몫을 담당한 것으로 볼 수 있다.[37]

34) "이란 핵과학자 4명 의문의 암살 배후는 누구일까?" 2012. 1. 12; "이란 핵과학자 爆死배후, 이스라엘 암살조: 英더타임스, 암살 순간 재구성", 2012. 1. 15, *naver.com.*

35) "이란 핵과학자 爆死배후, 이스라엘 암살조: 英더타임스, 암살 순간 재구성", 2012. 1. 15, *naver.com.*

36) "이스라엘 전폭기, 시리아 미사일 공습", *연합뉴스*, 2013. 11. 1.

37) 여기에 이란 핵문제를 해결하기 위한 합의를 도출한 7자회담(미국, 러시아, 중국, 영국, 프랑스, 독일, 이란)과 북 핵문제를 해결하기 위해서 무료하게 진행되었던 6자회담(미국, 중국, 러시아, 일본, 한국, 북한)의 차이점이 있다고 볼 수 있다. 이란의 핵개발을 거의 불가능하게 만들 수 있는 역할을 할 수 있는 또 하나의 '숨은 멤버(hidden member)', 즉 이스라엘과 같은 존재가 6자 회담에는 없기 때문이다.

이와 같이, 시리아 화학무기 폐기와, 초보 단계이긴 하지만 이란의 핵개발 포기 사례는 화학무기금지협약(CWC)과 핵확산금지조약(NPT)을 통하여 생화학무기를 제거하고 핵무기 확산을 방지하면서 핵무기를 감축하자는 국제적 노력의 좋은 선례(先例)가 될 수 있다.

안보외교가 완벽하게 구체화해야 할 중요한 과제는 핵보유국이든 핵을 보유하고자 하는 미핵보유국이든 간에 모든 핵실험(대기권 내외, 지하, 수중 등)을 완전하게 중지해야 한다는 점이다. 물론, 공인된 핵보유국(미국, 러시아, 중국, 영국, 프랑스)은 NPT가 무기한 연장되기 전(1996) 필요한 핵실험을 다 수행하여 더 이상 핵실험이 불필요하지만, 전 세계 모든 국가가 어떠한 형태와 종류의 핵실험도 다시는 시행하지 않겠다는 정책의지를 공개적으로 밝히게 할 필요가 있다. 일본 히로시마와 나가사키에 투하된 바 있는 초보적인 핵무기인 원자탄은 10만 5천여 명이 즉사했고 총 28만 명이 사망했으며, 암과 백혈병으로 많은 사람들이 투병생활을 했고, 살아남아 있어서 생활을 영유하던 많은 사람들의 후손들에게까지 영향을 미쳤다. 중국은 1964년부터 1996년까지 신강(新疆)위구르 자치구 타클라마칸 사막 지역을 중심으로 46번이나 핵실험을 실시했다. 그 결과 주변 위구르인(옛날 돌궐족으로 알려진 투르크족의 한 종족) 19만여 명이 급성 사망했고 129만여 명이 방사능 노출 피해를 입었다는 통계는 핵실험의 폐해가 얼마나 심각한지와, 오늘날 그들이 필사적으로 중국으로부터 독립을 쟁취하려고 하는 이유의 한 단면(斷面)을 말해주고 있다.[38] 일본에 투하되어 실전(實戰)에서 실시한 핵실험이나 중국이나 다른 국가들이 일정 지역에서 실시한 핵실험은 치명적인 인적 피해와 더불어 주변 생태계를 불모지(不毛地)로 만들어 돌이킬 수 없는 결과를 빚어냈다는 점이 핵실험을 완전히 금지해야 하는 한 이유이다.

핵실험을 완전무결(完全無缺)하게 금지해야 하는 다른 하나의 이유는 핵

38) "中, '반역의 땅'서 32년간 46번 핵실험", *dongA.com,* 2009. 5. 12; "핵실험", *wikipedia, naver.com.*

실험이 자연 재앙(災殃)을 가져올 수 있다는 점이다. 대기권 내외의 핵실험은 인간의 생존에 절대적으로 필요한 청정(淸淨)한 대기권 유지를 불가능하게 할 수 있고, 수중 핵실험은 해양 생태계와 해산물을 오염시켜 인간이 활용할 자원의 한 축을 파괴할 수 있으며, 지하 핵실험은 인간이 발을 딛고 서 있는 지각(地殼)을 변동(變動)시키거나 요동(搖動)치게 만들어 지진이나 홍수 같은 재앙을 인간에게 안겨줄 것이 확실하기 때문이다. 실제로 지각(地殼: the earth's crust)은 마그마(岩漿: magma) 위에 떠 있는 부유층(浮游層)에 불과하다. 따라서 층(層) 내외의 자연적・인위적 충격에 의해서 변동하거나 요동칠 수 있는 성질을 지니고 있다.

중국이 후베이성(湖北省) 이창시(宜昌市)에 양쯔강(揚子江: 長江) 지류(支流)를 막아 건설한(2008) 산샤(山峽)댐이 쓰촨성(四川省) 대지진(2008)의 원인이라는 주장이다. 산샤댐(山峽댐: The Three Gorges Dam)은 지난 2006년에 사실상 공사가 마무리되고 2008년에 운전을 시작하여 중국의 수력발전 생산량의 11%(2,250만 KW)를 생산하지만 약 390억 톤(소양강댐의 14배)의 물을 담고 있다.[39] 그런데 2008년 5월 12일에 중국 쓰촨성(四川省)에서 리히터 규모 8.0의 대지진이 발생하여 사망자 7만여 명, 중상자 37만여 명, 실종자 1만 8천여 명의 인명 피해와 막대한 재산 피해(1,500억 위안)가 발생했다.[40] 방대한 저수량을 못 이겨 기반 암석층에 균열이 생기고 그 틈새로 물이 스며들어 단층 활동의 윤활작용을 할 수 있다는 이유로 산샤댐이 지진의 원인이 됐다는 주장이 제기된 것이다. 1967년 인도의 코이나댐 완공 직후 폭우로 인한 수압 가중으로 규모 6.5의 지진이 발생했고, 중국 광동성의 신펑강댐도 규모 6.1의 지진을 발생시킨 원인으로 조사됐다는 결과를 실

---

39) "세계최대 수력발전소 산샤댐 완공", *연합뉴스* 2012. 7. 6. 산샤댐은 댐의 길이 2.3km, 높이 185m의 거대한 댐으로 2006년에 공사가 끝났으나, 공사로 인하여 이주민이 된 130만 명에 대한 보상과 환경문제 해결을 위해 6년의 기간이 지난 2012년에서야 완공됐다.

40) "2008년 쓰촨성 대지진", *naver.com.*

례로 들기도 했다.[41] 지표면에 가해진 엄청난 하중(荷重)이 지각 변동을 일으켰다는 이 논리는 지하・수중 핵실험으로 인한 엄청난 충격(衝擊) 역시 지각 변동의 원인이 될 수 있다는 우려를 자아냈다.

북한의 지하 핵실험이 백두산의 화산 활동을 증진(增進), 촉진(促進)시키는 영향을 미칠 수 있다는 있다는 지적이 바로 그것이다. 백두산의 화산 활동은 신생대 제3기 말에서 제4기에 제주도, 울릉도, 독도와 함께 이루어졌다고 한다. 조선시대에도 백두산 화산폭발이 일어났고(1668, 1702, 1903), 천 년 전에 대규모 화산폭발이 있었다고 분석됐으며, 특히 2011년 3월의 일본 대지진 후에 백두산의 화산폭발 가능성이 제기되었다.[42] 그런데 북한의 함경북도 풍계리 핵실험장은 백두산에서 110km 정도 떨어져 있다. 백두산의 마그마가 풍계리 지하 핵실험 장소 10km 밑까지 연결되어 있어서 핵폭발 충격이 이를 자극하여 백두산의 화산 활동에 영향을 미칠 수 있다는 주장을 확인할 수는 없으나, 이 지점에서의 강력한 핵실험은 백두산 화산 활동에 크고 작은 영향을 미칠 수는 있다고 보인다. 백두산은 최근인 1925년에도 분화했으며, 2002년부터 1년간은 화산 활동이 제법 활발한 상태였다.[43] 따라서 북한의 지하 핵실험이 자칫 백두산의 화산 활동을 증진 및 촉진시킬 수 있다는 우려(憂慮)를 기우(杞憂)라고 무시해 버릴 수만은 없다. 백두산의 대규모 화산폭발은 북한의 핵무기 보유 여부를 전혀 무의미하게 만들 대재앙을 한반도는 물론 주변국에게까지 안겨주기 때문이다.

다른 지역에서의 지하・수중 핵실험(核實驗)도 지각변동이나 요동을 유발하는 원인이 되어 자연재앙을 가져올 이러한 가능성이 모든 국가의 모든 형태의 핵실험을 완벽하게 금지(禁止)해야 하는 절실(切實)한 이유이다.

이러한 핵확산 금지 이유와 조치는 기존의 핵보유국에게만 유리한 결과를

---

41) "쓰촨성 대지진, '산샤댐' 불똥", *YYN*, 2008. 5. 14, *naver.com*.
42) "백두산 화산폭발?", 2013. 9. 22, *naver.com*.
43) "北 '고강도 핵실험'에 백두산 화산 활동도 영향받나", *연합뉴스*, 2013. 2. 8, *naver.com*.

인정하는 것이 아니냐 하는 주장이 제기될 수 있다. 기존의 핵보유는 인정하고 새로운 핵보유 시도는 인정하지 않는다는 이유에서 불평등한 것 아니냐하는 입장이 개진될 수 있다는 말이다. 그러나 현재 한 국가의 핵무기 보유여부는 물론, 국가의 대소(大小), 국력의 강약(强弱), 국가의 위상(位相) 등은 인간이 조직한 정치집단인 각국(各國)에게 균등(均等)하게 주어진 5,000여 년 동안 그 국가를 형성한 국민(종족, 민족, 혹은 다민족 등)이 쌓아온 행적의 누적 결과 현상임을 받아들인다면, 제기된 주장이나 개진된 입장은 내세울만한 현실적 타당성이 있다고 보기는 매우 어렵다.[44] 더구나 대량살상무기는 인간의 생존 및 존엄성을 아예 없애는 결과를 안겨줄 수 있기 때문에, 이를 폐기하거나(화학무기), 감축하거나(기존 핵무기), 확산을 금지하는 것은 유불리(有不利)나 평등과 불평등을 따지는 차원을 초월한 실질적 타당성을 지니고 있다. 따라서 대량살상무기인 화학무기의 폐기, 핵무기의 감축(궁극적으로 폐기)과 확산 금지는 개별 국가들의 호불호(好不好)나 유불리(有不利)를 떠나 안보외교가 달성해야 할 중대 목표요 취급해야 할 사안이다.

44) 저자는 1961년에 무전여행가 김찬삼(金燦三) 교수의 강연을 들을 기회가 있었다. 아르헨티나를 방문해서 그곳 초등학교에서 강의하는 중에 자신은 한국(Korea)에서 왔고 한국은 5,000년의 역사를 가지고 있다고 한국을 소개했다고 한다. 그런데 한 학생이 손을 들어 자신은 한국이라는 국가 이름을 처음 들었고 어디에 있는지도 모르는데 5,000년 동안 한국은 무엇을 했기에 이름이 알려지지 않았는지 질문했다고 한다. 김 교수는 구차한 설명을 하면서 얼굴이 화끈거리는 것을 느낄 수 있었다고 했다. 지금도 매우 인상적인 강연이었던 기억을 갖고 있다.

6. 안보외교와 전쟁

6. 안보외교와 전쟁

안보외교는 전쟁을 막는 데 목표를 두고 그것을 달성하기 위해서 전쟁을 포함한 모든 수단을 운용하는 것을 당연한 것으로 받아들인다. 그러나 전쟁은 계속 치러져 왔고 전쟁을 없앨 수 있다는 확신(確信)은 물론 기미(氣味)마저 쉽게 드러나지 않는다. 사정이 이러함에도 불구하고, 안보외교의 목표를 포기하거나 수정할 수는 없는 노릇이다. 전쟁(戰爭)이 인간의 존재를 부정함은 물론 인간의 모습을 일그러지게 하는 주요한 원인인 한 그렇다. 전쟁을 막기 위해서는 우선 전쟁이 일어난 원인을 개괄(概括) 분류(分類)하여, 그에 대한 안보외교상 대책과 방안 그리고 운용 가능한 수단을 모색해 볼 필요가 있다. 전쟁의 원인을 제거할 수 있다면 전쟁을 막는 단초(端初)가 시작될 수 있을 것으로 판단되기 때문이다.

무엇보다도 먼저, 안보외교가 확실하게 담당해야 할 과업(課業)은 전쟁의 수단으로 개발되긴 했으나 운용해서는 안 될 화학무기와 핵무기 체계를 동원한 이른바 '화생방전(化生放戰: bio-chemical nuclear war)'을 현실(現實)이 아닌 관념(觀念)의 세계에 묶어 두는 일이다. 그러나 과거 냉전(冷戰)기에 형성된 NATO(북대서양 조약기구: North Atlantic Treaty Organization)는 병력의 우세를 확보한 바르샤바 조약(WTO: Warsaw Treaty Organization, 1955~1991) 동맹군의 공격을 사전에 억제하는 수단으로 화생무기와 핵전력(戰術核 戰力中心)을 예비 전력으로 보유하고, 필요시 사용하려 했다.[1] 그리고 미국은 가장 초보적인 핵무기인 원자탄을 일본에 투하하여 태평양전쟁(1941~1945)을 단숨에 종결시킨 경험을 가지고 있다. 이러한 과거 경험과 의도는 미국을 비롯한 핵보유국들에게 '재래식 전쟁(conventional war)'의 효과적인 억제나 신속한 종결 수단으로 핵무기(주로 전술핵)를 동원할 가능성을 완전하게 배제할 수 없게 만들고 있다. 특히, 북한이 대량살상무기를 보유·개발하면서 재래식 전력의 열세를 상쇄(相殺)시키고, 한국을 비롯한 주변국을 공갈·협박하여 탈냉전기(脫冷戰期) 북한 체제 보장과 유지를 위한 외부지원을 확보하려는 정책 및 전략적 의도를 숨기지 않고 있기 때문에, 이에 대처할 '효과적인 수단'으로 핵무기 체계가 운용될 가능성은 열려 있다. 그리고 중국 역시 미국과의 관계에서 중후(重厚)한 위상(位相)을 확보할 목적으로 지상 미사일(동풍(東風)-31A ICBM)의 실전배치(2007)에 이어 미국 본토를 타격할 수 있는 잠수함 탄도미사일 시험발사를 실시하고 2013년에 실전 운용에 돌입했다.[2] 과거와 현실의 실제(實際)가 이러함에도 불구하고, 안보외교(安保外交)는 일방적인 피해(被害)만이 아닌 보편적인 재앙(災殃)을 가져다주는 대량살상무기 특히 핵무기 체계의 실제 운용은 막아야 한다. 대량살상무기를 동원한 화생방전(化生放戰)은 현실이 아닌 관념의 세계에 머물러 있게 해야 한다는 뜻이다.

핵무기 체계의 출현으로 '재래식 전쟁(conventional war)'이라는 범주로 일괄(一括) 분류된 수행 가능한 현실세계의 전쟁도 안보외교가 막아야 함은

---

1) 소련을 비롯한 동구권 8개국이 폴란드 바르샤바에서 결성한 군사동맹조약기구(Warsaw Treaty Organization, 1955~1991), 1980년대에 병력 규모는 약 475만 명에 육박했다. 1990년 10월에 독일이 통일되어 동독이 탈퇴하고, 1991년 4월 1일에 해체되었다. "바르샤바 조약기구", *naver.com*.

2) 중국은 진(晋)급 전략핵잠수함(094형)에서 잠수함 발사 탄도미사일(SLBM) 거랑(巨浪-2: JL-2)을 개발하여 시험발사하고 2013년에 실전에 배치했다. "美 본토 타격 가능한 中 잠수함탄도미사일 年內 실전운용", *조선일보*, 2013. 11. 13. 이로써 중국은 미국 본토 전부를 타격할 수 있는 ICBM 동풍(東風-31A, 2007년 실전 배치) 미사일과 더불어 미국 핵무기에 대한 지상·해상 핵 억제력을 구비한 셈이 되었다.

두말할 필요가 없다. 파괴력과 정확도가 증진된 현재와 미래의 재래식 무기 체계를 동원하는 전쟁 역시 인간에게 '수용하기 힘든 폐해(弊害)'를 가져다 줄 것이며, 인간 삶의 모태(母胎)가 되는 자연환경이나 사회환경도 '회복되기 힘든 수준으로 파괴(破壞)'할 것이 뻔하기 때문이다.

지금까지 치러 온 전쟁의 첫 번째 원인은 국지적, 세계적 차원에서 그럴싸한 명분을 내세워 패권(覇權: hegemony)을 장악하려는 국가 혹은 국가군(國家群)이 제공했다. 나치 독일은 우수한 아리안족의 생활권이 비좁아 러시아의 우랄 산맥 서쪽 지역을 포함한 유럽 지역을 장악하려 했고, 군국주의 일본 역시 자국 주도하에 '대동아 공영권'을 형성하여 패자(覇者)의 위치를 확보하려 했다. 이 두 국가들에 대해서 영국, 프랑스는 나치 독일의 요구를 어느 정도 수용함으로써 침략 행위를 중단시키려 이른바 유화정책(宥和政策: appeasement policy)을 펼쳐 뮌헨협정(1938)을 체결했으나 소용이 없었다. 미국 역시 일본의 불법적 침공행위로 인한 현상 변경을 인정하지 않는다는 불인정 정책(non-recognition policy)을 천명하고, 영국, 오스트레일리아, 네덜란드 등과 대일본 경제봉쇄망(ABCD Line)을 구축했으나 아무 소용이 없었다. 그리하여 결국 이 국가들은 나치 독일과 일본을 상대로 전면전을 수행해야만 했다. 이와는 대조적으로, 주변 아랍 국가들의 무력공격을 독립선물로 받은(1948) 이스라엘은 예방전쟁(1967)까지 수단으로 동원하고, 조직적 혹은 산발적 공격은 강력한 보복과 응징으로, 테러 공격에 대해서는 그에 상응하는 포격과 폭격 등으로 대응하면서 오늘까지 국체(國體)를 보존해 오고 있다. 특히, 이스라엘은 프랑스의 도움을 받아 비밀리에 핵무장을 선택(2014년 현재 200~400기의 핵탄두 보유 추정)하여 주변 아랍 국가들의 재래식 전면 공격을 저지하고 있다. 주변 아랍 국가들의 핵무장을 방치(放置)함으로써 현실화될 수 있는 재앙(災殃)을 사전에 차단하기 위해서 이스라엘은 어떠한 행동도 망설이지 않고 있다. 이스라엘은 시리아 핵시설을 파괴했고(2007), 미사일 기지도 공격하여 무력화시켰으며(2013), 이집트(1980) 및 이란의 핵과학자가 피살(2명: 2010, 2011, 2012)된 사건의 배후로 지목되는 것을 마다하지 않았다. 또한 자국민에게 해를 끼친 인물을 제거(2010)하는 것은 물론, 과거 유태인 학살에 가담한 인물들을 찾아내서 이스라엘 법정에 세우거나 납치된 유태인들을 위해 과감한 구출 작전을 수행해왔다.[3] 그 결과 이제는 세계 어느 국가나 어느 개인도 이스라엘의 국가적 실체를 부정할 수 없고, 주변 아랍 국가들조차도 함부로 이스라엘을 공격할 수 없게 되었다. 이는 시사(示唆)하는 바가 있는 유용한 사례(事例)가 아닐 수 없다.

이 두 사례(事例)는 시대와 배경 면에서의 현격히 다름에도 불구하고, 현상을 파괴하려는 국가들이 벌이는 침략 행위를 무엇으로 차단할 수 있고, 그러한 원인으로 발생된 전쟁을 어떻게 막을 것인가 하는 점을 명백하게 해준다. 전쟁의지(intention), 능력(capability), 필요시 과감한 행동(action)이 전쟁을 막을 수 있고, 특별한 경우에는 '조그마한 전쟁이 더 큰 전쟁을 막을 수 있다'는 논리에 타당성을 부여해 주고 있는 경우이다. 유엔을 통해서 한국전쟁(6 · 25전쟁, 1950~1953)에 개입한 미국 트루먼 대통령(Harry S. Truman, 1884~1972, 재임 1945~1953)은 과거 히틀러 독일, 군국주의 일본, 무솔리니 이탈리아 등이 기록한 역사적 사례를 참고하여 북한을 통한 소련의 침략 행위('Red Fascism'이라고 지칭)를 방치할 경우에 소련의 확전(擴戰) 의욕을 고취시켜 '3차 세계대전'을 다시 치러야 할지 모른다는 판단하에 한국전에 개입했다고 술회했다.[4] 역사적으로 현실화되지 않은 상황(狀

3) 저자가 미국 육군 지휘, 참모대학(US Army Command and General Staff College)에서 수학하고 있을 때(1976~1977), 이스라엘 국민이 탑승한 여객기(Air France, AF-139) 납치사건이 발생했다(1976). 그 곳에서 같이 공부하고 있었던 이스라엘 장교(Lt. Colonel Yaya)에게 어떻게 해야 하느냐고 물으니, 그 장교는 "유태인은 유태인이 가서 데려와야 한다"라고 대답하면서 나치 독일 치하에서 600만 명의 유태인이 죽어 갈 때 어느 누구도 그들을 구하려 하지 않았다고 말했다. 구출 작전에서 그 장교가 부대를 인계하고 온 특공부대장(Col. Yadin)이 유일한 전사자로 구출된 인질들과 함께 귀환했다. 구출된 인질의 가족들의 환호와 그들을 구출한 특공부대장 가족의 애절함이 동시에 방영됐다. 이에 그는 위험한 구출 작전에서는 "누군가는 죽고 다치며 자신의 동기생도 그 중의 하나이다"라고 담담한 어투로 말하기도 했다.

況)의 가상적(假想的) 상정(想定)은 매우 바람직하지는 않으나, 유엔을 통한 미국의 개입이 없었다면 한반도는 소련의 영향권에 흡수됐을 것이라는 점은 이론(異論)의 여지가 없어 보인다. 실제로, 한국전쟁이 휴전(休戰)으로 마감된 후에 대결적(對決的) 냉전(冷戰)이 대립적(對立的) 냉전(冷戰) 질서로 변했고, 급기야는 소련의 지도자(흐루쇼프 혹은 흐루시초프: Nikita S. Khrushchev, 1894~1971, 소련 공산당 서기 1955~1964; 소련 수상 1958~1964)로부터 '평화공존(peaceful co-existence)'이라는 말이 스스럼없이 사용되는 상황이 전개되기도 했다.[5] 공존적(共存的) 냉전 국제질서의 등장과 한국전쟁(韓國戰爭, 1950~1953)의 결과적 인과관계(因果關係)를 명확하게 입증할 수는 없으나, 한국전쟁 후에 동서 양진영이 냉전적 대립 구조하에서도 지역적 열전(熱戰)을 통한 현상의 변경이 얼마나 어려운가를 체득(體得)한 점만은 부정할 수 없는 사실(史實)이다. 전쟁이 가져온 엄청난 인적·물적 피해에도 불구하고, 한국의 국가 실체와 자유민주주의 체제는 유화정책이나 협상이 아닌 유혈(流血)을 감수한 물리적 대응(對應)이 지켜낸 셈이다. 이란·이라크전쟁(1980~1988)에서 의도한 목적을 달성하지 못한 이라크 후세인은 쿠웨이트를 점령하여 실추된 자신의 정치적 권위와 경제적 손실을 보충·유지하려 했으나, 미국을 비롯한 다국적군이 수행한 전쟁(걸프전, 1991)이 이를 좌절시켰고, 또 다른 전쟁(이라크전쟁, 2003)이 후세인의 독재 권력을 붕괴시켰다. 수준과 범위의 차이에도 불구하고 전쟁의지, 능력, 행동이 불량국가들의 불법(不法) 무력침공 행위의 결실(結實)을 거부했다는 의미이다.

전쟁 주체들의 불량(不良)한 의도와 행위에 근원(根源)을 둔 전쟁을 막기

4) Harry S. Truman, *Memoirs, II: Years of Trial and Hope*(Garden City, New York: Doubleday, 1963), pp. 332-3.

5) "흐루쇼프", *naver.com.* 그러나 흐루시초프가 택한 동서긴장 완화를 기조로 한 평화공존 외교는 쿠바위기의 평화적 해결로 인한 동맹국들의 반발을 불러와 수정주의라는 비판에 직면하게 되었고, 중국과 알바니아 이반(離反)의 계기를 제공하는 부작용을 낳기도 했다.

위해서 안보외교는 세 가지 방법의 무력사용을 검토할 수 있다. 하나는 이스라엘의 경우처럼 예방전쟁(豫防戰爭: preventive war) 개념에 의한 무력사용이고, 다른 하나는 선제타격(先制打擊: preemptive strike)에 근거한 것이고, 또 다른 하나는 불량국가들의 무력사용에 대응하는 방식의 방어적(防禦的: defensive)인 무력사용이다. 예방전쟁 개념의 무력사용은 이를 수행한 개별 국가의 상황(狀況) 분석과 그에 근거한 판단(判斷)이 아전인수격(我田引水格)인 주관성을 완전히 탈피할 수 없기 때문에 수용되기 어렵다. 다만, 정찰이나 정보 수집 능력이 향상된 현재에는 불량국가들의 전면적 무력사용 징후를 포착하기가 용이하기 때문에, 선제적으로 타격하는 방법은 가능하며 피해를 최소화할 수 있는 선택이라고 볼 수 있다. 그러나 모든 비난을 회피할 수 있고 법적으로도 아무 문제가 없는 불량국가들의 무력사용을 용인한 상태에서의 대응 즉 방어적인 전쟁수행 역시 바람직하다고 보기 어렵다. 따라서 오늘의 안보외교는 군사 외적 사전 배열이나 조치의 효용성이 다 무력하다고 판단된 후에 불량국가의 무력사용이 임박한 상황에서 병력이나 무기의 이동 및 집결이 확실하다고 판단될 경우에는, 선제타격(先制打擊) 개념에 입각한 선제(先制) 방어적 무력사용을 방안(方案: option)으로 설정해두는 것이 바람직할 것으로 보인다.

전쟁이 발발하는 두 번째 이유는 국가들의 영토적·경제적 이익 확보와 쟁탈 행위에서 연유(緣由)한다. 이러한 이유로 지금까지 수많은 전쟁이 치러져 왔다. 그러나 국경이 거의 확정되고 전쟁을 수행함으로써 입는 피해와 비용을 능가할 정도의 영토 획득이나 경제적 이익 확보가 어려운 상황에서, 과거 제국(帝國)이나 연방(聯邦)이 해체된 결과에서 비롯된 경우를 제외하고는 이러한 전쟁 원인은 원인으로서 그 적실성(適實性)을 아직도 지니고 있다고 보기는 힘들다. 오늘의 상황이 이러함에도 불구하고 아직도 이러한 문제를 일으켜 국가 간 전쟁의 원인이 될 수도 있는 분쟁의 소지를 조성하는 국가가 있다. 역사적으로 오랜 기간에 걸쳐 한반도 해안과 중국의 동안(東

岸)에서 해적(海賊)질을 일삼아 온 기록을 가지면서 전국시대를 마감하고 조선을 침공(임진왜란, 1592~1598)한 적이 있고, 청일전쟁(1894~1895), 러일전쟁(1904~1905), 만주침략(1931), 중일전쟁(1937~1945)과 태평양전쟁(1941~1945)을 일으킨 일본(日本)은 아직도 북방 4개 도서와 조어도(釣魚島)의 영유권을 주장하면서 러시아 및 중국과 불편한 관계를 유지하고 있다. 더구나 한국의 독도(獨島)를 자국의 영토라 주장까지 하고 있다. 특히, 중일전쟁과 태평양 전쟁 기간 중에 생체실험(生體實驗), 위안부(慰安婦) 강제동원, 노동자 및 학도병 강제징용(强制徵用), 식량의 강제징발(强制徵發) 등 자국이 자행한 온갖 비인간적인 행위의 과오(過誤)를 인정하기는커녕 오히려 당연시하는 현 일본의 행태는 시대착오적(時代錯誤的)인 추태(醜態)이기도 하지만 분쟁의 소지를 넘어 전쟁의 원인이 될 수도 있는 여지(餘地)를 가지고 있다. 시리아 내전(2011~), 우크라이나 사태(2014)와 크림반도(Crimea Peninsula)의 러시아 병합을 둘러싼 러시아와 미국 등 서방국가들과의 갈등 등은 전쟁의 직접적 원인이 되기보다는 국제관계의 대립을 심화시켜 분쟁의 소지(素地)가 확대되는 역작용을 불러올 수 있다. 이와 같이, 영토적 · 경제적 이익과 영향권 · 영향력의 확보 및 확대를 위한 국가 간 행위로서의 전쟁 원인 요소(要所)는 아직도 국제사회에 존재해 있다.

전쟁의 세 번째 원인은 내부문제(內憂)를 해결하기 위한 수단으로서 외부와의 충돌(外患)을 활용하는 데서 찾을 수 있다. 내우(內憂)를 치유하기 위한 수단으로 다분히 극단적인 외환(外患: 전쟁)을 택했다는 사실은 기록으로 남아 있다. 프러시아는 독일 내 분립된 공국들과의 연계를 차단하여 독일을 통일하기 위하여 보오전쟁(1866)과 보불전쟁(1870~1871)을 일으켜 오스트리아와 프랑스의 독일 내 영향력을 제거하고 독일을 통일했다. 일본의 전국시대를 마감한 도요토미 히데요시(豊臣秀吉, 1536~1598)는 지방 다이묘(大名)들이 소유하고 있던 군사력을 약화시킬 목적으로 명나라를 친다는 명분을 내세워 조선(朝鮮, 1392~1910)을 침공하여 전쟁을 수행했다(1592~

1598). 또 일본이 대륙으로의 진출을 위해서 청일전쟁(1894~1895)을 실시하여 한반도에서 청국 세력을 쫓아내고, 조선과 러시아의 연계를 차단하며 만주 지역을 독점하기 위해서 러일전쟁(1904~1905)을 승리로 마감하여, 조선을 합병(1910)하고 만주국을 세운(1932) 것 역시 자국의 정치적 문제(대륙진출이라는 정책적 목적을 달성)를 해결하기 위한 수단으로 전쟁을 활용한 경우이다. 일본과 전쟁을 치른 러시아도 볼셰비키 세력의 만연으로 확산된 내부의 '붉은 반점을 제거'하기 위한 수단으로 '조그마한 승리를 거둘 수 있는 전쟁(a small victorious war)'을 원하여 일본과의 전쟁을 주저하지 않았으나, 일본을 과소평가한 나머지 러일전쟁에서 패배하여 오히려 내홍(內訌)을 심화시켜 볼셰비키 혁명으로 왕조를 마감하기도 했다. 내부 문제를 해결하거나 목표를 달성하기 위한 수단으로 활용되어 온 전쟁의 효용성(效用性)이 그로 인해서 야기되는 위험성(危險性)을 감내(堪耐)할 수 없게 된 현재, 그 효용성이 그대로 인정될 수는 없음에도 북한의 경우처럼 의도적인 대외 도발(挑發)행위로 위기를 조성하여 내부 통제(統制) 수단으로 활용하는 불량한 행위는 아직도 자행되고 있다. 따라서 이제는 전쟁을 수단으로 활용하기보다는 전쟁보다 수준이 낮은 위기(危機)를 조성하여 활용하려는 국가적 의도가 완전히 사라지지는 않고 있어, 그렇게 조성된 위기가 전쟁으로 확전될 개연성(蓋然性)은 남아 있다.

전쟁의 네 번째 원인은 감정적, 이념적, 종교적 대립과 충돌에서 찾아볼 수 있다. 국민감정을 자극하고 그것을 전쟁 원인으로 만들어 치른 전쟁과 격화된 감정이 전쟁 원인이 되어 치른 전쟁도 기록되어 있다. 과거 독일 통일을 완성(1861~1871)시킨 프러시아 수상 비스마르크(Otto Eduard Leopold von Bismarck, 1815~1898)는 스페인 왕위 계승문제로 프랑스와 프러시아 사이에 오고 간 전문(電文) 내용을 약간 수정하여 양국 국민을 격앙시켰다. 특히, 프랑스 국민의 감정을 더욱 자극하여 나폴레옹 3세(Napoleon III: Louis-Napoleon Bonaparte, 1808~1873)로 하여금 프러시아에 선전포고를 하도록 유도하고 보불전쟁(Franco-Prussian War, 1870~1871)을 촉발시켜 프랑스를 패배시킴으로써 독일 통일을 완성했다.[6] 양국 국민의 감정을 의도적으로 격화시켜 전쟁의 원인이 되도록 만들어 치른 전쟁이었다. 격화된 감정 대립이 직접 원인이 된 전쟁도 있었다. 중앙아메리카의 온두라스와 엘살바도르가 치른 축구전쟁(蹴球戰爭: 100시간 전쟁, 1969)이 그것이다. 두 나라는 1960년대부터 국경선에 관한 분쟁이 빈번했으며, 온두라스 국경 지역에 이주한 50만 명의 엘살바도르 난민들은 1962년 온두라스가 시행한 토지개혁 등으로 추방당하고 있었다. 그러다 1970년에 멕시코 월드컵 출전을 위한 예선전에서 두 나라 응원단의 난투극이 일어난 후 양국은 국교를 단절했다(1969. 6. 23). 예선 최종전에서 패배한 온두라스는 이민정책을 폐지하고 국경을 봉쇄했다. 이러한 조치로 엘살바도르 공군이 온두라스 공군기지를 공격했고(1969. 7. 10), 선전포고(1969. 7. 13)와 더불어 국경을 침공하여 4일 동안 전투를 벌이다가, 미국의 중재로 전투를 끝내고(7. 18) 휴전에 합의함으로써 전쟁이 끝났다(1969. 7. 19). 4일 간(100시간)의 전투에서 총 1만 7천여 명의 사상자(사망: 4천 명)가 발생했고 15만여 명의 난민이 발생한 결코 만만치 않은 전쟁이었다.[7] 격앙시킨 감정이든 격화된 감정이든 간에, 이처럼 감정적 대립은 전쟁의 원인이 되었다.

이념적 대립 및 충돌이 원인이 된 전쟁은 냉전(冷戰) 질서하에서 국지적 열전(熱戰)으로 치러진 한국전쟁(韓國戰爭, 1950~1953)이 대표적이다. 소련 스탈린(Joseph V. Stalin, 1879~1953)은 자국의 이념적 영향권을 아시아 본토 지역으로 확정지으려 했고, 스탈린의 의도를 파악한 북한의 김일성(金日成, 1912~1994)은 자신의 정치세력권을 한반도 전역으로 확장하려 했으며, 국가 건설을 위해서 소련의 지원을 필요로 했던 중국의 모택동(毛澤東, 1893~1976)은 김일성을 활용하는 스탈린의 종용(慫慂)을 거절할 수

6) "프로이센-프랑스전쟁", *naver.com.*

7) "축구전쟁(蹴球戰爭, 1969)", *naver.com.*

없었다. 그리하여 김일성은 대남한 무력사용을 스탈린에게 건의했고, 스탈린이 이를 승인하면서 적극 지원했으며, 모택동은 김일성의 군사 모험을 후원한 형식을 취했다. 스탈린은 한국전쟁을 연출한 장본인(張本人)이면서 김일성의 후견인(後見人)이었고, 모택동(毛澤東)은 김일성의 후원자(後援者)로서 우발사태, 이를테면, 미국의 직접 개입이 현실화될 경우에 스탈린의 역할을 대행하는 대리인(代理人) 역할을 수행했던 것이다. 그리하여 한국전쟁은 군사적·지역적으로는 국지제한전(局地制限戰: local limited war), 이념적으로는 전면총력전(全面總力戰: general total war), 미국을 위주로 한 유엔군의 참전과 중공군의 개입에 힘입어 전전(戰前)의 상태를 회복할 수 있었던 남북한 당사국에게는 초총력전(超總力戰: super-total war)이었으며, 미국과 소련이 맹주(盟主)로 구성된 동서(東西) 진영 간 대리전(代理戰)의 성격을 동시에 띠었다.[8] 베트남전(1945~1954; 1960~1975) 역시 등장 주역(主役)들의 변동은 있으나, 이념전(理念戰: a crusade against communism)의 성격을 강하게 내포하면서 치러진 현대전(現代戰)이었다. 이와 같이 이념적 대립이나 충돌은 전쟁의 주요한 원인이 되었으며, 그것이 원인이 된 전쟁은 지리적으로 제한되고 사용무기도 재래식 무기의 범주를 벗어나지 않았으나, 참전 수준과 범위는 전 지구적인 총력전(總力戰)의 모습과 성격을 띠고 치러졌다.

종교적 대립에서 비롯된 종교전쟁도 전쟁사(戰爭史)에서 빼놓을 수 없는 전쟁이다. 이슬람교와 기독교 간의 십자군전쟁(1096~1272), 기독교 신·구교 세력 간의 30년전쟁(1618~1648)이 대표적이다. 그리고 오늘에도 진행되고 있는 테러를 무기로 행해지고 있는 전쟁(테러리즘)과 그에 대응하여 진행되고 있는 전쟁(대테러전쟁) 역시 종교적 충돌이라는 내용을 담고 있다. 중동 지역에서 지금까지 진행되어 온 이스라엘과 주변 아랍 국가들과의 전

8) 온창일, *韓民族戰爭史*(서울: 집문당, 2001), pp. 453-1049.

쟁은 국가 대 국가군의 전쟁이기도 하지만 유태교와 이슬람교 사이의 종교전쟁이기도 하다. 특히, 알카에다(al-Qaeda) 테러조직 등이 자행하는 국제테러리즘은 '기독교 문명권'에 대한 총력전의 성격과 형태를 지니고 있다. 이슬람 원리주의에 입각한 국가를 건설하겠다는 의도로 곳곳에 있는 이슬람국가들의 내분(內紛)에 관여하는 이슬람 원리주의자들과의 전쟁은 이슬람권 내부의 종교전쟁이기도 하며, 수니파와 시아파 사이의 자살폭탄테러 행위 등을 동반한 충돌 역시 규모가 축소된 종교전쟁이라고 보아도 별 지장이 없다. 이와 같이, 종교 내외적 대립과 충돌과 종교적 기반을 지닌 문명 간의 대립 및 그에서 비롯되어 국제환경을 악화시키는 비대칭 테러 행위와 이에 대항해서 진행되는 대테러전쟁은 속세(俗世)를 평화롭게 하겠다는 교리(教理)로 시작된 종교(宗教) 간, 종파(宗派) 간 대립에 연원(淵源)을 둔 전쟁인 셈이다. 각 종교가 내세운 '평화(平和)'가 폐쇄적(閉鎖的) · 배타적(排他的)인 '편협(偏狹)한 평화(平和)'가 아닌지 돌아볼 일이다.

안보외교는 여러 가지 원인 중 하나이거나 조합(組合) 또는 복합(複合)된 원인에서 비롯된 전쟁을 막아야 할 책무가 있다. 특히 핵무기 등 대량살상무기를 사용하거나 그것을 운용한 전쟁은 어떻게든 막아야 한다. 전쟁을 일으킬 수 있는 정치지도자들의 의식과 인식 그리고 이성적 판단의 합리성을 제고시키도록 많은 노력을 기울여야 할 필요가 있다. 그리하여 인간의 이성적 판단(判斷)이 항상 이성적(理性的)으로 남아 있게 해야 한다. 그럴싸한 명분을 내세워 영향권이나 영향력을 확대하거나 국지적(局地的) · 세계적(世界的) 패권(霸權)을 장악하려고 하는 독불장군(獨不將軍)격인 불량국가들의 행태는, 한국전쟁(1950~1953)이나 걸프전(1991)에서와 같이 유엔을 통해 명분을 확보하여 연합군(聯合軍 혹은 多國籍軍)을 형성하여 사전이나 사후에 저지해야 한다. 영토 확보나 확대 등과 실질적 이익의 증대를 위한 탐욕스런 국가들의 행태 역시 국제적 여론이나 제재, 직접적 개입(경제제재, 봉쇄; 해상 혹은 육상 무력봉쇄 등) 혹은 제한적 무력사용을 통해서 사태가 악화되어 위기 혹은 전쟁으로까지 확대되는 것을 막아야 한다. 그러나 이러한 경우에도 다른 국가들의 아전인수(我田引水)격인 행위로 피해를 입는 당사국 국민과 리더십의 상황대처 태세(態勢)가 문제가 된다. 전쟁까지도 불사하겠다는 의지와 태세, 능력의 보유가 필요하다. 남사군도(南沙群島)의 영유권을 주장하는 중국의 정책의지에 맞서는 베트남 정부 및 국민과, 크림반도를 합병하는 절차를 완료한 러시아의 '단호한' 조치에 대응한 우크라이나의 정부 및 국민들의 '안이한' 태도의 차이는 주의 깊게 참고할 가치가 있다.[9)]기타 감정적 · 이념적 · 종교적 대립과 충돌이 확대되어 전쟁으로까지 치닫는 것을 막기는 쉽지 않으나, 이 역시 국제평화기구나 인권기구 등을 통하여 보편적인 평화를 구축하고 그 중요성을 계몽(啓蒙)할 필요가 있다. 그러나 이러한 종류의 갈등을 제거하여 전쟁의 원인이 되는 것을 막기란 결코 쉽지 않다. 그리고 이러한 명분적(名分的) 요인이 다른 현실적(現實的) 요소들과 결합되어 투쟁이나 전쟁의 원인으로 자리 잡았을 때 그에 대처할 사전 · 사후의 효율적인 방안(方案)과 수단(手段)을 모색하기란 매우 어렵다. 전 세계적으로 확산된 테러리즘과 그에 대응하여 전개되는 대테러전쟁의 방안과 수단 모색이 어려운 이유가 여기에 있다. 펼쳐지는 상황과 그에 대한 대응이 쉽지 않음에도 불구하고, 안보외교(安保外交)는 회유, 협의, 합의, 억제, 제재, 강제는 물론 심지어 제한적 · 전면적 무력사용을 동원한 선제(先制) 제거(除去) 혹은 타격(打擊)을 통하여 '고약한' 전쟁을 막아야 하며, 이는 안보외교가 담당해야 할 불가피(不可避)한 과제이다.

어떤 형태의 전쟁이든 어떻게 해서든지 막아야 하는 안보외교의 당위적

9) "푸틴은 왜 '크림 합병'으로 悲劇 바로잡는다고 했을까", "크림 뺏기는 순간에도 '우크라이나 잔다르크'는 없었다: 푸틴이 크림 합병 서명할 때 티모센코 디스크라며 병상… 장교 피격엔 대응사격도 안해, 지도자들, 西方에 손 내밀기만 분열된 國論 단합도 못 시켜", *조선일보*, 2014. 3. 20. 조선 말기에 일본이 청일전쟁(1894~1895)과 러일전쟁(1904~1905)으로 한반도의 장악 여부를 다투고 있을 때, 친청파, 친러파, 친일파로 국체의 보존보다 정파적 이익만 보장하려 했던 정치인과 그들의 리더십으로는 조선의 독립을 지키지 못했다는 역사를 기억할 필요가 있다.

노력에도 불구하고, 국가(國家)나 국가군(國家群)은 무모(無謀)하고 불량(不良)한 국가와 주변에 지나친 군사적·전략적 불균형이 조성되지 않도록 해야 한다. 불량국가가 군사적 승리를 장담하거나 판단할 수 있는 지나친 군사적 불균형이 조성되는 것을 어떠한 방식으로든지 막아야 한다는 말이다. 자의적(恣意的) 판단이건 오판(誤判)에서 비롯되었건 승리 가능성에 대한 불량국가들의 주관적 판단(判斷)이 전쟁의 궁극적 원인이라고 보아야 하기 때문이다.

어떠한 원인에 의해서 현재화(現在化)된 전쟁이든 일단 전쟁을 수단으로 동원한 국가는 전쟁에서의 승리 가능성을 먼저 점쳐 보기(廟算) 마련이다. 2차 세계대전 당시 나치 독일과 군국주의 일본도 그러했고, 한국전쟁(1950~1953) 전 북한과 공산측도 승리의 가능성을 검토했으며, 걸프전(1991)의 직간접 원인이 되었던 이란·이라크전쟁(1980~1988)과 이라크의 쿠웨이트 침공(1990) 때 이라크도 사전에 군사력 사용으로 목표를 달성할 수 있을까를 미리 따져 보았다. 또 이라크는 혼란에 빠진 이란을 공격하여 걸프만에 이르는 수로(水路)의 이란 측 연안을 차지할 수 있다고 판단하고 전쟁을 일으켰으며(1980), 그것이 무위로 끝나자 실추된 후세인의 정치적 입지와 악화된 경제상황을 호전시키려 쿠웨이트를 점령했다(1990). 나치 독일은 '야금야금' 현상을 변경시켜 나가는 데도(라인란트 침공(1936), 오스트리아 병합(1938) 등) 프랑스와 영국은 유화정책(宥和政策)을 통해서 체코까지 포기하는 '수모'를 감수하면서 미국의 고립주의 태세를 관찰하고 전쟁 목표(우랄산맥 서쪽 유럽 지역의 확보)를 달성할 수 있다고 판단했다. 일본 역시, 미국과의 전쟁에서 전체 전력은 열세이더라도 즉시 운용 가능한 현지 병력은 일본이 우세하다는 분석하에, 미국 태평양 함대를 무력화시키고 그 함대가 무력화된 기간 중에 일본이 상정한 절대 방위선(말레이시아-자바-수마트라-인도네시아-중앙대평양 도서-알류산 열도)을 확보하고 적극적인 소모전을 수행하여 이를 지킬 수 있다는 판단을 내렸다. 한국전쟁에서 북한을 통하여 남한을 공산화시키려고 전쟁을 일으킨 공산측은 한반도에 조성된 현격한 군사적 불균형이 전쟁의 승리를 안겨줄 것으로 판단했고 한반도의 적화(赤化)라는 목표도 달성할 것으로 보았다. 이와 같이, 전쟁을 수단으로 선택한 불량국가도 승리의 가능성을 점치고 난 후에 전쟁을 시작하는 것이 통상이다.

불량국가들의 승리에 대한 판단(判斷)이나 오판(誤判)을 불러일으킨 기반(基盤)은 그 국가와 상대국 사이에 조성되었거나 의도적으로 조성한 군사적·전략적 불균형이 제공했다. 일본의 항복으로 북한 지역의 군정을 담당했던 소련은 북한군의 중무장으로 한국군과의 전력 격차를 심화시켜 의도적으로 군사적 불균형을 조성했다. 그리고 나치 독일과 군국주의 일본이 2차 세계대전 전에 판단한 불균형도 자의적인 성격의 것이다. 아야톨라 호메이니(Ayatollah R. Khomeini, 1902～1989)가 이끄는 이란 혁명으로 권위적인 팔레비 왕조(Pahlevi Dynasty: 1925～1979)가 무너짐으로 해서, 후세인이 조성되었다고 판단한 군사적 불균형이 다른 한 성격의 불균형이다. 이라크와 쿠웨이트 간 군사적 불균형은 원래적인 불균형인 셈이다. 어떠한 형태와 계기로 조성되거나 분석된 이러한 군사적 불균형은 불량국가들이 승리를 점치게 만들어 전쟁을 발발(勃發)시키는 근본적 원인이 되는 것이다.

안보외교는 불량국가 주변에 군사적 불균형이 조성되지 않도록 조치(措置)와 배열(配列)을 하여 전쟁을 막아야 한다. 불량국가의 침공 대상이 되는 국가의 자위력(自衛力)을 증강시키고, 그것이 여의(如意)치 못할 경우에는 강대국과 방위 조약 체결 등의 배열이나 유엔과 같은 국제기구의 공식 선언 등으로 대신할 수 있다. 그리하여 불량국가들이 전쟁을 군사 외적 목표달성 수단으로 활용하지 못하도록 해야 하며, 이를 위배(違背)할 경우에 가해질 응징(膺懲)이나 보복(報復)의 형태와 정도를 사전에 충분하게 인지하도록 해야 한다. 나치 독일이나 군국주의 일본이 전쟁을 일으키기 전에 대(對)독(獨)·대일본(日本)전선을 형성한 연합국(聯合國: 미국, 영국, 소련 등)이 그러한 배열로 그렇게 대응하리라는 것을 사전(事前)에 충분하게 인지(認知)했더라면, 추축국(樞軸國)이 전쟁을 개시했을까 하는 사후(事後) 아쉬움이 남아 있는 한 그렇다.

7. 안보외교와 평화

7. 안보외교와 평화

평화를 논하기에 앞서 먼저 수용해야 할 명제(命題)는 이상적 평화지상주의자들이 주장하는 평화나 국어사전적 의미의 평화는 현실 세계에 존재하지도 않았고, 존재할 수도 없다는 점이다. 평화적인 의도나 평화적인 몸짓이 평화를 가져오거나 보장해주지도 않았고, 개발된 소총이나 칼을 삽과 쟁기로 만든 결과로 평화가 도래하거나 유지되지도 않았다. 평화적인 의도에 맞는 몸짓만 해 온 국가를 비롯한 정치집단은 국제사회에서 쟁탈의 대상이 되어 왔으며, 다른 정치집단은 개발한 소총이나 칼을 삽과 쟁기로 만들려고 한 적이 없었다. 1,000년간의 중세 기병(騎兵) 전성시대를 마감하면서, 살상률(殺傷率)이 높다는 이유로 사용을 중지시켜야 한다는 주장의 대상이었던 영국의 장궁(長弓: 크레시 전투에서 프랑스 석궁을 제압, 1346)에 관한 이야기는 '동화 속의 일화(fairy tale)'가 된 지 오래이다. 현재는 대량살상무기인 화생무기와 핵무기 체계까지 등장하기에 이르렀고, 전쟁에서 승리를 쟁취하기 위해서 개발된 무기 체계가 조성한 '공포의 균형(balance of terror)'이 오늘의 평화를 지탱해 주고 세계적 · 국지적 평화를 잠정적(暫定的)인 성격의 것으로 만들고 말았다.

잠정적일 수밖에 없는 오늘의 평화 상태에서 안보외교(安保外交)는 우선 지속 가능한 평화를 탐색할 필요가 있다. 평화를 개인적 차원에서 정의해 본다면, 개인이 심리적 내부 갈등이나 외부의 자극에서 비롯되는 충격에서 마음의 동요를 덜 받는 평온한 상태라고 할 수 있다. 일반 조직적 차원에서는 평화란, 조직 관계에서 갈등의 정도가 협의와 합의를 통해서 해결할 수 있는 수준에서 원만한 활동을 전개할 수 있는 상태라고 볼 수 있다. 국가나 국가군 간 관계에서의 평화는 그들 간의 권력관계(power relations)를 기반으로 조성되기 때문에 여러 차원에서 규정할 수 있다. 평화가 정착된 방식에 따라 강압적(强壓的: enforced) 평화, 굴욕적(屈辱的: disgraceful) 평화, 호혜적(互惠的: reciprocal) 평화로 구분될 수 있고, 국가 간 외형적 상태에 따라 균형(均衡: equilibrium)에 의한 평화, 힘(hegemony)에 의한 평화, 진영(陣營: bloc)이나 제국(帝國: empire)의 일부로 안주(安住)함으로써 보장되는 평화로 구분되며, 국가 간 심리적 상태에 따라 만족(滿足: satisfaction)에 근거한 평화, 복종(服從: subjugation)에 근거한 평화, 호의(好意: goodwill)에 근거한 평화 등으로 구분될 수 있다.[1] 국가 간 관계에서 정착된 방식, 외형상태 그리고 내부적 심적 상태를 바탕으로 구축된 평화 가운데 호혜(互惠: reciprocity), 균형(均衡: equilibrium), 호의(好意: goodwill)에 기반을 둔 평화가 현실적으로 가장 바람직할 것으로 판단된다. 안보외교는 강압이나 굴욕, 복종이나 소극적 만족에 근거한 평화가 아닌 호의에 근거를 두고 호혜적인 혜택과 평온함을 공유(共有)할 수 있는 평화를 선택해서 이를 구축하는 데 모든 역량을 집중해야 한다.

균형, 호의, 호혜에 바탕을 둔 평화가 가장 바람직하다는 당위적(當爲的) 타당성(妥當性)에도 불구하고 이러한 평화의 실질적 구축은 국가 혹은 국가군 간 호의(好意)나 합의(合議), 문서(文書)나 조약(條約)만으로 가능하지 않으며, 국력(國力: national power)과 국가군(國家群) 간 역학관계(power relations)에서 동원 가능한 총력(總力: total power)에 의해서 가능하다. 바람

1) Raymond Aron, *Peace and War: A Theory of International Relations*, An Abridgd Version, trans. by Richard Howard and Annette Baker Fox(Garden City, NY: Anchor Books, 1973), pp. 133-57.

직한 평화의 구축은 평화적인 호의나 합의가 아닌 평화를 파괴할 수도 있는 의지(意志)와 완력(腕力)에 의해서 가능하다는 역설적(逆說的) 논리가 설득력을 가진다는 뜻이다. 현실 국제정치의 성격이 강권정치적(强權政治的)인 한 그렇다.

과거 소련 연방에서 분리 독립된 조지아(Georgia, Gruziya, 1991년 독립) 및 우크라이나(Ukraine, 1991년 독립)와 러시아 간의 분쟁 사태는 국가 간 정치의 현실이 어떠한가를 실증(實證)해 주고 있다. 조지아가 독립한 후 조지아 내 친러시아계 압하지야와 남오세티아는 조지아로부터 독립을 선언하였다. 그러자 남오세티아는 조지아의 공격을 받았으나 러시아는 직접 무력을 사용하여 조지아를 굴복시킨 후(2008. 8. 23), 국제사회의 반발에도 불구하고 압하지야와 남오세티아의 독립을 승인했다(2009. 8. 26). 우크라이나의 크림(Crimea)자치국의 국민투표 결과 절대적 찬성(2014. 3. 16, 96.7%)으로 크림의 독립과 러시아로의 병합 조약을 가결시켰다. 그러자 러시아의 푸틴(Vladimir Putin, 1952~, 6대 러시아 대통령, 재임 2012~) 대통령은 병합 조약에 서명했고(2014. 3. 18), 러시아 하원은 이를 인준하였으며(2014. 3. 20) 상원 역시 이를 비준하고(2014. 3. 21), 푸틴 대통령이 크림공화국 병합 조약 비준안에 서명함으로써(2014. 3. 21) 러시아의 크림반도 병합이 공식화되었다. 크림반도의 주민투표 자체를 불인정한다는 유엔 안전보장이사회가 크림반도 결의안을 거부했고(2014. 3. 15), 미국과 유럽 국가들은 크림반도를 병합한 러시아를 G-8에서 축출하고 러시아 대통령 측근 인사들에 대한 제재안을 발표했으며, 유엔총회가 우크라이나 영토보전과 크림반도 주민투표를 불법으로 규정한 결의안을 채택했지만(2014. 3. 27) 러시아는 상황(狀況)을 환원(還元)시킬 의향을 내비치지 않고 있다.[2)] 군사적

2) 유엔 안전보장이사회는 크림자치공화국에서 2014년 3월 16일에 치러지는 러시아 귀속 여부에 대한 찬반 투표결과를 인정하지 않는다는 결의안을 내놓았으나, 러시아의 거부권 행사로 채택되지 않았다(총 15개국, 찬성: 13, 기권: 중국, 거부권 행사: 러시아). 유엔총회는 2014년 3월 27일에 우크라이나 영토보전과 크림반도 주민투표를 불법으로

강제조치와 같은 강도(强度) 높은 조치의 효용성조차도 확신할 수 없는 유럽 국가들은 러시아로부터 천연가스를 수입하고(예: 독일 수요량의 35%) 있으며, 러시아에서 활동하는 자국 기업들과 자국에 투자한 러시아 기업들의 경제 활동이 위축될지도 모른다는 우려를 떨쳐 버릴 수 없는 처지에 있다. 미국도 러시아에서 경제 활동을 하는 많은 자국 기업들과 핵전력 감축 등 러시아와의 협력을 도외시할 수 없는 입장이다. 과거 동구권 국가들 역시 러시아에 대한 경제제재에 동참할 경우 국내 경기 침체와 일자리 상실을 우려하지 않을 수 없는 처지이다. 미국을 비롯한 서방국가나 동구권 국가들은, 주변의 친러시아 자치국 혹은 독립국과의 연대를 강화하거나 그들을 병합하여 영향권 및 영향력을 확대하려는 러시아의 정책의지와 행위를 억제・저지할 만큼 강력한 조치를 취하기가 쉽지 않은 상태에 놓여 있다.[3] "이래야 되지 않겠느냐" 하는 당위적 논리와 "이렇게 될 수밖에 없지 않느냐" 하는 실제 상황의 괴리(乖離)가 국제정치장(國際政治場)에서의 현실이기도 하다.

당위적(當爲的) 논리(論理)나 주장(主張)보다 강권적(强權的) 의지(意志)와 행위(行爲)가 더 효용성이 있는 국제사회에서 지속 가능한 평화를 구축할 방안과 수단의 모색은 결코 쉬운 일이 아니다. 국가 혹은 국가군(國家群)의 개별적, 집단적 차원에서도 매우 어려운 일이다. 개별 국가는 그 국가의 상대

규정한 결의안을 채택했다(총 회원: 193, 찬성: 100, 반대: 11, 기권: 58, 반대 국가: 러시아, 아르메니아, 벨로루시, 볼리비아, 쿠바, 북한, 니카라과, 수단, 시리아, 베네수엘라, 짐바브웨 등 11개국). "러 우크라이나 본토 침공…안보리 주민투표 무효화 부결", *ChosunBiz.com,* 2014. 3. 16; "유엔총회, 러・크림 합병 반대 결의…美 의회도 관련법 가결", *ChosunBiz.com*, 2014. 3. 28.

3) "러시아 속전속결 크림 병합, 서방 우왕좌왕", *파이낸셜 뉴스* 2014. 3. 22; "네덜란드 헤이그에 참석한 서방 G-7 정상 러시아를 G-8에서 축출하기로 결정, 2015년 소치 G-8 정상회담 불투명", "오바마 미국 대통령, 러시아를 Regional Power라고 폄하", *CNN News*, 2014. 3. 26. 오바마 미국 대통령은 "러시아가 주변국을 괴롭히는 존재가 됐다"라고 말하면서 "러시아는 세계 강국이 아니라 지역 강국에 불과할 뿐, 미 국가안보의 최대 위협이 아니다"라고 지적하고 "주변국들을 위협하는 것은 힘이 있기 때문이 아니라 약하기 때문"이라고 러시아를 폄하(貶下)했다. "러시아 깎아내린 오바마", *국민일보* 2014. 3. 27.

적 대외 위상(位相)이 각각 다르고, 국가 집단은 추구하는 국가이익(利益)이 서로 다르기 때문에, 모든 국가들의 집합적 노력이 있어야 지속적인 평화구축이 가능할 수 있다. 군사적 역량 면에서 본 개별 국가는 자국의 방위조차 스스로 보장하기 힘든 약소국(弱小國), 지역 내 전략적 균형 변화에 영향을 미칠 수 있는 중진국(中進國), 세계 차원의 전략적 균형을 변화시킬 수 있는 강대국(强大國) 등의 분류가 가능할 정도로 각국의 군사력 차이는 확연하다. 군사 외적 개발 수준 면에서도 선진국(先進國), 개발신흥국(開發新興國), 후진국(後進國) 등으로 분류될 만큼 위상 격차가 분명하다. 따라서 이러한 개별 국가들의 군사적·군사 외적 역량과 위상에 따라 국가 간, 지역별, 세계적 차원의 지속 가능한 평화를 구축하고 이를 유지하는 데 필요한 역할을 수행하고 필요한 역량을 구비하는 것이 필요하다. 이와 같이 국가 간, 지역별, 세계적 차원의 지속 가능한 평화 구축은 모든 분야에서 수준과 위상이 다른 개별 국가들의 집합적 역할과 기여를 필요로 한다.

약소국으로 분류되는 국가군(國家群)은 먼저 내부 결속을 강화하여 외부의 개입이나 충격이 스며들 여지(餘地)를 없애거나 그것을 무력화시킬 수 있어야 한다.

역사적으로, 약소국(弱小國)이나 왕조(王朝)는 국가나 왕조의 존속(存續)이나 이익보다 파당적(派黨的)인 안전(安全)이나 수익(收益)을 우선시(優先示)하는 지도력에 의해서 내부 결속을 다지지 못한 채 외부의 개입이나 충격을 자초(自招)하는 경우가 많았다. 한반도에 나타났던 고조선(古朝鮮)의 멸망(기원전 108)이나 그 후 백제(百濟, 기원전 18~660), 고구려(高句麗, 기원전 37~668)의 멸망 역시 내부 분열이 한 원인이었다. 왜구의 침공과 중국의 왕조 변화(元에서 明)에 따른 내부의 갈등이 고려(高麗)가 왕조를 마감한(918~1392) 원인이 되었으며, 협상이 불가능한 왜구(倭寇) 토벌 작전에서 그 존재를 과시한 무인(武人)들과 현실에 불만을 품은 신흥 사대부(士大夫)들의 결탁으로 조선(朝鮮, 1392~1910)이 건국되었다. 조선 말기에는 일본이 대륙침공을 위한 발판으로 한반도를 장악하려고 수행한 청일전쟁(1894~1895)과 러일전쟁(1904~1905)에서 조선 조정은 친청파(親淸派), 친일파(親日派), 친러파(親露派) 등으로 나뉘어 국가(王朝)의 보존이나 이익보다 파당(派黨)의 안전과 수익(收益)을 위해 싸운 탓에 조선이 망했고(1910), 독립국가로서 대한제국(大韓帝國)이 일본의 식민지로 전락됨으로써 국가적 · 민족적 수모를 당해야 했다.[4] 과거 소련 연방에서 분리되어 독립국가로 탄생한(1991) 우크라이나 공화국도 지도층의 친서방(親西方), 친러(親露) 갈등과 무능(無能) 및 부패(腐敗)로 인한 지도력의 결핍으로 크림(Crimea) 사태를 수습하지 못하고 러시아가 반도 병합(併合)을 기정사실화(2014. 3. 21)한 결과를 감수해야만 했다.[5] 이러한 현상과 결과는 역사상 여기저기서 현재화(顯在化)되어 약소국의 위치에서 헤어나지 못한 채 역사 속의 한 사실(事實)로만 기록되는 경우가 허다했다.

이와는 대조적으로, 약소국의 위치에서도 내부 결속을 다지고 필요한 자위력(自衛力)을 구비하여 국가의 존립(存立)과 위상(位相)을 확보한 국가들도 있어 왔다. 국가의 항구적 존속을 위해서 중립을 선포하고 이를 문서(文書)가 아닌 무장(武裝)을 통한 자위력(自衛力)으로 지켜내고 있는 스위스와 스웨덴이나, 주변 아랍 국가들의 계속된 무력공격을 무력화시키면서 응징과 보복이나 예방전쟁(豫防戰爭)까지도 불사(不辭)하면서 국가의 생존을 보장하고 대량살상무기(大量殺傷武器)로 무장하여 어느 주변 국가들도 감히 공격

4) 온창일, *한민족전쟁사*(서울: 지문당, 2013), pp. 27-451.

5) 우크라이나는 1991년에는 78만 명의 병력을 가진 세계 5위의 군사강국이었다. 그러나 독립후 1992년부터 1997년까지 34조 원에 달하는 무기를 팔았고, 2009년의 경제성장율은 -14%였다. 러시아가 병합을 공식화한 후 우크라이나 임시 대통령은 크림반도 자국 병사 15,000명을 철수시키겠다고 발표하여 백기를 들었다. 2014년 3월 26일에 러시아군은 크림반도의 우크라이나 군부대와 시설 193곳을 모두 장악했다. 군용차는 시동을 걸 수가 없었고, 전투기들은 대부분 고장 났으며, 육군 총 57,000명 중 실전투입 가능한 훈련을 받은 병사는 6,000명에 불과한 수준이었다. "부패 국가의 末路…우크라 군용車 대부분 시동도 안 걸려", *조선일보*, 2014. 3. 27.

할 수 없는 위상을 확보하며 주변 국가들의 핵무장(核武裝)을 협상이나 합의가 아닌 완력(腕力)으로 사전에 차단하여 국가의 존속을 보장해 온 이스라엘이 바로 그 국가군(國家群)이다. 특히, 이스라엘은 국가가 없던 시절(70~1948)에 여기저기에서 자행된 유태인 집단학살(Pogrom, Holocaust 등)의 뼈아픈 역사를 되새기며 국민의 결속을 도모하면서, 국가 안위를 위에 앞장섰던 인사들이 지도층을 형성하여 이스라엘이나 유태인들에게 해악(害惡)을 끼치는 어떠한 외부 개입이나 침입도 허용하지 않음은 물론, 과거에 해악을 끼친 인물들도 반드시 제거하거나 색출하는 국가적 행위를 마다하지 않아 왔다. 그 결과 이스라엘은 약소국이 아닌 강소국(强小國)이 되었고, 어느 국가도 이스라엘의 국가적 존재를 부정할 수 없는 위상을 스스로 확립(確立)한 국가가 되었다. 그로써 제한적인 테러 행위가 여전히 자행되고 있긴 하지만, 이제 중동에서 재래식 전면전(全面戰)의 가능성은 거의 사라지게 되었다.[6]

전략적 차원에서, 약소국(弱小國)은 주변 강국들이 점령하거나 병합하기에는 껄끄러운 대상으로 여기도록 자국(自國)을 내외적(內外的)으로 무장(武裝)하거나, 주변 국가들이 넘보지 못하도록 중무장(中武裝)할 필요가 있다. 그것이 스스로 어려울 경우, 그러한 효과를 발생시킬 수 있는 배열(정치적 중립, 군사적 동맹 등)을 구축해야 한다. 그래야만 약소국이 주변 강국이나 국가들의 쟁탈대상(爭奪對象)이 됨으로써 평화가 깨지거나, 과거(1990) 쿠웨이트처럼 이라크의 점령대상(占領對象)으로 전락하여 또 다른 전쟁(걸프전, 1991)의 원인이 되는 사태 발생을 막을 수 있다. 이것이 평화를 보장하기 위한 약소국들의 책무(責務)이다.

중진국(中進國)이나 주제 파악이 덜된 국가들은 국가 간 혹은 지역적 패권(覇權)을 장악하기 위한 행위를 삼가야 한다. 과거 유럽 대륙에서 패권쟁탈전을 벌였던 프랑스와 독일은 궁극적으로 양차(兩次) 세계대전(世界大戰)

---

6) 온창일, *전략론*(서울: 지문당, 2013), pp. 372-87.

을 치를 수밖에 없었다. 그러나 세계대전을 두 번씩이나 치른 두 국가는 이 같은 전면전에서의 승패가 정도만 차이가 나는 패배(敗北)나 다름이 없다는 사실을 뒤늦게 받아들여야만 했다. 대륙 내에서 패자(覇者) 위치를 다투던 이 국가들을 상대로 세력균형(勢力均衡) 정책을 펼쳐 우적(友敵) 상대를 바꾸면서 지원하여, 이 두 나라를 유럽 대륙 내에 머물도록 하고 해양을 통해서 해외 식민지를 독점하다시피 함으로써 이른바 대영제국(大英帝國)을 건설했다고 자처했던 영국(英國)도 예외가 아니다. 편을 바꾸면서 지원한 영국의 국력손실도 결코 만만치 않았기 때문이었다. 결국, 유럽 국가들은 유럽중심 국제정치에서 주역(主役)의 자리를 잃고, 양차 세계대전의 잔존강국(殘存强國)으로서 전후 강대국(强大國)으로 등장한 미국과 소련 중심의 국제질서하에서 주변 국가(周邊 國家)로 자리를 옮겨 앉게 되었다. 그리하여 프랑스, 독일, 영국 등 유럽 국가들은 이제 패자의 위치를 쟁탈하기 위해 노력하기보다는 EU국가들의 협력을 통한 국가이익 증진을 도모하게 되었으며, 역사의 엄연한 교훈을 되새기게 되었다. 그러나 요즈음 다른 지역에서 주제파악이 덜된 국가들이 국가 간 혹은 지역 내 패자(覇者)로 등장해보겠다고 나서면서 지역의 평화를 교란시키는 국가 행위를 벌이는 상황이 전개되어 왔다. 이란의 소요사태를 활용하여 걸프만 지역으로 통하는 수로를 완전 장악하고 그 지역에서 패자적(覇者的) 위치를 확보해 보려던 과거 이라크 후세인 정부, 핵무장을 통하여 걸프만 지역에서 그와 같은 지위를 누려보겠다는 이란, 핵과 미사일을 앞세워 대미(對美)·대한(對韓) 협상력을 높여 체제를 보장받고 탈냉전기(脫冷戰期) 체제 보장 지원을 확보하겠다는 시대착오적인 북한, 북한의 어처구니없는 파괴적 국가 행위를 빌미로 자국의 군비(軍備)를 강화하고 미국의 지원하에 중국도 견제하겠다고 나서는 일본 등은 해당 지역의 평화를 덜 평화적으로 만들고 있다. 현재 중진국의 위치를 인정받고 있는 국가의 패권장악 기도(企圖)나 주제파악이 덜된 불량국가들의 상대적·지역적 차원의 불량스런 국가 행위는 국가 간 혹은 국가군 간 수립되어야 할 평화스런 관계를 교란시키기 때문에, 이러한 기도나 행위를 스스로 자제(自制)하지 못하면 억제(抑制)시킬 필요가 있다.

군사적으로나 전략적인 측면에서 강대국(强大國)은 국가 간 혹은 지역 내 전략적 불균형이 심하여 자칫 지역 혹은 세계적 차원의 평화를 위태롭게 하지 않도록 그들이 보유한 강력한 군사력을 활용하는 지혜를 발휘하고 거기에 맞는 행동을 해야 한다. 강대국은 자국의 영향력이나 영향권을 확대하는 데 국력이나 군사력을 사용하지 말고, 지역 및 세계적 차원에서 형성되었거나 될 수 있는 전략적 불균형(不均衡)을 해소(解消)하는 데 활용(活用)하여 평화를 유지해야 하는 것이다. 강권정치적(强權政治的) 국제정치 현실을 활용하여 국제평화(國際平和)를 제대로 수립하는 역할을 수행해야 한다는 뜻이다. 이러한 역할은 사후(事後)보다 사전(事前)에 행해지는 것이 바람직하다. 이라크가 쿠웨이트를 점령한 후에 다국적군(多國籍軍)을 동원하여 전쟁을 수행함으로써 원상을 회복한 걸프전(1991)보다, 핵무장한 이란의 현재화(顯在化)를 사전에 봉쇄(封鎖)한 이란 핵문제 타결 합의(2013)가 훨씬 경제적이고 바람직하다는 의미이다. 핵무장한 이란이 중동 평화를 더욱 위태롭게 만들 수 있는 가능성은 얼마든지 내다볼 수 있기 때문이다. 이와 같이, 강대국은 평화를 훼손시키는 전략적 불균형을 시정하는 데 자국의 위치를 이용하고, 평화를 교란시킬 수 있는 요인(要因)을 사전에 제거하여 지역적·세계적 차원의 '현상유지(現狀維持)'에 근거한 평화만이라도 유지하는 데 자국의 역량을 활용해야 한다. 강대국이라는 자리를 유지하면서도 그에 걸맞은 역할을 수행하는 것이 국리(國利)와 공리(公利)를 동시에 획득할 수 있다는 인식을 강대국이 갖고 그렇게 행동하는 것이 지속 가능한 평화를 유지하는 실질적인 길임을 알아야 한다.

군사 외적으로 분류된 국가 위상 즉 선진국(先進國), 신흥개발국(新興開發國), 후진국(後進國) 등도 위상에 맞는 역할을 수행해야 현실에서 지속적인 평화를 건실(健實)하게 유지하는 데 도움을 줄 수 있다. 국가 간 완력(腕力)

만으로 유지되는 외형상 평화(平和)를 국가 내외에서 살아가는 사람들의 평온(平溫)이라는 내적인 평화로 보강(補强)하면 더욱 평화스러울 수 있다는 평범한 논리이다. 이를 위해 국가 개발정도와 국민 생활수준 차이가 있는 국가들이 인간 삶의 내용과 수준 향상을 위해서 상호보완적인 역할을 해야 한다. 선진국은 축적된 자본과 기술을 후진국의 발전에 도움이 되는 방향으로 활용하고, 후진국은 자국민의 생활수준 향상을 위해서 노력해야 한다는 필요성을 인지(認知)하고 외부의 자본 및 기술투자를 수용하여 자국의 발전단계를 높이는 데 매진해야 한다. 개발신흥국(開發新興國)은 자국의 발전경험을 토대로 선진국과 후진국 간 가교(架橋) 역할을 수행하고 선진국의 발전된 개발 기술을 후진국의 현실 여건에 맞게 보완하여 접목시키는 지혜를 발휘해야 한다. 이것이 개발과 생활수준 차이가 있는 국가들 간의 평화로운 관계를 더욱 평화롭게 만드는 길이 아닐까. 자국의 처지만을 생각하고 그것을 지키는 지혜('智者 知己固守')보다 공존공영(共存共榮)의 이치에 순응하고 서로 평안하게 살아가는 현명함('賢者 順理安行')의 소중한 가치를 모든 국가가 받아들이고 거기에 맞게 행동하는 것이 국제사회를 보다 평화스럽게 만드는 도리(道理)이다.

평화를 지키기 위하여 백방(百方)의 노력을 기울인다 해도 평화의 본질적 요소 중 하나는 불안정성(不安定性)이라고 해도 과언이 아니다. 그만큼 평화는 항상 잠정적 평온만을 보장할 수 있다. 전쟁 억제나 핵사용 억제를 더욱 효과적으로 보장하기 위하여 오늘날의 전략(戰略)은 '의도적인 불확실성(intentional uncertainty)'을 활용하고 있다. 평화유지를 위해서도 평화가 지닌 본질적 특성인 불안정성(instability)을 활용할 수 있다. 전쟁이나 핵사용을 통해서 의도한 목적을 달성하고자 하는 유혹을 완전하게 떨쳐버리지 못하고 있는 불량국가들의 도발시도(挑發試圖)나 사용의도(使用意圖)를 봉쇄하거나 억제하기 위하여, 불량국가들이 행하려 하는 행동이 어떠한 종류와 수준의 보복(報復: retaliation)이나 응징(膺懲: punishment)을 불러올지 모른다는 불확실성을 그대로 남겨 놓음으로써 불량국가들의 불안감을 증폭시켜 스스로 도발시도나 사용의도를 포기하도록 만든다는 전략이다.[7] 평화를 파괴하고자 하는 불량국가들에게 평화를 교란시켰을 경우에 그들이 입게 될 피해와 손해 정도를 불확실하게 함으로써, 불안정하고 그들에게 약간 불리한 평화라도 파괴하지 않는 것이 스스로에게 유리하다는 판단을 내리도록 유도하는 것이 불안정한 평화를 지속적으로 유지하는 한 방편이 되지 않을까. 물론, 평화의 불안정성을 활용하여 평화를 좀 더 지속적으로 유지하자는 이 방책은 수립된 평화와 연관된 국가들의 정치 리더십 간 고도한 변증법적(辨證法的) 심리관계에 근거를 두고 있기 때문에, 그 실질적 효용성을 확실하게 보장할 수는 없다. 그러나 이러한 불확실성은, 막무가내(莫無可奈)식 북한은 예외로 치부(置簿)하더라도, 자국들에게 불리한 평화라는 인식을 가지고 있는 불량국가들의 평화 파괴행위를 어느 정도 억제하는 데 도움이 될 수는 있을 것으로 판단된다. 지속 가능한 평화를 탐색(探索)하여 지속적으로 유지하고자 하는 방책을 모색(模索)하는 노력은 아무리 기울여도 과(過)함이 없을 것이기 때문이다.

전쟁을 억제하고 평화를 지속시키고자 하는 안보외교(安保外交)의 과제는 전쟁과 평화의 유기체적(有機體的) 상관관계(相關關係)를 분석해 보면 해결의 단초(端初)를 발견할 수 있다.

전쟁과 평화의 관계는 우주 만물의 생성(生成)이나 생물체의 활동(活動)에서 조합을 이루어 나타나는 실체적(實體的), 정서적(情緒的) 결과 관계(end relations)와 마찬가지이다. 우주 만물(萬物)은 음(陰)과 양(陽)이 결합하여 형성된 결과이지만, 음이 양 속에 스며들어 양색(陽色)을 띠기도 하고 양이 음 속에 녹아들어 음색(陰色)을 띠면서 형상화(形象化)된다. 전쟁과 평화 역

7) 온창일, *전략론*(서울: 지문당, 2013), pp. 203-24.

시 평화 속에 전쟁의 불씨가 내재(內在)되어 있고, 전쟁 속에 평화의 싹이 있다는 말이다. 낮이 어둠 속으로 스러져 밤이 되고 밤이 밝음 속에 묻혀 낮이 되어 하루가 이루어지는 것과 같다. 사랑과 증오가 같이 섞여 있어 애증(愛憎)이라는 단어가 의미를 가지듯이 전쟁과 평화 역시 단절(斷絕)이 불가능할 정도로 상호 유기체적 연관을 맺고 있다. 전쟁과 평화의 유기체적 관계는 '전쟁을 막아야 평화', '평화를 지키지 못하면 전쟁'이라는 단순 논리를 전쟁과 평화를 가름하는 가장 적절한 표현으로 만든다.

이러한 전쟁과 평화의 유기체적 상관관계는 평화 속에 있는 전쟁의 불씨를 제거하여 평화를 지속시키고 전쟁 속에서도 평화의 싹을 찾아 현재화시켜야 한다는 안보외교의 책무(責務)를 제시해 준다. 국가 간 관계에서 안보외교의 궁극적인 책무는 지속 가능한 평화를 탐색(探索)하여, 그것을 보장하기 위한 현실적 방안과 수단을 모색(模索)하고 슬기롭게 운용하여 평화를 유지하는 데 있기 때문이다. 따라서 안보외교는 전쟁 중에도 평화를 도모하고 평화 시에도 전쟁을 대비할 수 있는 방책과 능력을 갖추어야 함을 기본으로 삼아야 한다. "평화를 원하거든 전쟁을 대비하라(Si vis pacem, para bellum)"라는 과거 라틴(Publius Flavious Vegetius Renatus: Vegetius, De Re Militari, 383) 격언이나 "전쟁의지가 평화를 지킨다"라는 베트남전(1945~1975) 수행자(보 구엔 지압: 武元甲, 1911~2012)의 충고가 결코 가볍지 않은 이유가 여기에 있다. 전쟁과 평화가 별개의 독립적인 개념이 아니고 이들의 실질적 관계가 유기체적(有機體的) 상관성(相關性)을 품고 있는 한 그렇다.[8)]

8) 온창일, *전쟁론*(서울: 집문당, 2008), pp. 253-6.

8. 안보외교와 국가안보, 국제안보, 지구안보, 인간안보

8. 안보외교와 국가안보, 국제안보, 지구안보, 인간안보

국가 혹은 국가군 간 안보외교의 궁극적인 목표는 인간이 인간답게 그 존재와 인권을 존중받고 잘 살아갈 수 있도록 하는 데 있다. 안보외교의 궁극적인 목표를 구현(具顯)하기 위해서, 국가는 어떠한 국가이어야 하고 국가의 안전을 어떻게 보장해야 하는가를 논하는 국가안보(國家安保: national security), 인간이 살아가는 국가 간 관계의 조합으로 구성된 국제환경은 어떠해야 하고 바람직한 국제환경의 조성과 그렇게 조성된 환경은 어떻게 보장해야 하는가를 모색하는 국제안보(國際安保: international security), 인간이나 인간이 만든 정치집단의 대변격인 국가 혹은 국가군의 존립을 가능하게 해주는 자연환경의 훼손을 어떻게 막고 잘 보호해야 하는가를 탐구하는 지구안보(地球安保: global security) 등은 어떠한 목표를 설정하고 어떠한 방책과 수단을 어떻게 운용해야 하는가를 개괄하여 결론을 맺는 것이 매우 의미가 크다. 특히, 안보외교는 그 목표와 직결된 인간안보(人間安保: human security)를 어떻게 보장할 것인가에 대한 실효성(實效性) 있는 방책과 수단을 제시할 수 있어야 한다. 그래야만 인간이 인간답게 인권을 존중받으면서 살게 하자는 안보외교의 효용성이 인정될 수 있기 때문이다.

전통적으로, 안보외교는 국가안보를 중심으로 이론과 실제가 개진되고 전개되어 왔다. 이러한 경향은 인간이 구성한 국가가 개인의 안전과 행복을 보장해 주어야 하고 보장해 줄 것이라는 전제(前提)를 배경으로 정립(定立)된 감이 없지 않다. 국가를 형성하지 못한 기간 동안(70~1948) 곳곳에서 박해를 받으면서 집단적으로 학살된(Pogrom, Final Solution 등) 바 있는 유태인(猶太人)들의 경험과 그들의 노력(Zionism)이 실증해 주고 있다. 실제로, 이스라엘이 수립된(1948) 후 유태인들은 그 이전과 다른 대우와 대접을 국가 내외로부터 받고 있는 것이 사실이다. 그러나 모든 국가가 자국민에게 이러한 위치와 대우를 보장하는 것만은 아니다. 북한이 바로 그러한 국가이다. 이스라엘이 자국이나 자국민에게 해를 끼친 개인이나 조직에 대한 응징과 제재를 마다하지 않고 자국에게 재앙을 안겨줄 수 있는 주변국의 핵무장을 비롯한 대량살상무기의 보유 자체를 봉쇄하고 있는 것과는 대조적으로, 북한은 '백두혈통'이라는 희한(稀罕)한 문구로 미화된 지도자와 그를 둘러싼 현 지도층에 대한 충성을 강요하는 것은 물론 헌물(獻物)이나 헌신(獻身)까지도 요구하는 행위를 스스럼없이 자행하고 있다. 더구나 이스라엘이 납치된 유태인을 군 특공대 작전수행을 통하여 구출해오는 것과는 달리, 북한은 자국민을 대공화기로 사살하고 화염방사기로 잔해를 없애는 국가테러를 자행하고 있다는 보도도 나오고 있다. 자국민에게 일자리와 주거지를 마련해 주는 이스라엘과 달리 북한은 타국이 제공하는 일자리에서 일하는 자국민의 급여를 갈취(喝取)하기도 한다. 또 이스라엘은 국체의 보존을 위해서 핵무장을 한 반면, 북한은 주변국을 위협하는 수단으로 핵무장을 시도하고 있다. 인간안보 보장을 궁극적 목표로 삼는 안보외교 면에서 보면, 이스라엘의 국가안보가 보장되면 이스라엘 국민들의 인간안보가 증진될 수 있으나, 북한의 국가안보가 보장되면 될수록 북한 주민의 인간안보나 인권안보가 더욱 악화되는 기이한 결과적 현상이 나타난다. 북한 문제는 북한과 연관을 맺고 있는 강권정치적(強權政治的) 국제정치 현실이 해결을 어렵게 만들더라도, 개별적 혹은 집단적 차원에서 전개되는 안보외교가 해결해야 할 과제이며,

국가안보의 개념과 현실이 부합되도록 정상화시켜야 할 숙제(宿題)임에 틀림없다.

또한 안보외교는 인간이 살아가는 사회환경인 국제환경을 보다 평화적으로 정착시켜 인간 개개인이 감내하기 힘든 고통과 고난을 안겨주지 않도록 해야 한다. 안보외교는 국가 간 전쟁 요인을 제거하거나 최소화하여 전쟁보다는 평화를 정착시켜야 하고, 평화스런 관계 상황에서도 갈등보다는 협조를 우선시하는 성격의 평화 상태를 보존해야 할 책무가 있다. 특히, 전 세계적으로 확산된 테러리즘에 대한 대응 정책, 전략, 수단도 강구하여 테러리즘을 근원적으로 근절시켜 국제안보를 보장하는 노력을 안보외교가 기울여야 한다. 특히, 안보외교는 대량살상무기가 테러리즘에 수단으로 악용되지 않도록 핵과 화생무기의 확산을 저지하고, 핵 사고를 방지하기 위한 핵 안전을 강화하며, 기존의 핵도 감축하여 국제환경을 안전하게 하는 적극적인 국제안보를 보장해야 한다. 테러로 인한 인간 개개인의 무차별적인 살상을 막기 위하여 전문적 테러집단을 제거하고, 테러리스트를 계속 공급시키는 세속적·종교적 원인을 제거하여 테러 행위를 중지시키며, 다른 이념·종교·문명 간의 이해를 증진시켜 대립보다는 상호보완 위주의 공존(共存)을 추구하도록 하는 국제환경을 조성하는 노력을 행해야 한다. 현재 북한이 대변하는 불량국가들의 형태(形態)와 행태(行態)로 인한 지역적·세계적 차원의 분란(紛亂)을 평온한 환경으로 만들어 국제환경이 국제안보가 지향하는 평화스런 상태로 정착되도록 해야 한다. 이러한 '해야 한다'는 당위성에도 불구하고, 이 모든 과제를 안보외교가 도맡아서 해결하기란 결코 쉽지 않다. 따라서 전쟁까지도 수단으로 동원할 수 있는 안보외교는 다른 분야의 다른 수단까지도 운용하여 국제환경을 평화적으로 정착시키는 국제안보를 구현(具現)할 수 있어야 한다.

안보외교는 인간이 살아가는 자연환경인 지구안보 역시 보장해야 한다. 지구 자체의 생체(生體)주기로 인한 환경변화는 어쩔 수 없다 하더라도 환경의 인위적 훼손으로 인한 자연파괴는 안보외교가 막아야 한다. 환경을 보호하고 기존 자원의 낭비를 막아 적정수준으로 보존하는 노력이 필요하며, 개발 정도가 다른 각국의 환경보호 노력을 장려하여 지구환경을 훼손시키는 행위의 수준을 낮추어야 한다. 선진국은 높은 생활수준을 유지하기 위한 생산 및 유통 수단으로부터의 지나친 탄소배출, 개발도상국이나 후진국은 개발을 촉진하기 위한 산업화로 인한 화석연료의 사용과 과도한 삼림(森林)제거로 인한 산소 산출량의 감소 등으로 생태계를 교란시킴으로써 인위적인 지구 생체주기 및 기후 변화를 초래케 하여 자연재해를 유발시키고 인간이 입는 피해를 가중시키고 있다. 특히, 원자력 발전 시설의 안전한 운용은 제2의 체르노빌 원전사고(1986, 7등급 사고)와 후쿠시마 원전사고(2011, 7등급)를 막아 인위적인 자연재해로부터 인간을 보호하는 노력의 시작이다. 핵 테러 방지와 핵 안보 촉진을 위해서 발족된 핵안보정상회의(Nuclear Security Summit, 1차: 워싱턴, 2010; 2차: 서울, 2012; 3차: 헤이그, 2014)는 인위적인 지구환경의 훼손을 막자는 중요한 계기를 제공했다. 이와 같이 인간이 제대로 생존하고 생활하기 위해서 자연환경을 제대로 보존하고 보호하는 것을 목표로 한 지구안보는 사회환경 개선을 목표로 한 국제안보와 더불어 안보외교가 보장해야 할 주요한 분야이다.

이러한 모든 과업 수행을 통하여 안보외교는 궁극적으로 사람이 천부적(天賦的) 존엄성(尊嚴性)과 권리(權利)를 보장받고 그것을 위해서 필요한 책임을 다하면서 살아갈 수 있게 하는 인간안보(人間安保)를 확실하게 해야 한다. 인간을 자연적·사회적·인위적 공포로부터 자유스럽게 해야 하고, 인간이 자신의 존재를 존중받고 책임을 전제로 한 자유(自由)를 만끽하면서, 기회 균등을 통한 평등한 대우를 받으며, 그래도 살아가기 어려운 다른 인간들을 배려하고 더불어 같이 살아갈 수 있게 하는 인간안보를 안보외교가 보장해야 한다. 또 어떠한 이유나 명분으로 어떠한 조직이나 집단도 인간안보를 저해(沮害)할 수 없게 하고, 그러한 시도를 사전·사후에 억제 및 차단하는 것을 안보외교의 기본 책무로 삼아야 한다. 그래야만이 모든 수단과 방법을 가리지 않는 안보외교의 '무도(無道)함과 무례(無禮)함'이 용납(容納)될 수 있기 때문이다.

| 주요 참고문헌 |

강성문. *韓民族의 軍事的 傳統*. 서울: 鳳鳴, 2000.

金景昌. *東洋外交史*. 集文堂, 1989.

김계동 외. *현대외교정책론*. 서울: 명인문화사, 2009.

김용구. *세계외교사*. 서울대학교 출판부, 2008.

金幸福 外 共編. *20世紀 地球村戰爭*. 서울: 兵學社, 1996.

남정옥. *韓美 軍事 關係史: 1871-2002*. 국방부 군사편찬연구소, 2003.

當代中國叢書編輯部. *抗美援朝戰爭*. 北京: 中國社會科學出版社, 1991.

毛澤東. *毛澤東 軍事文集*. 北京: 軍事科學出版社, 中央文獻出版社, 1993.

민병천. *한반도 평화의 길*. 서울: 선인, 2010.

박상섭. *국가, 전쟁, 한국*. 인간사랑, 2012.

白善燁. *軍과 나*. 대륙연구소 출판부, 1990.

逢先知 · 李捷. *毛澤東 與 抗美援朝*. 北京: 中央文獻出版社, 2000.

司馬遷. *史記*. 김병총 평역. 서울: 集文堂, 2000.

______. *史記*. 이영무 역. 서울: 小說文學社, 1986.

孫武. *孫子*. 김광수 해석하고 씀. 손자병법. 서울: 책세상, 1999.

溫暢一. *韓民族戰爭史*. 서울: 集文堂, 2001.

______. "핵과 미사일을 앞세운 북한의 정책과 전략", KIMS, *Strategy 21*, Vol. 3, No. 1(Summer 2000).

______. *전략론*. 서울: 집문당, 2004.

______. 외. *군사사상사*. 서울: 황금알, 2006.

______. *전쟁론*. 서울: 집문당, 2007.

外務部 譯. *韓國戰爭關聯 蘇聯極秘外交文書 1-4*. 1994.

柳成龍. *懲毖錄*. 南晩星 譯. 서울: 玄岩社, 1969.

유영익 · 이채진 편. *한국과 6 · 25 전쟁.* 연세대학교 출판부, 2002.
陸軍本部 軍事硏究室. *東洋古代戰略思想.* 陸軍印刷工廠, 1987.
_____. *아프가니스탄 분쟁사.* 2011.
陸軍士官學校 戰史學科. *세계전쟁사.* 서울: 황금알, 2004.
이근욱. *왈츠 이후: 국제정치이론의 변화와 발전.* 도서출판 한울, 2009.
이기백. *한국사신론.* 일조각, 2001.
李相禹. *國際關係理論: 國家間의 葛藤原因과 秩序維持.* 서울: 博英社, 1999.
이상우. *북한정치: 신정체제의 진화와 작동원리.* 나남출판, 2008.
이승철 외. *21세기 동북아 국제관계와 한국.* 나남출판, 2007.
李春根. *北韓 核의 問題: 發端, 協商過程, 展望.* 세종연구소, 1995.
丁一權. *전쟁과 휴전.* 동아일보사, 1986.
諸葛亮. *諸葛武候文集.* 박동석 옮김. *제갈량집 · 諸葛亮集.* 서울: 홍익출판사, 1998.
조성훈. *한미군사관계의 형성과 발전.* 국방부 군사편찬연구소, 2008.
中國 國防大學. *中國 戰略論.* 박종원 · 김종원 역. 서울: 팔복원, 2001.
中國 軍事科學院軍事歷史硏究所 編著. *中國人民志願軍 抗美援朝戰史.* 軍事科學出版社, 1988. 韓國戰略問題硏究所 譯. *中共軍의 韓國戰爭史.* 서울: 世經社, 1991.
中國史學會. *中國通史, 第 一, 二, 三, 四, 五冊.* 鄭州: 海燕出版社, 2002.
中國人民革命軍事博物館 編著. *中國戰爭發展史, 上, 下.* 北京: 人民出版社, 2001.
한용원. *남북한의 창군(創軍): 미 · 소의 역할을 중심으로.* 서울: 도서출판 오름, 2008.
惠豊學會. *武經七書.* 臺北: 新文豊出版公司, 中華民六十七年.

Acheson, Dean G. *Present at the Creation: My Years in the State Department.* New York: W. W. Norton & Co., 1969.
_____. *The Korean War.* New York: W. W. Norton & Co., 1969.
Albrecht-Carrie, Rene. *A Diplomatic History of Europe Since the Congress of Vienna.* New York: Harper & Row, Publishers, 1973.
Allison, Graham T. *Essence of Decision: Explaining the Cuban Missile Crisis.* Boston: Little, Brown and Company, 1971.
Allon, Yigal. *The Making of Israel's Army.* New York: Bantam Books,

1970.

Aron, Raymond. *Peace and War: A Theory of International Relations*. Garden City, New York: Anchor Books, 1973.

_____. *On War*. trans., by Terrence Kilmartin. New York: W. W. Norton & Company, Inc., 1968.

Axelrod, Robert. *The Evolution of Cooperation*. New York: Basic Books, 1984.

Bailey, Thomas A. *A Diplomatic History of the American People, Tenth Edition*. Englewood Cliffs, NJ: Prentice-Hall, Inc., 1980.

Baylis, John; Booth, Ken; Garnett, John; William, Phil. ed. *Contemporary Strategy: Theories and Policies*. New York: Holmes & Meier Publishers, Inc., 1975.

Baylis, John; Smith, Steve; Owens, Patricia. ed. *The Globalization of World Politics, 4th Edition*. Oxford University Press, 2007. 하영선 외 역. 세계정치론. 서울: 을유문화사, 2010.

Beaufre, André. *An Introduction to Strategy*. trans., by B. H. Barry. New York: Frederick A. Praeger, 1965.

_____. *Strategy of Action*. trans., by B. H. Barry. London: Faber and Faber, 1966.

Beloff, Max. *Soviet Policy in the Far East, 1944-1951*. London: Oxford University Press, 1953.

Bemis, Samuel Flagg. *The Diplomacy of the American Revolution*. Bloomington & London: Indiana University Press, 1975.

Biddle, Stephen. *Military Power: Explaining Victory and Defeat in Modern Battle*. Princeton, NJ: Princeton University Press, 2004.

Blair, Clay. *The Forgotten War: America in Korea 1950-1953*. New York: Random House, Inc., 1987.

Blechman, Barry M. and Kaplan, Stephen S. *Force without War: U.S. Armed Forces as A Political Instrument*. Washington, D. C.: the Brookings Institution, 1978.

Breunig, Charles. *The Age of Revolution and Reaction, 1789-1850*. Second

Edition. New York: W. W. Norton & Company, Inc., 1977.

Brodie, Bernard; Brodie, Fawn M. *From Crossbow to H-Bomb*. Bloomington, London: Indiana University Press, 1973.

_____. *War and Politics*. New York: Macmillan, 1974.

Brown, Seyom. *The Causes and Prevention of War*. New York: St. Martin's Press, 1987.

Byrnes, James F. *Speaking Frankly*. New York: Harper and Brothers, 1947.

Chambers, Mortimer. et. al. *The Western Experience. 3rd Edition*. New York: Alfred A. Knopf, 1983.

Chung, Henry. *Korea and the United States Through War and Peace, 1943-1960*. Seoul, Korea: Yonsei University Press, 2000.

Churchill, Winston S. *The Second World War: Triumph and Tragedy*. Boston: Houghton Mifflin, 1953.

Clark, Mark W. *From the Danube to the Yalu*. New York: Harper and Brothers, 1954.

Clausewitz, Carl von. *On War*. edited and trans. by Michael Howard and Peter Paret. Princeton, NJ: Princeton University Press, 1976.

Clutterbuck, Richard. *Terrorism and Guerrilla Warfare: Forecasts and Remedies*. London, New York: Routledge, 1990.

Davidson, Philip B. *Vietnam at War: The History 1946-1975*. London: Oxford University Press, 1988.

Dayan, Moshe. *Moshe Dayan: Story of My Life: An Autobiography*. New York: Warner Books, 1977.

Deming, Angus. "Moshe Dayan, 1915-1981", *Newsweek*(October 26, 1981).

Doughty, Robert A.; Gruder, Ira D.; et. al. *Warfare in the Western World, Vol. I: Military Operations from 1600 to 1871*. Lexington, Mass.: D. C. Heath and Company, 1996.

_____. *Vol. II: Military Operations Since 1871*. Lexington, Mass.: D. C. Heath and Company, 1996.

Dupuy, R. E.; Dupuy, T. N. *The Encyclopedia of Military History, from 3500 B. C. to the Present*. New York: Harper & Row, Publishers, 1977.

Dupuy, Trevor N. *Elusive Victory: The Arab-Israeli Wars, 1947-1974*. New York: Harper and Row, 1978.

Earle, Edward Mead. ed. *Makers of Modern Strategy: Military Thought from Machiavelli to Hitler*. Princeton, NJ: Princeton University Press, 1943, 1971.

Eisenhower, Dwight D. *Mandate for Change, 1953-1956*. Garden City, New York: Doubleday, 1963.

Fehrenbach, T. R. *This Kind of War*. New York: The Macmillan Company, 1963.

Feis, Herbert. *Between War and Peace: The Potsdam Conference*. Princeton, NJ: Princeton University Press, 1960.

Ferrell, Robert H. American Diplomacy: A History. New York: W. W. Norton & Co., 1959.

Friedberg, Aaron L. "The Future of U.S.-China Relations: Is Conflict Inevitable?" *International Security*, Vol 30, No. 2(Fall 2005).

Gat, Azar. *A History of Thought: From the Enlightenment to the Cold War*. New York: Oxford University Press, 2001.

George, Alexander. et al. *The Limits of Coercive Diplomacy*. Boston: Little, Brown, 1971.

Gilbert, Felix. *The End of the European Era, 1890 to the Present*, Second Edition. New York: W. W. Norton & Company, Inc., 1979.

Gilpin, Robert. *War and Change in World Politics*. Cambridge: Cambridge University Press, 1981.

Gries, Peter Hays. *China's New Nationalism: Pride, Politics, and Diplomacy*. Berkeley, CA: University of California Press, 2004.

Grotius, Hugo. *The Rights of War and Peace*. London, 1738.

Harkabi, Y. *Nuclear War and Nuclear Peace*. Jerusalem: Israel Program for Scientific Translation, 1966.

Harriman, W. Averell. et. al. *Special Envoy to Churchill and Stalin, 1941-1946*. New York: Random House, 1975.

Head, Richard G.; Short, Frisco W.; McFarlane, Robert C. *Crisis Resolution:*

Presidential Decision Making in the Mayaguez and Korean Confrontation. Boulder, Colorado: Westview Press, 1978.

Herzog, Chaim. *The Arab-Israeli Wars: War and Peace in the Middle East*. London: Arms and Armour Press, 1982.

Howard, Michael. *The Causes of Wars*. Cambridge, Mass.: Harvard University Press, 1983.

International Commission of Military History. *The Proceedings of Congress 2010: Insurgency and Counterinsurgency: Irregular Warfare from 1800 to the Present*. The Hague, The Netherlands, 2011.

Jervis, Robert. *Perception and Misperception in International Politics*. Princeton, NJ: Princeton University Press, 1976.

Johnson, Marguerite. "First in War, First in Peace: Moshe Dayan, 1915-1981", *Time*(October 26, 1981).

Kahn, Herman. *On Thermonuclear War*. Princeton, NJ: Princeton University Press, 1960.

_____. *Thinking About the Unthinkable in the 1980s*. New York: Simon & Schuster, Inc., 1984.

Kaplan, Stephen S. *Diplomacy of Power: Soviet Armed Forces as A Political Instrument*. Washington, D. C.: The Brookings Institution, 1981.

Karnow, Stanley. *Vietnam: A History*. New York: Penguin Books, 1984.

Kaufman, William. ed. *Military Policy and National Security*. Princeton, NJ: Princeton University Press, 1956.

Keegan, John. ed. *The Rand McNally Encyclopedia of World War II*. New York: Rand McNally & Company, 1977.

Khrushchev, Nikita S. *Khrushchev Remembers*. trans. by Strobe Talbott. Boston: Little, Brown, 1971.

_____. *Khrushchev Remembers: The Last Testament*. trans. by Strobe Talbott. Boston: Little, Brown, 1974.

Kissinger, Henry A. *Nuclear Weapons and Foreign Policy*. New York: Harper and Brothers, 1957.

_____. *White House Years*. Boston: Little, Brown, 1979.

Kolko, Gabriel. *The Politics of War: The World and United States Foreign Policy, 1943-1945*. New York: Random House, 1968.

Kydd, Andrew H. *Trust and Mistrust in International Relations*. Princeton, NJ: Princeton University Press, 2005.

Lacqueur, Walter and Alexander, Yonah. ed. *The Terrorism Reader: The Essential Source Book on Political Violence Past and Present*. New York: Nal Penguine, Inc., 1987.

Lee, Chae-Jin. *China and Korea: Dynamic Relations*. Hoover Press, 1996.

Lee, Chae-Jin and Sato, Hideo. *US Policy Toward Japan and Korea: A Changing Influence Relationship*. New York: Praeger, 1982.

Lee, Chae-Jin and Lew, Young Ick. ed. *Korea and the Korean War*. Seoul: Yonsei University Press, 2002.

Legro, Jeffrey W. *Cooperation Under Fire: Anglo-German Restraints During World War II*. Ithaca, NY: Cornell University Press, 1995.

Lewy, Guenter. *America in Vietnam*. New York, London: Oxford University Press, 1978.

Liddell Hart, B. H. *Strategy*. New York: Frederick A. Praeger, 1967.

Lider, Julian. *Military Theory: Concept, Structure, Problems*. New York: St. Martin's Press, 1983.

Lie, Trygve. *In the Cause of Peace: Seven Years with the United Nations*. New York: The Macmillan Co., 1954.

MacArthur, Douglas A. *Reminiscences*. New York: Fawcett World Library, 1965.

Mansfield, Edward D. and Snyder, Jack. *Electing to Fight: Why Emerging Democracies Go to War*. Cambridge, MA.: MIT Press, 2005.

Martin, Gus. *Essentials of Terrorism: Concepts and Controversies*. SAGE Publications, Inc., 2008.

Matray, James I. ed. *Historical Dictionary of the Korean War*. New York: Greenwood Press, 1991.

McCullough, David. *Truman*. New York, London, Toronto: A Touchstone Book, 1992.

Mearsheimer, John J. "Back to the Future: Instability in Europe after the Cold War", *International Security*, Vol. 15, No. 1(Summer 1990).

_____. *The Tragedy of the Great Power Politics*. New York: Norton & Co., 2001.

Medlicott, W. N. *Bismarck and Modern Germany*. New York: Harper & Row, Publishers, 1965.

Morgenthau, Hans J. *Politics Among Nations: The Struggle for Power and Peace, 5th Edition*. New York: Alfred A. Knopf, Inc., 1978.

_____. revised by Kenneth W. Thompson. *Politics Among Nations: The Struggle for Power and Peace, 6th Edition*. 1985.

Neustadt, Richard E. *Alliance Politics*. New York: Columbia University Press, 1976.

Nicolson, Harold. *Diplomacy, Third Edition*. London: Oxford University Press, 1965.

Nixon, Richard M. *RN: The Memoirs of Richard Nixon*. New York: Grosset and Dunlup, 1978; 2 vols. Warner Books, 1979.

_____. *No More Vietnams*. New York: Avon Books, 1985.

_____. *1999: Victory without War*. New York, London: Simon and Schuster, 1988.

Oberdorfer, Don. *The Two Koreas: A Contemporary History*. Basic Books, 1997.

Oliver, Robert T. *Syngman Rhee and American Involvement in Korea, 1942-1960: A Personal Narrative*. Seoul, Korea: Panmun Book Co., 1978.

Oye, Kenneth A. ed. *Cooperation under Anarchy*. Princeton, NJ: Princeton University Press, 1986.

Paige, Glenn D. *The Korean Decision, June 24-30, 1950*. New York: Free Press, 1968. 韓培浩 譯. 美國의 韓國參戰決定. 汎文社, 1968.

Palmer, R. R.; Colton, Joel. *A History of the Modern World, fifth edition*. New York: Alfred A. Knopf, 1978.

Paret, Peter. ed. *Makers of Modern Strategy from Machiavelli to the Nuclear Age*. Princeton, NJ: Princeton University Press, 1986.

Patterson, Thomas G. et. al. *American Foreign Policy: A History*. Lexington,

Mass.: D. C. Heath and Company, 1977.

Riasanovsky, Nicholas V. *A History of Russia*. New York: Oxford University Press, 1977.

Rich, Norman. *The Age of Nationalism and Reform, 1850-1890, Second Edition*. New York: W. W. Norton & Company, Inc., 1977.

Ridgway, Matthew B. *The Korean War*. Garden City, New York: Doubleday, 1967.

Salisbury, Harrison E. *Black Night, White Snow*. Garden City, New York: Doubleday & Company, Inc., 1978.

Schultz, Kenneth A. *Democracy and Coercive Diplomacy*. Cambridge: Cambridge University Press, 2001.

Simmons, Robert R. *The Strained Alliance: Peking, Pyoungyang, Moscow and the Politics of the Korean Civil War*. New York: Free Press, 1975.

Stern, Ellen P. *The Limits of Military Intervention*. Beverly Hills, CA: Sage, 1977.

Stoessinger, John G. *Why Nations Go to War*. New York: St. Martin's Press, 1974.

Stohl, Michael. ed. *The Politics of Terrorism*. New York: Marcel Dekker, Inc., 1979.

Strayer, Joseph R.; Munro, Dana C. *The Middle Ages, 395-1500, Fifth Edition*. Santa Monica, Cal.: Goodyear Publishing Company, Inc., 1970.

Stueck, William. *The Korean War: An International History* Princeton, NJ: Princeton University Press, 1995.

Summers, Jr., Harry G. *On Strategy: Critical Analysis of the Vietnam War*. New York: A Dell Book, 1982.

Sun Tzu. *The Art of War*. trans., by Samuel B. Griffith. Oxford: Oxford University Press, 1963.

Truman, Harry S. *Memoirs, I: Year of Decision, 1945*. Garden City, New York: Doubleday, 1955.

_____. *Memoirs, II: Years of Trial and Hope*. Garden City, New York: Doubleday, 1963.

Ulam, Adam B. *The Rivals: America and Russia Since World War II.* New York: Viking, 1971.

_____. *Expansion and Coexistence: Soviet Foreign Policy, 1917-1973.* 2nd Edition. New York: Praeger, 1974.

Walt, Stephen M. *The Origins of Alliances*. Ithaca, NY: Cornell University Press, 1987.

Waltz, Kenneth. *Man, State and War*. New York: Columbia University Press, 1959.

_____. *Theory of International Politics*. New York: Random House, 1979.

Whiting, Allen S. *China Crosses the Yalu: The Decision to Enter the Korean War*. New York: The Macmillan Co., 1960.

Wilson, Theodore A. *The First Summit: Roosevelt and Churchill at Placentia Bay 1941*. Boston: Houghton Mifflin Company, 1969.

Wilson, Theodore A.; Merli, Frank J. ed. *Makers of American Diplomacy: From Benjamin Fraklin to Alfred Thayer Mahan*. New York: Charles Scribners's Sons, 1974.

_____. *Makers of American Diplomacy: From Theodore Roosevelt to Henry Kissinger*. New York: Charles Scribners's Sons, 1974.

Wright, Quincy. *A Study of War*. Chicago and London: The University of Chicago Press, 1942.

_____. *A Study of War*. Abridged by Louise Leonard Wright. Chicago and London: The University of Chicago Press, 1964.

Zagoria, Donald. *Vietnam Triangle: Moscow, Peking, Hanoi*. Indianapolis: Pegasus, 1967.

Zelikow, Philip and Rice, Condoleezza. *Germany Unified and Europe Transformed: A Study of Statecraft*. Cambridge, MA: Harvard University Press, 1997.

Zhang, Shu Guang. *Mao's Military Romanticism: China and the Korean War, 1950-1953*. Lawrence, Kansas: University Press of Kansas, 1995.

Bajanov, Evgehiy P. and Bajanova, Natalia. *The Korean Conflict, 1950-1953: The Most Mysterious War of the 20th Century—Based on Secret Soviet Archives—*(unpublished). 김광린 역. 소련의 자료로 본 한국전쟁의 전말. 서울: 열림, 1997.

Mansounov, Alexander Y. "Communist War Coalition Formation and the Origins of the Korean War." Ph. D. Dissertation, Columbia University, 1997.

Matray, James I. "The Reluctant Crusade: American Foreign Policy in Korea, 1941-1950." Ph. D. Dissertation, University of Virginia, 1977.

Ohn, Chang-Il. "The US Joint Chiefs of Staff and US Policy and Strategy Regarding Korea, 1945-1953." Ph. D. Dissertation, University of Kansas, 1983.

네이버 백과사전. *http://www.naver.com/*

신기철 · 신용철 편저. *새우리말 큰사전.* 서울: 三省出版社, 1987.

Encyclopedia Britannica.

International Encyclopedia of the Social Sciences.

Webster's Third New International Dictionary.

동아일보 *인터넷 동아일보*

조선일보 *인터넷 조선일보*

중앙일보 *인터넷 중앙일보*

The Korea Herald.

The Korea Times.

The New York Times, Internet New York Times.

ABC, CBS, CNN, MSNBC, NBC, AFN(The Pentagon Channel) News.
Breaking US & International News/Reuters.com

Newsweek.
Time.

| 찾아보기 |

ㅇ

ㅈ

ㅊ

ㅋ

ㅌ

ㅍ

ㅎ

A~Z

저 자: 온창일(溫暢一: Ohn, Chang-Il)

현　재 상지대학교 평화안보 · 상담심리 대학원 초빙교수
1942년 전북 김제군 금산면 성계리 출생
1955년 원평초등학교 졸업
1961년 전주사범학교 졸업
1967년 육군사관학교 졸업
1971년 서울대학교 외교학과 졸업
1975년 육군 보병1사단 포병중대장
1977년 미국 육군 지휘 · 참모대학 졸업
1978년 미국 캔자스대학원 졸업(석사: 외교사)
1983년 미국 캔자스대학원 졸업(박사: 외교사, 국제정치)
1984년 미국 포틀랜드대학교 교환교수
1988년 미국 컬럼비아대학교 객원교수
1989년 한국 국제정치학회 연구이사
1993년 육군사관학교 전사학(戰史學) 교수
2003년 육군사관학교 전사학(戰史學) 명예교수
2004년 한국전쟁학회 회장
2007년 한국 군사사학회 회장
2012년 상지대학교 평화안보 · 상담심리 대학원 초빙교수

저 서: 세계전쟁사(공저), 한국전쟁사(공저), 韓民族戰爭史, 전략론, 전쟁론,
안보외교론Ⅰ, *Historical Dictionary of the Korean War*(기여) 등

논 문: 核과 韓半島統一(1989), Gulf전과 미래전(1992),
New Security Environment and A Viable Strategy for Korea(1996),
The Wars in Asia and American Policy and Strategy(1997),
전쟁사 연구의 의의 및 중요성(1999),
Conducting the Korean War and It's Lessons(2000),
핵과 미사일문제를 앞세운 북한의 정책과 전략(2002),
국제적 냉전과 한반도의 열전(2004), 한국전쟁이 남긴 명제와 과제(2007),
The Causes of the Korean War, 1950～1953(2010) 등

안보외교론 II 값 17,000원

2014년 10월 10일 1판 1쇄

저 자 온 창 일
발 행 인 임 삼 규
발 행 처 **지 문 당**
주 소 413-756 경기도 파주시 광인사길 85(본사)
110-360 서울시 종로구 돈화문로 82(서울사무소)
등 록 1997. 12. 30. 제406-2003-000038호
영 업 부 (02)743-3192～3 팩스(02)742-4657
전자우편 sale@jimoon.co.kr
편 집 부 (02)743-3096～7 팩스(02)743-0227
전자우편 edit@jimoon.co.kr
홈페이지 www.jimoon.co.kr

ISBN 978-89-6297-142-2
978-89-6297-140-8(set)

이 도서의 국립중앙도서관 출판시도서목록(CIP)은 e-CIP홈페이지(http://www.nl.go.kr/ecip)와 국가자료공동목록시스템(http://www.nl.go.kr/kolisnet)에서 이용하실 수 있습니다.
(CIP제어번호: CIP2014026905)